Karla Müller-Tupath
Reichsführers gehorsamster Becher

Karla Müller-Tupath

Reichsführers gehorsamster Becher

Eine deutsche Karriere

Aufbau-Verlag

Inhalt

Für Ivàn und Joel
und alle Kinder im Ghetto von Budapest,
die Bechers »Rettung« überlebt haben

Vorwort
zur überarbeiteten Neuausgabe

Als dieses Buch im April 1982 im Hamburger Konkret Literatur Verlag erschien, erregte es großes Aufsehen. Über Kurt A. Becher, den Bremer Getreidegroßkaufmann, war viel spekuliert und einiges geschrieben worden. Er soll ein »großer Nazi« gewesen sein, irgendwo in Ungarn. Dennoch war er ein geachteter hanseatischer Kaufmann mit internationalen Verbindungen.

Im Sommer 1982 kündigte der Kaffee-Kaufmann Walter J. Jacobs, der bisherige ständige Bremer Vertreter im Aufsichtsrat von Hapag-Lloyd, seinen Rückzug aus dem Aufsichtsgremium an. Der Aufsichtsratsvorsitzende und pensionierte Vorstand der Deutschen Bank, Andreas Kleffel, schlug Becher als Jacobs' Nachfolger vor, und das Hamburger Amtsgericht bestellte ihn.

Betriebsräte des Unternehmens hatten *Reichsführers gehorsamster Becher. Eine deutsche Karriere* gelesen und formulierten ihren vehementen Protest gegen den ehemaligen hohen SS-Mann im Aufsichtsrat ihres Unternehmens. Der Konflikt eskalierte und wurde international. Während Kleffel zunächst an seinem Kandidaten Becher festhielt, ließ dieser Ende Juli 1982 durch seine Anwälte erklären, um »unnötige Unruhe« zu vermeiden und im ausschließlichen Interesse von Hapag-Lloyd werde er sein Amt im Aufsichtsrat nicht antreten.

Aufgrund des Buches leitete die Bremer Staatsanwaltschaft im Mai 1982 ein Ermittlungsverfahren wegen Mordverdachts gegen Kurt A. Becher ein. Bereits im November des gleichen Jahres schloß sie die Akten wieder aus Mangel an Beweisen. Wieviel Mühe sich die Staatsanwaltschaft für seine Über-

9

führung gegeben hat, mag dahinstehen. Es gab jedenfalls keinen einzigen Versuch, den Mordverdächtigen zu vernehmen.

Dies war nicht das einzige Ermittlungsverfahren deutscher Strafverfolgungsbehörden gegen Kurt A. Becher. In München wurde Becher in den sechziger Jahren als Angehöriger des Brigadestabes mit anderen Stabsangehörigen der SS-Kavallerie beschuldigt, für den Massenmord an der jüdischen Bevölkerung in den Pripjetsümpfen im Sommer und Herbst 1941 verantwortlich zu sein. Das Verfahren gegen den gesamten Führungsstab wurde eingestellt, aus Mangel an Beweisen. Zwar waren die Staatsanwälte davon überzeugt, daß die Beschuldigten, auch Becher, Tausende von Juden erschossen hatten oder an ihrer Erschießung beteiligt waren, doch hatten sie den Herren der Kavallerie nicht mit »letzter Sicherheit« nachweisen können oder wollen, daß diese sich die »niederen Motive« des Rassenhasses von Hitler und Himmler zu eigen und ihn zum Leitfaden ihres eigenen Handelns gemacht haben.

Anders das Landgericht Braunschweig. Es verurteilte wegen der gleichen Taten, wegen der die Staatsanwaltschaft München keinen »Täterwillen« hatte feststellen können, einen der beiden Regimentskommandeure der SS-Kavallerie zu einer Zuchthausstrafe. In diesem Prozeß gegen Franz Magill war Becher Zeuge, berief sich aber auf sein mangelndes Gedächtnis und behauptete, von dem geplanten und organisierten Judenmord zum ersten Mal zu hören.

Im Eichmann-Prozeß in Jerusalem 1961 sollte Becher ebenfalls als Zeuge der Verteidigung vernommen werden. Aus naheliegenden Gründen verweigerte er jedoch die Reise nach Jerusalem und wurde statt dessen vor dem Bremer Amtsgericht vernommen. Zuvor hatte ihm das Gericht die Fragen schriftlich zugänglich gemacht. Diese Praxis war für den Obersten Gerichtshof in Jerusalem unverständlich und nicht akzeptabel: Die Vernehmung wurde nicht zugelassen. In Israel glaubte man Becher ohnehin nicht, was er viele Jahre unwidersprochen behauptet hatte: daß er »Tausenden von Juden das Leben gerettet« habe und der einzige anständige Kerl in der SS gewesen sei.

Kurt A. Becher ist im August 1995 knapp 86jährig in Bremen gestorben. Warum also eine Neuausgabe?

Die Diskussionen um die Verbrechen der Wehrmacht im Zweiten Weltkrieg haben ein neues Kapitel der Auseinandersetzung mit der Vergangenheit aufgeschlagen. Die Legende, die Soldaten der Wehrmacht seien durchweg brave Kerle gewesen, die ihr Vaterland verteidigt hätten, während die Verbrechen von der SS verübt worden seien, ist widerlegt. Auch die Rolle der Waffen-SS, die angeblich eine rein militärische Formation gewesen sei und an der Front gekämpft habe, gehört neu bewertet. Die SS-Kavallerie, in der Kurt A. Becher von Anfang an dabei war, war ein Verband der Waffen-SS. Sie war, zusammen mit der SS-Infanterie-Brigade und den Einsatzkommandos, in Rußland hinter der Front eingesetzt und hat dort systematisch gemordet. Becher war mit der SS-Kavallerie in Polen und nach dem Überfall auf die Sowjetunion in Weißrußland. Dort legte er den Grundstein für seine, selbst nach damaligen Umständen, steile SS-Karriere, die ihn schließlich als Himmlers Vertrauten nach Ungarn brachte. An den schlimmsten Plätzen deutscher Verbrechen im Zweiten Weltkrieg war Becher dabei. Dieses Buch über ihn, den großen Nazi und angeblichen Judenretter, trägt zur Aufklärung der deutschen Verbrechen bei.

Der Hauptteil des Buches wurde um Unterlagen erweitert, die beim ersten Erscheinen des Buches 1982 nicht vorlagen, so um Gerichts- und Ermittlungsakten aus dem Braunschweiger und Münchener Ermittlungsverfahren. Es wurde mit notwendigen Aktualisierungen versehen und durch weitere Quellen angereichert, die erst jetzt zur Verfügung standen. Die drei letzten Kapitel beinhalten die wirtschaftlichen Aktivitäten Bechers nach dem Krieg, soweit sie zu rekonstruieren waren, die Ereignisse nach der ersten Ausgabe von *Reichsführers gehorsamster Becher. Eine deutsche Karriere* sowie den Abdruck des einzigen Fernseh-Interviews mit Becher, das er Ende 1994 einer israelischen Journalistin gegeben hat.

Bremen, im Juni 1999   *Karla Müller-Tupath*

In den zitierten Dokumenten wurden grundsätzlich die Schreibweisen beibehalten, es sei denn, es handelte sich um offensichtliche Fehler in der Orthographie oder Interpunktion.

Kapitel I

Die Zeichen der Zeit

Am 29. August 1934, kurz vor seinem 25. Geburtstag, tritt ein junger Hamburger Prokurist in einen Reitersturm der SS ein. Er ist ein begeisterter Reiter, ein aufstrebender Kaufmann und hat es mit Fleiß und Talent bereits zu einer Vertrauensstellung in der Hamburger Futtermittelfirma Heins gebracht. Sein Eintritt in die SS wurde für sein ganzes Leben von Bedeutung: Immerhin erlangt er kurz vor dem Niedergang des »Tausendjährigen Reiches« noch im Januar 1945 den Rang eines Standartenführers der Waffen-SS in Budapest. Das war für seine spätere Karriere in der Bundesrepublik Deutschland keineswegs ein Nachteil. Er besaß nach eigener Einschätzung »eine der bedeutendsten deutschen Firmen auf dem Gebiet Import-/ Exportsektor Getreide und Futtermittel mit neun Niederlassungen und einem Stammhaus in Bremen«.

Der Name des Mannes: Kurt Andreas Ernst Becher. Später nannte er sich Kurt Alexander Becher. Daß er seinen Namen geändert hätte, um seine vielen braunen Flecken auf seiner Weste zu überdecken, ist nicht wahrscheinlich. Noch weniger ist zu vermuten, daß er gerichtliche Verfolgung fürchtete. Becher hatte vorgesorgt. In allerletzter Minute, als die Rote Armee vor den Toren Budapests stand, konnte er sich Persilscheine besorgen, die ihn als Retter von Juden auswiesen.

Sogar nach dem Krieg gab es einen Budapester Juden, der Becher vor einer Anklage und Verurteilung des Militärgerichtshofes Nürnberg bewahrte, weil er ihn als den einzigen anständigen Kerl in der SS bezeichnete. So konnte Becher ungehindert seine Lebenslüge vom Judenretter weiterspinnen. Neben denen, die Becher für einen anständigen Menschen hielten, gab und gibt es solche, die vom Gegenteil überzeugt

13

sind. Unter ihnen vor allem Gideon Hausner, der frühere Generalstaatsanwalt Israels, der Adolf Eichmann angeklagt hat und Becher keineswegs für einen Retter von Juden hielt. Er bezeichnete den Bremer Großkaufmann als einen Kriegsverbrecher, den man sofort verhaften würde, sobald er israelischen Boden betrete.

Kurt Becher wurde am 12. September 1909 in Hamburg geboren, als Sohn des Kaufmanns Hermann Becher und seiner Frau Frieda, geborene Wieck. 1916 kam er in die Schule. Nach den üblichen acht Jahren absolvierte er 1924 einen einjährigen Lehrgang an der Städtischen Handelsschule Wandsbek. 1925 begann er eine Lehre in einer Großhandlung für Getreide und Ölkuchen. Erst 1961, in seiner Vernehmung zum Eichmann-Prozeß, wird er sich daran erinnern, daß seine Lehrfirma die »angesehene jüdische Getreidefirma Simonis«[1] war, eine Information, die ihm während der Nazizeit völlig aus dem Gedächtnis entschwunden war. In seinem Heiratsgesuch, das er 1936 an das Rasse- und Siedlungshauptamt richtete, ist keine Rede von dem Namen seines Lehrherrn. 1931, mit knapp 22 Jahren, hatte es Becher bereits zum Einzelprokuristen der Firma Heins in Hamburg gebracht. In die SS trat er mit eigenem Pferd ein. Sein Reitlehrer soll ihn dazu bewogen haben, sich dem Hamburger Reitersturm der SS anzuschließen. Nach den damaligen Umständen hatte Becher damit aufs richtige Pferd gesetzt. Im August 1934 wurde er Sturmmann im 1. SS-Reitersturm der 4. Reiterstandarte. Seine SS-Stammnummer ist 234478.

Das Heiratsgesuch an das Rasse- und Siedlungshauptamt war der obligate Weg für SS-Leute, die sich verehelichen wollten. Auf die kirchliche Trauung verzichtete Becher. Sogar seine Zugehörigkeit zur christlichen Religion scheint ihm peinlich gewesen zu sein. Zur Frage der Konfession steht in seinem Heiratsgesuch vage: »Die Konfession ist an sich evang.-luth.« Diesen Schönheitsfehler, einer Kirche anzugehören, hat er bald beseitigt, von nun ab steht in seinen Personalpapieren, er sei »gottgläubig«. Im selben Jahr, 1936, heiratet er Margot Peters.

In die NSDAP trat Becher 1937 ein. Später, wieder in sei-

14

ner Aussage zum Eichmann-Prozeß, behauptete er: »Der Reitersturm wurde dann im Jahre 1937 in die Partei übernommen.«[2] Der Reitersturm mag »übernommen« worden sein,
Becher wurde jedoch Mitglied, nachdem er selbst einen Auf-
nahmeantrag gestellt hatte. Am 2. Juni 1937 bat er um Aufnahme in die Nationalsozialistische Deutsche Arbeiterpartei,
Gau Hamburg, Ortsgruppe Abtei. Mit seiner Unterschrift ge-
lobte er unter dem vorgedruckten Text dem Führer Treue:

»Hiermit stelle ich den Antrag auf Aufnahme in die Nationalsozialistische Deutsche Arbeiterpartei. Ich bin deutscher
Abstammung und frei von jüdischem oder farbigem Rasse-
einschlag, gehöre keinem Geheimbund noch einer sonstigen
verbotenen Gemeinschaft oder Vereinigung an und werde
einer solchen während meiner Zugehörigkeit zur Nationalsozialistischen Deutschen Arbeiterpartei nicht beitreten. Ich
verspreche, als treuer Gefolgsmann des Führers die Partei mit
all meinen Kräften zu fördern.«

Als freiwilligen einmaligen Förderungsbeitrag stiftete Becher drei Reichsmark. Der Bitte um Aufnahme wurde ent-
sprochen: Becher wurde sogar rückwirkend ab 1. Mai 1937
Mitglied der NSDAP. Seine Mitgliedsnummer: 4486195[3].

Seine sechswöchige infanteristische Grundausbildung absolvierte Becher 1938 in der SS-Standarte »Brandenburg« in
Oranienburg, wo sich sowohl eine Kriegsschule der SS als
auch das berüchtigte Konzentrationslager Sachsenhausen befand.

Der Krieg begann mit dem Angriff auf Polen am 1. September 1939. Am 6. November kam Becher zur 1. SS-Totenkopf-
Reiterstandarte. Die 1. Schwadron, der Becher zunächst als
einfacher SS-Mann und dann als Zugführer des 3. Zuges
angehörte, blieb mit dem Führungsstab in Warschau, andere
Schwadronen waren über das ganze Land verteilt. Kommandeur der SS-Reiterei war Hermann Fegelein, mit einer Schwe-
ster Eva Brauns verheiratet und damit ein späterer Schwager
Hitlers. Becher hatte keine große Mühe, Fegeleins Vertrauen
zu gewinnen.

Die SS-Reiterei, so hatte er in seiner Aussage zum Eichmann-Prozeß behauptet, sei als SS-Kavallerie Teil der Waffen-

SS »mit rein militärischen Aufgaben« gewesen. Solange Becher ihr aktiv angehörte, hat sie allerdings nicht einen Tag »rein militärische Aufgaben« erfüllt. Daran änderte sich auch nichts, als die Standarte in ein SS-Kavallerieregiment mit zwei Halbregimentern umgewandelt wurde. Ab Sommer 1941, nach dem Einmarsch in die Sowjetunion, dem sogenannten »Unternehmen Barbarossa«, unterstand sie als SS-Kavallerie-Brigade direkt dem Reichsführer SS Heinrich Himmler als Verfügungstruppe. Sie operierte nicht an der Front, sondern wie die Mordkommandos des SD weit hinter ihr.

Im Sommer, Herbst und Frühwinter 1941/42 war sie zur sogenannten »Partisanenbekämpfung« in den nördlichen Pripjetsümpfen in Weißrußland im Dreieck zwischen Pinsk, Gomel und Bobruisk eingesetzt. Partisanen gab es in den ersten Kriegsmonaten nur wenige. Der Befehl lautete, die Pripjetsümpfe »zu säubern und zu befrieden«. Darunter ist der Mord an mehr als 14000 jüdischen Männern, Frauen und Kindern zu verstehen, die in einer dreiwöchigen Aktion durch die beiden Regimenter der SS-Kavallerie-Brigade bis Mitte August 1941 umgebracht wurden. Gustav Lombard, Abteilungskommandeur der Reitenden Abteilung des 1. Regiments, fand in seinem Vollzugsbericht an Kommandeur Fegelein klare Worte: »Die Entjudung wurde ausgeführt.«[4]

Zu jener Zeit war Becher bereits der 1. Ordonnanzoffizier von Hermann Fegelein und später zeitweilig auch dessen Adjutant. Aber auch in Polen hat sich die SS-Reiterei keineswegs, wie Becher später behauptete, »im wesentlichen gesammelt und strukturiert«. Sie war zur Polizeiverstärkung eingesetzt. Wer die Geschichte der deutschen Besetzung Polens und die Verhältnisse im Generalgouvernement kennt, ahnt, was die Polizeiaufgaben waren. Die Juden wurden in Ghettos getrieben, Polen und Juden wurden ermordet; es wurde »entjudet«, es wurde »gesäubert«.

In Polen war Becher erst einmal Zugführer in der 1. Schwadron des 1. Halbregiments. In Warschau wurde die 1. Schwadron »in stärkstem Umfang zu Exekutionen herangezogen«, wie Fegelein an den Höheren SS- und Polizeiführer Krüger berichtete.[5] Becher hat sich in der SS hochgearbeitet und gereichte seinen Vorgesetzten immer zur größten Zufriedenheit. Kurz vor Kriegsbeginn war er in einem Unterführer-Lehrgang beim SS-Totenkopf-Infanterie-Regiment 3 in Dachau gründlich auf seine Aufgaben vorbereitet worden. Und weil er sich in Polen anstellig zeigte, erhielt er nach einem Lehrgang vom 1. April 1940 bis zum 1. August 1940 in der SS-Junkerschule Tölz die höheren Weihen zum Offiziers-Anwärter. Abteilungsführer Weber und der Kommandeur der Junkerschule, Standartenführer Debes, sind hochzufrieden und bestätigen das im Abschlußzeugnis:

»1. Allgemeines Urteil über Charakter und Persönlichkeit:
   Schlanke, soldatische Erscheinung, zeigt Frische und Lebhaftigkeit, vereint mit ernster Lebens- und Pflichtauffassung. Führerpersönlichkeit.
2. Dienstliche Befähigung:
   a) Auftreten vor der Front und Kommandosprache:
   Sicheres Auftreten vor der Front und genügende Kommandosprache.
   b) Leistungen und Verhalten als Führer:
   Kann Einfluß auf Kameraden geltend machen.
   c) Dienstliche Kenntnisse (auch Waffenkenntnisse):
   Hat zwar noch wenig Erfahrung, zeigte aber auf allen Gebieten des Dienstes genügende Leistungen.
   d) Geistige Veranlagung und körperliche Leistungsfähigkeit:
   Durchschnittlich gut begabt. Körperlich gewandt und sicher. Guter Reiter.
   e) Führung:
   Sehr gut.
3. Außerdienstliches Verhalten:
   Sehr gut erzogen. Gewandte Umgangsformen. Beliebter Kamerad.
4. Schlußurteil
   a) Eignung zum Führer:
   Genügend.
   Zu welcher Verwendung:
   Infanterie-Zugführer oder Kavallerist.

b) Ernennung zum SS-Führer-Anwärter:
Ja.«[6]

Das war die erste Beurteilung in einer langen Reihe von guten
und besten Empfehlungen seiner Vorgesetzten. Den höchsten
Rang, um den er sich bei der SS bewarb – Standartenführer –
hatte er sich redlich verdient.

Im Frühjahr 1941 hatte Becher in Polen Gelegenheit gehabt, sich zu bewähren. Aus seinem Personalbericht geht hervor, daß er ein »höflicher und gewandter SS-Führer« war und
Nationalsozialist aus Überzeugung. Das hat Becher oft genug
unter Beweis stellen können, als Zugführer des 3. Zuges der
1. Schwadron:

»I. Allgemeine äußere Beurteilung:
     1. rassisches Gesamtbild: nordisch
     2. persönliche Haltung: einwandfrei
     3. Auftreten und Benehmen in und außer Dienst: als Vor-
     bild
     4. geldliche Verhältnisse: geregelt
     5. Familienverhältnisse: geordnet

II. Charaktereigenschaften:
     1. allgemeine Charaktereigenschaften: einwandfrei
     2. geistige Frische: ist hervorzuheben
     3. Auffassungsvermögen: in allen Lagen gewachsen
     4. Willenskraft und persönliche Härte: setzt sich in allen
     Lagen durch
     5. Wissen und Bildung: sehr gut und erschöpfend
     6. Lebensauffassung und Urteilsvermögen: zielbewußt
     und sicher
     7. besondere Vorzüge und Fähigkeiten: reiterliche Vor-
     züge, Bildung
     8. besondere Mängel und Schwächen: keine

III. Ausbildung (alte Armee, RW, Wehrmacht, Polizei, Son-
     derkurse SS): gehabte Dienststellung in der SS:
     1938 sechs Wochen 2. SS-TV-Standarte
     1939/40: Kursus Tölz

18

IV. Grad und Fertigkeit der Ausbildung:
1. im Ordnungsdienst
a) praktische Kenntnisse: sehr gut
b) theoretische Kenntnisse: sehr gut
2. im Geländedienst
a) praktische Kenntnisse: sehr gut
b) theoretische Kenntnisse: sehr gut
3. im Sport
a) praktische Kenntnisse: Reiten, Leichtathletik
b) theoretische: gut
c) besitzt Sportabzeichen: keine
4. Weltanschauung
a) eigenes Wissen: gut
b) Fähigkeit des Vortragens: sehr gut
c) Einstellung zur nat.soz. Weltanschauung: vollends ausgerichtet
5. Fähigkeiten und Kenntnisse im Innendienst, Diszi- plinarwesen und Verwaltung: vollkommen durchgebildet.
 Gesamtbeurteilung: B. ist ein guter Kamerad, vorzüglicher Vorgesetzter.«

Diese Beurteilung hat der Abteilungskommandeur der Rei- tenden Abteilung, Lombard, unterschrieben. Fegelein hat noch handschriftlich hinzugefügt: »B. ist ein ausgezeichneter Rekrutenoffizier, der mit Fleiß und Begeisterung arbeitet. Si- cheres und gewandtes Auftreten.«[7]

Die »Fähigkeit des Vortragens« und das »sichere und ge- wandte Auftreten« haben Becher auch nach dem Krieg man- chen Dienst erwiesen. Bei seinen Vernehmungen in Nürnberg zum Beispiel und auch noch in den sechziger Jahren hat er »sehr gut« vorgetragen, mit Wortgewalt und wenig Inhalt. Und sein »sicheres und gewandtes Auftreten« ließ erst gar keinen Zweifel aufkommen an dem, was er sprach.

Im übrigen hat Becher grundsätzlich nur das eingeräumt, was schon bewiesen war. Gesprächig wurde er nur bei seinem Lieblingsthema, der großen Zeit in Budapest, als er Himmlers Sonderbeauftragter war und 1944 angeblich »Tausenden von Juden aus eigener Initiative das Leben gerettet« hat. Aber

19

auch die zahlreichen Wiederholungen lassen diese Lüge nicht wahr werden. Kurt Becher wurde nach dem Kriege vor allem zu seinen Aktivitäten in Ungarn vernommen, als er Himmlers Gewährsmann und Chef des Wirtschaftsstabes war. Aus dieser Zeit konnte er eidesstattliche Versicherungen beibringen, die – wie man heute weiß – zu Unrecht bestätigten, daß er die Juden im Ghetto von Budapest vor der Deportation gerettet haben soll. Sogar Adolf Eichmann, der gleichzeitig mit Becher in Budapest war, berichtete in seinem Prozeß in Jerusalem, aber auch schon vorher in seinem argentinischen Versteck von völlig anderen Erinnerungen an Kurt Becher und seine Tätigkeit.

Wie gelang Kurt Becher dieser bemerkenswerte Aufstieg in der SS? Auf welchem Wege geriet Becher in Himmlers Blickfeld? Allein sein »nordisches Gesamtbild« kann ihn nicht an die Spitze der SS in einen Rang fünf Stufen unter den Reichsführer SS Heinrich Himmler gebracht haben. Der Schlüssel zu Bechers Karriere liegt in den Jahren 1939 bis Ende 1941. In dieser Zeit hatte er Gelegenheit, den Grundstock für seine spätere Karriere zu legen, die 1942 in der Position eines Adjutanten des Kavallerie-Kommandeurs und stellvertretenden Amtsleiters im SS-Führungshauptamt in Berlin ihren Höhepunkt fand.

Kapitel II

Eine saubere und anständige
SS-mäßige Art

In den Nürnberger Prozessen wurde die SS-Reiterei nicht als verbrecherische Organisation eingestuft. Erst in den sechziger Jahren begannen die Strafverfolgungsbehörden, sich mit der SS-Kavallerie zu beschäftigen. Denn zu dieser Zeit war schon bekannt und belegt, was es mit den Befehlen zur sogenannten Partisanenbekämpfung in den Pripjetsümpfen in Weißrußland auf sich hatte. Während Hermann Fegelein sich in den allerletzten Tagen des »Tausendjährigen Reiches« noch aus dem Führerbunker absetzen wollte, jedoch entdeckt und wegen »Feigheit vor dem Feind« erschossen wurde, war sein Bruder Waldemar als Schwadronschef in einem Ermittlungsverfahren der Staatsanwaltschaft München I beschuldigt, das sich vor allem gegen den Kommandeur der Reitenden Abteilung des 1. Regiments, Gustav Lombard, richtete. In diesem Verfahren wurde auch gegen Becher ermittelt. Wie gegen alle anderen wurden die Ermittlungen auch gegen ihn eingestellt.[1]

Das Landgericht Braunschweig verurteilte den Kommandeur der Reitenden Abteilung des 2. Regiments Franz Magill, zu diesem Zeitpunkt Diplom-Reitlehrer, 1964 rechtskräftig zu einer mehrjährigen Haftstrafe wegen Mordes an der jüdischen Bevölkerung in den Pripjetsümpfen im Sommer und Herbst 1941.[2]

Wie die SS-Kavallerie in Weißrußland gewütet hat, ist durch die Vernehmungen ehemaliger Kavallerie-Angehöriger ausführlich belegt, obwohl das Kriegstagebuch der Brigade später vor Rshew verlorenging. Aber auch in Polen war sie von Anfang an zur Polizeiverstärkung eingesetzt und unterstand samt ihrem Kommandeur dem Höheren SS- und Polizeiführer Ost, Friedrich Krüger, der seine Befehle vom »Reichsführer SS«

Heinrich Himmler erhielt. Auch die SS- und Polizeiführer der Distrikte in Polen, der Befehlshaber der Sicherheitspolizei und des SD, die Befehlshaber der Ordnungspolizei, die SS- und Selbstschutzführer im Generalgouvernement und die Kommandeure der Totenkopfstandarten haben Krüger Bericht erstattet.

Becher war – mit Ausnahme eines viermonatigen Lehrgangs – die ganze Zeit in Polen dabei. Bereits als Oberscharführer befehligte er den 3. Zug der 1. Schwadron, die in Warschau lag. Nach seinem Unterführer-Lehrgang wurde er zum SS-Untersturmführer befördert. Aus den Dokumenten zum SS-Kavallerie-Regiment, die im Militärarchiv in Freiburg aufbewahrt werden, ergibt sich ein anderes Bild der angeblich »rein militärischen Aufgaben«. In einem Brief an alle Untergebenen, den Krüger am 20. Juni 1940 schrieb, forderte er einen detaillierten Bericht, den er sowohl an den Reichsführer SS Heinrich Himmler als auch an den Generalgouverneur Hans Frank leiten wollte:

»Die Berichte sollen ein geschlossenes Bild über die Gesamttätigkeit aller Einheiten im Generalgouvernement darstellen. Alle Aufgabengebiete sind zu behandeln, besondere Begebenheiten und Einsätze hierbei zu unterstreichen. [...] Die großen Geschehnisse der Zeit seit Beginn des Krieges mit Polen erfordern es, daß die im Generalgouvernement eingesetzten, dem Reichsführer SS und Chef der Deutschen Polizei unterstehenden Gliederungen bei ihren schwierigen und großen Aufgaben hier im Ostraum nicht in Vergessenheit geraten.«[3]

Krügers Forderung wurde bald erfüllt. Die einzelnen Schwadronen der beiden Halbregimenter berichteten an den Kommandostab Fegeleins, und dieser schickte eine Zusammenfassung an Krüger. Der Inhalt dieses Schreibens gibt einen ersten Eindruck der Schreckensherrschaft der Deutschen und besonders der SS-Kavallerie in Polen:

»Einsätze der 1. SS-Totenkopf-Reiterstandarte.
Mit Wirkung vom 15. 11. 1939 wurde die Aufstellung der 1. SS-Totenkopf-Reiterstandarte mit insgesamt 12 auf das Ge-

neralgouvernement verteilten Schwadronen und einer E-Schwadron befohlen. Die Schwadronen hatten außer Einsatz und Ausbildung insbesondere für die neuen Unterkünfte, Verpflegung und Futter, für die Musterung von Pferden usw. zu sorgen. Die Herbeischaffung der Verpflegung und des Futters verlangte die ständige Abstellung eines besonderen Kommandos, wobei sich der Mangel an LKW sehr bemerkbar machte. Fast alle Beschaffungen waren mit den größten Schwierigkeiten verbunden, so zum Beispiel die Beschaffung von Kraftstoff, die erst nach langwierigen Verhandlungen mit der Wehrmacht sichergestellt werden konnte. Nach Eintritt der kalten Witterung und des Schneefalls wurden die Wegverhältnisse im Generalgouvernement derart katastrophal, daß die Aufrechterhaltung eines geordneten Dienstbetriebes nur mit ständigem Einsatz aller zur Verfügung stehenden Kräfte möglich war. Da die unterstellten Einheiten der Reiterstandarte in 12 verschiedenen Standorten waren, deren Entfernung voneinander bis zu 500 km betrug, waren die Verhältnisse besonders schwierig. Teilweise war kein Telefonnetz vorhanden, bzw. war dieses während der starken Schneefälle sehr oft unterbrochen. Das Fehlen der notwendigsten Ausrüstungs- und Bekleidungsstücke, insbesondere der Strohsäcke, Bettwäsche usw. machte sich empfindlich bemerkbar. Die Standarte war deshalb gezwungen, die Herbeischaffung vieler Ausrüstungsgegenstände im Generalgouvernement selbständig zu betreiben. Trotzdem wurden die Schwadronen fast täglich zu Einsätzen herangezogen; insbesondere die 3. Schwadron mit dem Standort Seroczyn mußte gegen das in dieser Gegend ansässige starke Bandenunwesen ununterbrochen eingesetzt werden. Es ist einzig und allein dieser Schwadron zu verdanken, daß das Bandenunwesen in dieser Gegend nach Beendigung des Winters vollkommen ausgerottet wurde.

Die 1. Schwadron/Warschau wurde in stärkstem Umfang zu Exekutionen herangezogen.

Sämtliche Einheiten haben die befohlenen Exekutionen und die notwendigen Befriedungsmaßnahmen in jeder Konsequenz durchgeführt. Das Regiment hat nach dem Einsatz von 10 Monaten eine Arbeit hinter sich, die nicht so leicht von einer anderen Einheit übertroffen werden kann. Die Moral der Truppe und die Haltung der Schwadronschefs haben auch die schwierigsten Situationen gemeistert. Gerade der junge Rekrut wurde durch diese besonderen Einsatzkommandos hart und unerbittlich erzogen. Es ist in keinem Fall ein Mann durch Schwäche ausgefallen.«[4]

Kurt Becher gehörte als Zugführer des 3. Zuges der 1. Schwadron in Warschau zu den jungen Rekruten, die »durch diese besonderen Einsatzkommandos hart und unerbittlich erzogen« wurden, obwohl er mit immerhin dreißig Jahren nicht mehr so jung war wie viele andere SS-Männer der Reiterei in Polen.

Nachdem Fegelein in jenem Bericht an Krüger genügend Lob über sich und seine Männer verbreitet hatte – »Still und bescheiden wurde von Führer und Mann vorbildlich tapfer unter rücksichtslosem Einsatz des Lebens jede Aufgabe gemeistert«[5] –, beschreibt er größere Einsätze, von denen einige typisch sind:

»Am 1. 12. 1939 erhielt die 5. Schwadron den Auftrag, 1018 Juden aus dem Kreise Chelm nach dem Kreise Sokal zu transportieren. Unterwegs versuchte ein Großteil der Juden zu fliehen, wobei die Schwadron sofort von der Schußwaffe Gebrauch machte. 440 Juden wurden erschossen, 578 Juden der Schutzpolizei in Prupießow übergeben.«[6]

Ein Massenfluchtversuch ist eher unwahrscheinlich und dient der Rechtfertigung für die grundlose Ermordung. Wer zu alt, zu klein, zu schwach war, das vorgegebene Marschtempo einzuhalten, wurde an Ort und Stelle erschossen. Weiter geht es in dem Bericht an Krüger:

»Vom 4.–7. 1. 1940 fand eine Waffensuche durch einen Zug der 3. Schwadron in der Umgebung von Stoczek statt. In der Gegend waren verschiedene Überfälle durch Banden vorgekommen. 7 Angehörige einer Bande wurden festgenommen. Die Bandenführer wurden auf der Flucht erschossen. 2 Bandenmitglieder wurden wegen Waffenbesitzes erschossen. Feuergefecht. […] Am 10. 1. 1940 Einsatz eines Zuges der

3. Schwadron im Dorfe Socki, das als Nest bewaffneter Banditen gemeldet war. Ein Bandenangehöriger wurde wegen Widerstand erschossen. 7 weitere Bandenmitglieder wurden verhaftet, davon einer wegen Waffenbesitzes erschossen. Feuergefecht. [...] Am 12. 1. 1940 wurde die 5. Schwadron Chelm durch die Sicherheitspolizei im Kreise Chelm aufgefordert, die Bewachung eines über Nacht eintreffenden Judentransportes in Stärke von 600 Juden zu übernehmen. 1 Unterführer und 20 Männer wurden abgestellt. In der Frühe wurde mit dem Kommandeur der Sicherheitspolizei sowie mit dem stellvertretenden Landrat festgestellt, daß in dem Zuge, der aus 2. und 3. Klasse D-Zugwagen bestand, ca. 40 Tote lagen. Zum Weitertransport wurden von der Gendarmerie 8 Männer und von der 5. Schwadron 1 Unterführer und 10 Männer abkommandiert. Bei einer späteren waggonweisen Ausladung der Juden, die wegen Seuchengefahr erschossen werden sollten, wurde ein Angehöriger durch einen Bauchschuß schwer verletzt, an deren Folgen er später starb. Oberstabsarzt, SS-Oberführer Lichtschlag, hat bei der Sektion festgestellt, daß es sich um ein Geschoß aus einem alten Trommelrevolver handelte. Die Juden wurden erschossen.«[7]

Es haben noch viele größere Einsätze stattgefunden, an denen mit wechselnder Beteiligung alle Schwadronen der Reiterstandarte beteiligt waren. Sie waren ebensowenig »rein militärisch« wie die Massenerschießung von 600 Juden »wegen Seuchengefahr« und die von 440 Juden »auf der Flucht«. Bechers Schwadron in Warschau wird in ähnlicher Weise vorgegangen sein, denn sie wurde ja nach dem Bericht des Kommandeurs »in stärkstem Umfang zu Exekutionen herangezogen«, bei denen »in keinem Fall ein Mann durch Schwäche ausgefallen« ist. Dabei hat sich die Reiterstandarte von anderen Verbänden deutscher Invasoren nicht unterschieden: Sie hat Terror über die Zivilbevölkerung ausübt. Juden waren ihr ebenso wehrlos ausgeliefert wie polnische Bürger, wenn sie der Unterstützung von Partisanen verdächtigt wurden. Im Sprachgebrauch der Nazis waren alle, die sich in den Wäldern versteckten und Widerstand leisteten, »Banditen« oder »Verbrecher«.

Weiter heißt es in Fegeleins Bericht an den Höheren SS-
und Polizeiführer Ost:

»Am 20. 1. 1940 wurde eine Gruppe der 3. Schwadron für
Waffensuche in Stoczek eingesetzt. 1 Pole wurde wegen Waffenbesitzes verhaftet und erschossen. Feuergefecht. Am 25. 3.
1940 wurde auf Verlangen der polnischen Polizei in Latowicze
ein Bandenangehöriger durch eine Gruppe der 3. Schwadron
verhaftet und auf der Flucht erschossen. Am 25. 3. 1940 wurde
die 1. Reitende Batterie auf Veranlassung der Forstinspektion
zur Feststellung von Holz- und Wilddieben eingesetzt. Am
29. 3. 1940 wurde 1 Zug der 1. Schwadron für eine Großrazzia
der Sicherheitspolizei in Praga abgestellt.«[8]

Praga, das alte Arbeiterviertel von Warschau, liegt einen Stein-
wurf vom Ghetto entfernt. Anfang April kam es zu einem
mehrtägigen Einsatz einiger Schwadronen, die mit der ge-
wohnten Brutalität vorgingen:

»Am 8. 4. 1940 lautete der Auftrag: 2. und 3. Schwadron unter-
stützen das angriffsweise Vorgehen der Polizeikräfte im Raum
Wonsosz-Malachow nach Süden hin, 1. und 7. Schwadron im
Raume des Krasna-Abschnittes Krasna-Wonsosz nach Süd-
westen und Süden hin. Im gesamten Vorgehen mit sämtlichen
Einheiten wurden die Ziele auf der Straße Aerbinow gegen 18
Uhr erreicht. Marschleistung der Truppe in diesem schwierigen
Gelände mit An- und Abmarsch wiederum bis 80 km. Die
gesamte männliche Bevölkerung wurde bei diesem Vorgehen
gefangengenommen und in die befohlenen Sammellager ab-
geführt. Die 8. und 9. Schwadron hatten an diesem Tage den
Auftrag, zusammen mit dem SMG-Trupp der 2. Schwadron die
Sühneaktionen gegen die Dörfer Szalas durchzuführen. Voll-
zugsmeldung konnte um 16 Uhr gegeben werden.«[9]

Ein Dorf war niedergemacht worden, weil die Bewohner im
Verdacht standen, die Partisanen unterstützt zu haben. Die
Männer wurden in Sammelstellen gebracht, das Dorf wurde
niedergebrannt, und der Trupp mit dem Schweren Maschinen-

Gewehr arbeitete so schnell, daß bereits um 16 Uhr von den Dorfbewohnern niemand mehr lebte. Fegelein hatte wieder Gelegenheit, seine Männer zu loben:

»Haltung und Stimmung der Führer, Unterführer und Männer hervorragend. Gerade bei den Spähtruppunternehmen sowie während des lang anhaltenden Nachtgefechtes zeigte sich ausnahmslos der Mut im ungestümen Nachvorwärtsdrängen. Die Einheitsführer standen in diesen Tagen zum Teil vor sehr schwierigen Aufgaben und konnten sich ausnahmslos bewähren. Es wurde in jedem Falle rücksichtslos durchgegriffen. Die gestellten Aufgaben im Niederbrennen von schuldigen Dörfern als Sühneaktion und das Erledigen von üblen Elementen geschahen auf eine so saubere und anständige SS-mäßige Art, daß jeder Zweifel an der Charakterfestigkeit der Truppe beseitigt werden mußte.

Insgesamt wurden während der Aktion erschossen: 250 Mann

Verluste: 1 Pferd, 2 Leichtverwundete«[10]

Fegeleins Reiter standen nicht nur für Sonderaktionen zur Verfügung, sie stellten bei Bedarf auch die Ordnung her, wenn zum Beispiel polnische Landarbeiter nicht unermüdlich genug für die Deutschen arbeiteten:

»Am 13. 5. 1940 Pferdeappell: Drei Pferde lahm, davon zwei leicht. Pferde sonst frisch, trotzdem 30–40 km geritten. Der Führer des 2. Zuges ritt mit einem Mann nach Gut Posadow (5 km südlich Zulice). Es war ihm von der Arbeitsunwilligkeit der Leute dort berichtet worden. Nach Rücksprache mit dem Administrator holte sich der Führer des 2. Zuges den Bürgermeister und befal ihm, in Zukunft für die pünktliche Einhaltung der Vorschriften des Kreislandwirts zu sorgen, da er es sonst als Sabotage am Deutschen Reich auffassen müsse und entsprechende Maßnahmen ergreifen würde.«[11]

»Sabotage am Deutschen Reich« – das bedeutete den Tod. Jeder kleine Zugführer – wie Kurt Becher in Polen – hat sich als Herr über Leben und Tod der polnischen, besonders aber der jüdischen Bevölkerung aufspielen können. Das zeigt der Bericht eines SS-Rottenführers (Gefreiter) der 5. Schwadron an seinen Schwadronskommandeur der SS-Totenkopf-Reiterstandarte vom 12. Januar 1940:

»Meldung!
Am 11. Januar 1940 befand sich der Unterzeichnete gegen 11.30 Uhr auf dem Markt von Chelm. In einer Seitengasse (Ghetto) bemerkte ich, daß von Juden ein Wagen entladen wurde und die augenscheinlich nicht erkennbaren Lasten in ein Haus getragen wurden. Da ich vermutete, daß die Juden irgendwelche Gegenstände zu verschleppen beabsichtigten, näherte ich mich dem Wagen. Als ich herangekommen war, sah ich, daß ein Jude, der keine Armbinde trug und von mir aufgefordert wurde, sich zu legitimieren, die Flucht ergriff. Durch sofortiges Eingreifen konnte ich ihn noch stellen und in das Haus drängen. Ich stellte mich in die Tür, um einen nochmaligen Fluchtversuch zu verhindern. Als der Jude dies erkannte, griff er mit der rechten Hand in die Hosentasche und lief gegen mich an. Auf Grund dieser äußeren Anzeichen mußte ich annehmen, daß der Jude eine Waffe in der Tasche trug, die er gegen mich anwenden wollte. Dies rechtzeitig erkennend, zog ich meine Dienstpistole und schoß den Juden nieder. Die Personalien des Juden konnten nicht festgestellt werden, da er keine Ausweispapiere bei sich trug und die anderen Juden erklärten, ihn nicht zu kennen. Ob der Jude seinen Verletzungen erlegen ist, kann ich nicht sagen, da er von seinen Rassegenossen weggeschafft wurde und ich mich nicht weiter um ihn bekümmerte.«[12]

Dieses von Fegelein so stolz gerühmte »SS-mäßige Verhalten« hat die Kavallerie an allen Orten gezeigt, an denen sie eingesetzt war. Ein Angehöriger der Standarte kam am 9. 1. 1940 zu seiner Einheit in Lucmircs, wo die sogenannte »E-Schwadron« operierte:

»Bei meinem Eintreffen in Lucmircs waren bereits 20 bis 30 Leute der SS-Kavallerie stationiert. Während meiner Ausbildung in der Umgebung von Lucmircs fiel mir damals auf, daß einige Gebiete der Umgebung für Ausbildungszwecke gemieden wurden. Nach der Ursache forschend, stellte ich fest, daß in diesen Gebieten bereits vor meinem Eintreffen Erschießungen stattgefunden haben. Von Kameraden – deren Namen mir heute nicht mehr bekannt sind – erfuhr ich dann, daß in diesen Gebieten Erschießungen vorgekommen waren. Ich selbst habe in diesen Gebieten auch zahlreiche Hügel in einer Größe von 10 mal 4 Metern gesehen. Wie ich weiter erfuhr, handelte es sich um Massengräber, wo vor meinem Eintreffen Polen und Juden aus dem Ghetto Litzmannstadt (Lodz) erschossen worden waren. Die Opfer sollen von der Polizei dorthin gebracht worden und von Angehörigen der SS-Kavallerie, die in Lucmircs stationiert waren, erschossen worden sein. Über die Anzahl erfuhr ich damals nichts. Ich erinnere mich jedoch noch daran, daß es mindestens sechs bis sieben Hügel der geschilderten Größe waren. Diese lagen links der Straße in Richtung Orsakow.«[13]

1940 muß es sogar noch bei der SS-Totenkopf-Standarte Männer gegeben haben, die sich Juden gegenüber nicht unmenschlich genug verhielten. Das hat dem Kommandeur offenbar nicht gefallen. Der Standartenbefehl Nr. 8 vom 31. Januar 1940 fordert die »Unterrichtung aller SS-Männer über Verhaltensmaßnahmen gegenüber Häftlingen«:

»3. A) Alle Häftlinge, die in den Konzentrationslagern untergebracht sind, sind Staatsfeinde schlimmster Art.

B) In letzter Zeit ist es zu wiederholten Malen vorgekommen, daß SS-Angehörige sich von den Gefangenen durch Bettenbau, Stiefelputzen und andere Handreichungen bedienen lassen. Die Verbrecher wurden dann noch von den SS-Angehörigen durch Zuwendungen von Brot u.d.m. noch belohnt.

C) Verbrecher und Staatsfeinde sind aus dem Volkskörper ausgeschieden und eingesperrt. Die Bewachung dieser Verbrecher liegt in den Händen des Inspekteurs der K. L.

D) Es wird hiermit befohlen:

a) Alle Einheiten in den Totenkopfstandarten, Abteilungen und E-Formationen sind über das Verhalten gegenüber Häftlingen eingehend zu unterrichten.

Der Unterricht ist alle zwei Wochen zu wiederholen.

b) Neu eintreffende Mannschaften sind über das Verhalten gegenüber Gefangenen in den 1. Unterrichtsstunden zu unterweisen.

E) Verboten wird:

a) Daß sich SS-Angehörige in irgendeiner Form von den Verbrechern bedienen lassen.

b) Gefangene ohne Erlaubnis der aufsichtführenden SS-Männer zu Arbeiten heranzuziehen.

c) Den Häftlingen in irgendeiner Form Zuwendungen zu machen.

F) Werden Häftlinge zur Arbeitsleistungen für die T. V.* abgestellt, so müssen dieselben, wenn kein Posten der K. L.** unmittelbar zur Verfügung steht, durch SS-Männer der T-Einheiten*** bewacht werden. Nach Beendigung der Arbeit ist der Gefangene wieder an den Posten der K. L. abzuliefern.

G) Gegenüber Angehörigen der SS, die sich Gefühlsduseleien zuschulden kommen lassen und die Staatsfeinde und Verbrecher nicht als das ansehen, was sie sind, wird rücksichtslos vorgegangen werden.«[14]

Über allzu viele »Gefühlsduseleien«, so scheint es, mußte sich Hermann Fegelein nicht beklagen. Die Erschießung von 600 Menschen, die nach tagelangem Transport verdreckt und halb verhungert in Polen eintrafen, funktionierte jedenfalls reibungslos.

Mochten sich die deutschen Herrenmenschen den Polen und Juden gegenüber auch als Herr über Leben und Tod fühlen, nach innen waren die Disziplin und Sauberkeit der Kavalleristen keineswegs so, daß Fegelein mit ihnen glänzen mochte. Die erhalten gebliebenen Akten der SS-Totenkopf-

* Totenkopf-Verbände
** Konzentrationslager
*** Totenkopf-Einheiten

Reiterstandarte im Militärarchiv in Freiburg dokumentieren auch den Alltag. So wurde ein Mann bei einem Reinlichkeitsappell mit vier Tagen verschärftem Kerker bestraft, weil er mit ungewaschenen Füßen im Bett angetroffen wurde. Drei andere wurden bestraft, weil sie »zwar im Besitz von neuen Zahnbürsten sind, diese aber nachweislich noch nie benutzt haben«.

Und Fegelein, den Eugen Kogon in seinem Buch *Der SS-Staat* »einen der schlimmsten Verbrecher 1940 in Warschau« nennt[15], hatte auch sonst alle Mühe, die Herren von der Kavallerie Zucht und Ordnung nach seinen Maßstäben zu lehren. Das geht aus einem »Sonderbefehl für Unterhaltungs- und Tanzabende« vom 26. 1. 1941 hervor, den der Kommandeur an alle Schwadronschefs ausgab:

»Anläßlich meiner Anwesenheit beim Unterhaltungs- und Tanzabend in der Ymka habe ich folgendes festzustellen und zu bemängeln:

1. Ich erwarte, daß sämtliche Führer des Standortes an diesen Abenden teilnehmen, da es außerordentlich nützlich erscheint, gerade bei dieser Gelegenheit die Männer zu beobachten und zu erziehen; vor allem auch die persönliche Haltung der Unteroffiziere den Männern gegenüber und umgekehrt zu prüfen. Es ist ganz selbstverständlich, daß genauso wie bei den Offizieren auch bei den Unteroffizieren und Männern – auch bei den besten Freunden – die militärische Haltung zu wahren ist. Es ist ein unmöglicher Zustand, wenn junge Männer zu einem Unteroffizier oder Wachtmeister – der vielleicht aus demselben Dorf oder Stadt ist, an den Tisch herankommt, ihm kameradschaftlich auf die Schulter klopfen, mit dem Zeigefinger an den Kopf tippen und damit ihren Gruß entboten haben. Hier hat die Erziehung der Zugführer und Stabsscharführer energisch und unerbittlich einzuhaken. Diese kameradschaftliche Gefühlsduselei, die nichts mit Weltanschauung zu tun hat, verschwindet sofort.

2. Diese Abende, die in allen Standorten, auch den kleinsten, durchzuführen sind, sind dazu da, um dem Mann sein

Privatleben, auf das er genau wie jeder Führer seinen Anspruch hat, zu gewährleisten. Kommißdienst verschwindet
daher. Diese Abende können nur gelingen, wenn ein aus-
gesuchtes, erlesenes Programm den Rahmen gibt. Keinen
Schund und keine miesen Vorträge. Selbstverständlich können Ballette, Tanzpaare usw. eingefügt werden. Es darf den
Männern aber nur Bestes gezeigt werden. Schlechte Dinge
sehen sie sowieso jeden Tag. Ich verbiete unter strengster
Strafandrohung, daß polnische Artistinnen oder Tanzmädchen
zu diesen Abenden herangezogen werden. Wir haben mit der
polnischen Bevölkerung nichts zu tun. Der Reichsführer hat
bei der letzten Kommandeur-Besprechung nachdrücklich
darauf hingewiesen, daß er in dieser Beziehung keine Rücksicht kennt und jede Konsequenz aus einem SS-unwürdi-
gen Verhalten gegenüber einer Polin ziehen wird. Das Straf-
maß des Reichsführers darf als bekannt vorausgesetzt werden.

3. Selbstverständlich hat der Einheitsführer mit allen Mitteln darauf hinzuwirken, daß rassisch gut bewertete, volksdeutsche, hübsche Mädchen, Deutsch-Russinnen usw. eingeführt werden. Ich weise auf die volksdeutschen Dörfer in der
Umgebung der Standorte hin und auf die Angestellten der
Zivil-Verwaltung und sonstigen Dienststellen. Es findet sich
bestimmt für unsere Männer irgendeine Frau, die paßt, wenn
die nötige Aufklärung und Betreuung durch die Offiziere vorhanden ist. Ich begrüße es außerordentlich, wenn auch sämtliche Offiziere ihre Bekannten einführen.

4. Für das Auftreten und Verhalten der Unteroffiziere und
Männer sowie für tadellosen Anzug und Haarschnitt ist sofort
eingehender Unterricht der Schwadronschefs und Einheitsführer anzusetzen. Es ist begrüßenswert, wenn die Unteroffiziere sich weiße Wäsche und lange Hosen anschaffen. Das
geht ohne weiteres, wenn sie sich ihren Wehrsold einteilen.
Ehrgeiz vor allem bei den jungen Unteroffizieren wecken. Ich
habe z. T. einen Haarschnitt gesehen, der katastrophal war.
Ich ordne an, daß im Laufe dieser Woche sämtliche Einheiten
zum Haareschneiden geführt werden bzw. Friseure verpflichtet werden, die einen einwandfreien Haarschnitt unter Auf-

sicht der Einheitsführer gewährleisten. In Warschau ist vor allem ein Nachrichtenzug übel aufgefallen, der junge Burschen zu diesem Abend gehen ließ, die nach Friseuren und Kaffeehauskellnern ausgesehen haben. Auch wenn die Einheit noch so tief in der Provinz stationiert ist, muß der Einheitsführer gerade in diesen Dingen besonderen Wert auf Körperpflege und äußeres Aussehen der Männer legen. Ich glaube kaum, daß ein Soldat der Waffen-SS, der etwas auf sich hält, mit einem schmierigen Rock und einem unsauberen Hemd ein junges Mädchen zum Tanz auffordern mag und daß er bei ihr Erfolg haben wird. Sporen sind beim Tanzen grundsätzlich verboten.

Ich hoffe, daß diese Hinweise sofort und unmittelbar genügen, daß Abhilfe geschaffen wird.

Der Kommandeur des SS-Kavallerie-Regiments 1, Fegelein, Standartenführer.«[16]

In einem Postskriptum verfügte Fegelein, der Pädagoge, daß dieser Sonderbefehl allen Schwadronschefs und Einheitsführern auf dem schnellsten Wege zuzustellen sei.

Gemordet wird täglich auf »saubere und SS-mäßige Weise«. In dieser Beziehung scheint sich Becher gut benommen zu haben, denn sein Verhalten, so beurteilen ihn seine Vorgesetzten, war »in und außer Dienst militärisch korrekt«; er galt »als Vorbild«.

Bis zum Januar 1941 waren Fegeleins Horden schon umstrukturiert, sie waren nicht mehr Totenkopf-Verbände, sie waren Kavallerie-Regiment 1 der Waffen-SS mit zwei Halbregimentern. Im März 1941 mußte sich Fegelein erneut über seine Männer ärgern. In einem Brief vom 28. März an alle Schwadronen und den Regimentsstab macht der Kommandeur seinem Zorn Luft:

»Betr.: Juden-Arbeitskommandos sowie Beschlagnahme von Straßenbahnwagen

Der SS- und Polizeiführer Distrikt Warschau hat mich am 28. März 41 wegen folgender Angelegenheit zum Rapport befohlen:

33

1. Trotz ausdrücklicher Befehle und mehrerer Verordnungen sind immer wieder selbständig von verschiedenen Einheiten Judenkommandos im Ghetto zusammengestellt worden, um sie für Arbeiten verwenden zu können. Durch erhöhte Seuchengefahr dürfen keinerlei Juden mehr aus diesem Wohnviertel selbständig ausgehoben werden.

2. Laut Verordnung des Gouvernements – Amt des Chefs des Distrikts Warschau – vom 13. 3. 41 sind Arbeitsabteilungen über die Transferstelle anzufordern und werden ohne weiteres zugewiesen. Ein besonders markanter Fall ist der vom 18. März 1941, bei dem sich der SS-Rttf.* Seibertz eine Judenkolonne am Wilnaer Bahnhof zusammenstellte und sie anscheinend aus Bequemlichkeit allein zurücklaufen ließ. Der Erfolg war, daß einmal der Armee-Kraftfahrpark 561 Meldung erstattete, daß die Waffen-SS sich selbständig Juden zusammenhole, was die Wehrmacht wiederum nicht dürfe, und daß andererseits die Juden die Gelegenheit sofort wahrnahmen und Lebensmittel sowie verschiedene andere Sachen in rauhen Mengen zusammenhausierten und voll beladen nach Hause wanderten. Die polnische Polizei mußte diese Horde durch mangelnde Aufsicht von Angehörigen des Regiments ins Ghetto eskortieren. Es fällt mir nicht mehr ein, mich noch einmal wegen derartiger Sachen anreden zu lassen. Wir leben heute nicht mehr in derart polnischen Zuständen, daß jeder tun und lassen kann, was ihm beliebt. Es werden sämtliche Einheitsführer zukünftig für diese Übergriffe persönlich belangt.

3. Am 18. März 1941 haben Teile der 1. Schwadron/SS-Kav.-Rgt.1 um 17.22 Uhr 2 Straßenbahnzüge willkürlich beschlagnahmt und zu einer Dienstfahrt benutzt. Die Beschlagnahme erfolgte auf der Marschall-Str. – Ecke Bahnhofstr. Es handelte sich um zwei Züge der Linie 3. Die in den Zügen befindlichen Zivilpersonen mußten daraufhin die Züge verlassen. Die Fahrt erfolgte in Richtung Sluzewiec. Transportführer war der SS-Oberscharführer Schulte-Ufflage. Die Schwadron hat sofort Sorge dafür zu tragen, daß die Bezah-

* SS-Rottenführer

34

lung der Fahrt an den Beauftragten des Distriktchefs – Dezernat 3 – erfolgt. Dieser Vorfall ist eine ausgesprochene Rüpelhaftigkeit bei dem großen Entgegenkommen, das die Direktion der Straßenbahn uns gegenüber gewährt. Sie ist jederzeit gern bereit, Züge für Dienstfahrten gegen Bezahlung zur Verfügung zu stellen. Es ist lediglich erforderlich, daß die Bestellung rechtzeitig erfolgt. Selbstverständlich ist es angängig, daß Wachablösungen und kleinere Einheiten die Straßenbahn benützen können. Es ist aber vollkommen ausgeschlossen, daß größere Formationen, ohne vorherige Bestellung der Straßenbahn für eine Dienstfahrt einfach alles andere herausschmeißen und die gesamte Betriebssicherheit der Straßenbahn gefährden dadurch, daß sie willkürlich ihre Fahrtziele bestimmen.

Die beiden Genannten sind von ihren Disziplinarvorgesetzten entsprechend zu bestrafen.

Dieser Befehl ist sämtlichen selbständigen Einheiten bis herunter zu den Zügen beim Mittagsappell am 29. 3. 1941 in Gegenwart von sämtlichen Kommandierten zu verlesen. Vollzugsmeldung zum 1. 4. 1941.

Auf die Härte des Strafmaßes ist im Falle eines nochmaligen Vorgehens dieser Art besonders hinzuweisen.

Fegelein, SS-Standartenführer und Kommandeur«[17]

Aus diesem Befehl ist ersichtlich, was Becher vehement dementiert: Die Angehörigen der SS-Kavallerie in Warschau hatten Zugang zum Ghetto. Auf welchem Wege hätten sie sonst selbständig Arbeitskommandos aus dem Ghetto für Sklavendienste holen können?

In den sechziger Jahren wurde eine anonyme Anzeige gegen Kurt A. Becher erstattet, in der man ihn beschuldigte, aus dem Warschauer Ghetto Geld, Schmuck und eine wertvolle Briefmarkensammlung geraubt zu haben. Wer diesen Vorwurf erhob, wurde nicht ermittelt, obwohl es einen Verdacht gab. Becher äußerte sich zu den Vorwürfen schriftlich und behauptete, er habe das Warschauer Ghetto nie betreten. Offenbar war es aber an der Tagesordnung, daß die Angehörigen der in Warschau stationierten Schwadronen das Ghetto

»betreten« haben. Sonst hätte der Kommandeur nicht in mehreren Befehlen darauf hinweisen müssen, daß Arbeitskommandos nicht selbständig requiriert werden durften. Es hatte
eben alles seine Ordnung: die Sklaverei, der Mord, der or-
dentliche Haarschnitt, die weiße Wäsche und die langen
Hosen.

Kapitel III

Judenweiber und Kinder
sind in die Sümpfe zu treiben

Die SS-Kavallerie hatte ihr eigenes Lied:

> Wir haben geritten in Polenland,
> Den Zügel gefaßt, das Schwert in der Hand.
> Es dröhnen die Hufe, die Scholle, sie springt,
> Wenn in sausender Fahrt uns der Wind umsingt.
> Wir reiten kämpfend zum Sieg.
> Donnernd dröhnt unser Sieg Heil! Sieg Heil!
>
> Der Totenkopf geht unserem Kampf voran,
> Er weist uns mit eherner Hand die Bahn.
> Wir haben zu wählen, ob Sieg oder Tod,
> Denn der Totenkopfreiter, der kennt keine Not.
> Wir reiten kämpfend zum Sieg,
> Donnernd dröhnt unser Sieg Heil! Sieg Heil!
>
> Die 1. Schwadron, wenn sie reitet,
> Vom Wiehern der Rosse begleitet,
> Hat glühende Herzen vom Feuer beseelt,
> Denen niemals der Mut vor dem Tode fehlt.
> Wir reiten kämpfend zum Sieg,
> Donnernd dröhnt unser Sieg Heil! Sieg Heil!
>
> Das Schicksal uns einst aus dem Sattel hebt,
> Zum großen Sammeln der Ruf erhebt,
> Dann wissen wir alle,
> Die Pflicht ist getan,
> Und wohl keiner kann sagen, die Zeit war vertan.
> Wir reiten kämpfend zum Sieg,
> Donnernd dröhnt unser Sieg Heil! Sieg Heil![1]

Nicht nur vom »Wiehern der Rosse« waren sie begleitet, die Reiter der SS-Kavallerie. Sehr bald gesellten sich die Todesschreie ihrer Opfer dazu. Um den 20. Juni 1941 ritten sie von Warschau nach Osten. Am 22. Juni 1941 begann der Krieg mit der Sowjetunion, der Überfall hieß »Unternehmen Barbarossa«. Fegeleins Reiter waren dabei. Sie sind zwar bis Białystok gekommen, einige Einheiten haben auch im Einsatzgebiet der 87. Infanterie-Division an der Kesselschlacht um Białystok teilgenommen, die meisten trafen aber erst ein, als die Stadt schon lichterloh brannte. Dann wurde zum Rückzug gepfiffen: Fegelein hatte keinen militärischen Befehl gehabt, er war einfach mitgestürmt.

Ein Schwadronsführer des Regiments:

»Hinsichtlich der Unterstellungsverhältnisse kann ich ganz bestimmt sagen, daß bis zum Ausbruch des Rußlandfeldzuges nicht geplant war, die SS-Kavallerie-Brigade dem Höheren SS- und Polizeiführer zu unterstellen. Der Kommandeur Fegelein hatte den Drang, mit der kämpfenden Truppe Schritt zu halten; das war ihm wohl nicht möglich, weil es an dem verminderten Marschtempo eines Kavallerie-Verbandes gegenüber Panzereinheiten scheiterte. Mir ist bekannt, daß Fegelein sich bei verschiedenen Wehrmachtskommandeuren bemühte, eingebaut zu werden. Keiner hat ihn haben wollen, und so hing er mit seinem Verband in der Luft. So mag es gekommen sein, daß man die Kavallerie-Einheit als langsamen Verband für rückwärtige Operationen einsetzte.«[2]

Am 26. Juni 1941 wurde der Verband nach Lyck in Ostpreußen verlegt. Dort hielt der »Reichsführer SS und Chef der Deutschen Polizei« Heinrich Himmler Heerschau und redete anschließend zu den Regimentsangehörigen. Einer der Kavallerieangehörigen nahm an diesem Ereignis teil:

»Die Besichtigung Himmlers fand anläßlich eines Regimentsappells statt, wobei Himmler noch eine Ansprache gehalten hat, die ich selbst gehört habe. Sinngemäß kann ich mich erinnern, daß er von künftigen harten Einsätzen sprach und uns aufforderte, nicht weich zu werden. Wir hätten mit die Aufgabe, den russischen Raum für das germanische Volk zu erobern. Die Befehle zu dem Einsatz der SS-Kavallerie würden von ihm persönlich gegeben. Es war aus der Rede zu entnehmen, daß wir nicht einem Heeresverband unterstellt werden sollten, sondern vielmehr unsere Operationen auf direkten Befehl des Reichsführers SS Himmler beziehungsweise seinem Kommandostab durchzuführen hätten.«[3]

Ein anderer berichtet:

»Ich war bei dieser Besichtigung aber nicht zugegen, weil ich zur Stallwache eingeteilt war. Von den Kameraden hörte ich dann, daß der SS-Kavallerie besondere Aufgaben in den Pripjetsümpfen zugedacht seien. Himmler soll auch gesagt haben, daß sich jeder versetzen lassen könne, der sich für die besonderen Aufgaben nicht geeignet fühlte. Meines Wissens hat sich keiner versetzen lassen, weil der kleine Mann ja nichts von den Judenerschießungen ahnte.«[4]

Und eine dritte Stimme:

»Während unserer Ruhestellung im Raume Lyck wurden wir von dem Reichsführer SS Himmler besichtigt. Er hielt vor dem angetretenen Regiment eine kurze Ansprache. Dabei betonte Himmler, daß noch eine schwere Aufgabe vor uns liege, weil wir gegebenenfalls bis zum Ural reiten müßten.«[5]

Kriegsziel des »Unternehmen Barbarossa« war auch die Tötung der jüdischen Bevölkerung in den eroberten Gebieten. Himmler hatte den Auftrag, die notwendigen organisatorischen Voraussetzungen zu schaffen. Dabei setzte er, wie schon in Polen, mit Erlaß vom 21. 5. 1941 für die rückwärtigen Heeresgebiete Höhere SS- und Polizeiführer ein. Er ließ Einsatzgruppen bilden, die der kämpfenden Truppe folgen sollten ebenso wie die ihm unterstellten Verbände der SS und der Polizei. Die damals noch geringe personelle Stärke der

Einsatzgruppen und das schnelle Vordringen der Wehrmacht verhinderten aber die vollständige Ausrottung der ansässigen jüdischen Bevölkerung im rückwärtigen Gebiet der Front. Das war der Grund, der Himmler bewog, für diesen Einsatz weitere SS-Verbände abzukommandieren, die gemeinsam mit den bereits vorhandenen Einheiten von Ordnungspolizei, SD und Einsatzgruppen in diesem Gebiet operieren sollten. In den weitläufigen und unübersichtlichen Wald- und Sumpfgebieten in Weißrußland, das zum »Heeresabschnitt Mitte« gehörte, befürchteten die Deutschen überdies, daß sich versprengte sowjetische Truppen zu Partisanenverbänden zusammenschließen könnten, was allerdings erst später geschah. So sollten die SS- und Polizeiverbände im rückwärtigen Heeresgebiet freie Hand haben und von jedem Einfluß durch andere Dienststellen ungehindert die Mordaktionen ausführen können. Der Befehlshaber des rückwärtigen Heeresgebietes Mitte war der General der Infanterie Max Graf Schenckendorff, der Höhere SS- und Polizeiführer in diesem Raum war der SS-Gruppenführer Erich von dem Bach-Zelewski.

In einem Ermittlungsverfahren der Münchener Staatsanwaltschaft, das sich mit dem 1. Regiment der SS-Kavallerie-Brigade befaßte, heißt es:

»Im Befehlsbereich des Höheren SS- und Polizeiführers beim Befehlshaber des rückwärtigen Heeresgebietes Mitte [...] boten sich für die Durchführung dieser Aufgabe die SS-Reitereinheiten der damals gerade in der Aufstellung befindlichen 1. SS-Kavallerie-Brigade an. Infolge ihres niedrigen Ausbildungsstandes, ihrer unzulänglichen Ausrüstung und ihrer fehlenden militärischen Kampferfahrung, insbesondere ihrer Führer, waren sie für einen Einsatz bei den kämpfenden Verbänden ohnehin nicht geeignet. Andererseits sollten sie durch den geplanten Einsatz in den weiträumigen Sumpfgebieten Weißrußlands für einen späteren Fronteinsatz im Sinne Himmlers genügend ›abgehärtet‹ werden und durch begrenzte militärische Aufträge auch in gewissem Umfang Kampferfahrung sammeln.«[6]

Am 28. 7. 1941 wurde aus dem SS-Kavallerie-Regiment 1 mit zwei Halbregimentern eine SS-Kavallerie-Brigade gebildet. Die Umwandlung wurde im Laufe des Monats August beendet. Als Brigadekommandeur befehligte Hermann Fegelein nun die beiden Regimenter mit je acht Schwadronen, von denen die ersten vier jeweils zu einer Reitenden Abteilung mit eigenem Abteilungsstab zusammengesetzt waren. Die zu einer Brigade gehörenden Stabseinheiten wie Nachrichten-, Sanitäts- und Pioniereinheiten waren im Sommer 1941 im Auf- oder Ausbau. Die Gesamtstärke der SS-Kavallerie-Brigade betrug zu dieser Zeit etwa 5500 Mann.

Am 21. Juli marschierte sie aus Lyck gen Osten ab zu den von Himmler in Aussicht gestellten höheren Aufgaben, die keineswegs »rein militärischer« Natur waren. Mit Kommandobefehl Nr. 19 des Stabes Reichsführer SS vom 19. 7. 1941 wurde angeordnet, daß beide Regimenter in den Raum Baranowicze verlegt werden sollten. Der Marschweg der rund 320 Kilomter langen Strecke ist mit Osowiec, Białystok, Wolkowisk, Slonim nach Baranowicze befohlen worden. Am 28. 7. hatten die Regimenter einsatzbereit in Baranowicze zu stehen.[7] Mit einem Fernschreiben an den Kommandostab des Höheren SS- und Polizeiführers von dem Bach-Zelewski schreibt Himmler:

»Ich stelle Ihnen ab 28. 7. 1941 die SS-Reiterbrigade mit 2 Reiterstandarten, deren Stärke und Gliederung Sie durch Kurieroffiziere des Kommandostabes erhalten, für eine systematische Durchkämmung in den Pripjetsümpfen zur Verfügung. Sie ersuche ich um Vorlage eines Vorschlages, in welcher Weise diese militärisch gut zu durchdenkende Aktion von Ihnen geplant ist. Der Reichsführer wünscht, daß der Kurieroffizier schnellstens in Marsch gesetzt wird. Gez. H. Himmler, Reichsführer SS.«[8]

Möglicherweise war Kurt Becher besagter Kurieroffizier, der den Höheren SS- und Polizeiführer über die Zusammensetzung der Brigade informierte. SS-Untersturmführer Becher war nämlich am 20. Juli in den Stab aufgerückt, als Ordonnanzoffizier. Nach der Aufstellung des Regiments als Brigade übte er diese Funktion ab dem 5. August 1941 bis zum 20. Oktober 1941 aus. Zeitweise war er auch Fegeleins Adjutant und damit sogenannter Ia der Brigade.

Über die Vorschläge, die von dem Bach-Zelewski dem Reichsführer SS unterbreitet hat, ist nichts bekannt, wohl aber von der Umsetzung, die den Tod von Tausenden jüdischen Männern, Frauen und Kindern bedeutete.

Am 28. Juli 1941 erließ Himmler einen Geheimen Sonderbefehl, in dem er betont, daß die berüchtigte SIPO (Sicherheitspolizei) an den Aktionen zu beteiligen sei. In diesem Sonderbefehl wird das Wort »Juden« noch vermieden, noch wählte Himmler Umschreibungen. Erst in späteren Befehlen wurde man deutlicher. Unter Punkt IV geht es um die »Behandlung der Bevölkerung«:

»1) Wir müssen uns darüber klar sein, daß die Dörfer in den Sumpfgebieten entweder Stützpunkte für uns oder Stützpunkte für den Gegner sind. Stützpunkte für uns können sie nur sein, wenn ihre Bevölkerung nicht aus Verbrechern besteht, sondern, völkisch gesehen, aus ukrainischer oder sonstiger Minderheitsbevölkerung, die uns gut und den Russen bzw. Polen feindlich gesonnen ist. Ist das der Fall, dann müssen wir dafür sorgen, daß diese Ortschaften sich gegen Marodeure wehren können und voll und ganz Stützpunkte für uns werden. Es sind Bürgermeister einzusetzen und von uns zu bestätigen. Durch die Sicherheitspolizei, die bei diesen Aufgaben mitzuwirken hat, sind dauernde Vertrauensleute einzusetzen. Auch ist in einem begrenzten Umfang die Bevölkerung zu bewaffnen, da sie sonst bei allem guten Willen von Gegnern überrumpelt wird und ihre Ortschaften diesen als Ernährungsbasis dienen. Der Bevölkerung sind beim Besetzen von Ortschaften Verhaltungsmaßregeln, am besten durch Plakatanschlag, bekanntzugeben. Ferner ist ihr die Beteiligung an der Beute bei aufgebrachten Partisanen oder Marodeuren zuzusagen. Die Beteiligung kann eine Zuteilung von Pferden (jedoch nicht von allen), von Lebensmitteln, Karren oder sonstigen Dingen sein, die die Truppe nicht braucht.

2) Ist die Bevölkerung, national gesehen, feindlich, rassisch oder menschlich minderwertig oder gar, wie es in Sumpfgebieten oft der Fall sein wird, aus angesiedelten Verbrechern zusammengesetzt, so sind alle, die der Unterstützung der Partisanen verdächtig sind, zu erschießen: Weiber und Kinder sind abzutransportieren, Vieh und Lebensmittel zu beschlagnahmen und in Sicherheit zu bringen. Die Dörfer sind bis zum Erdboden niederzubrennen.

3) Entweder sind die Dörfer und Siedlungen ein Netz von Stützpunkten, deren Bewohner von sich aus jeden Partisanen oder Marodeur totschlagen und uns über alles berichten, oder sie hören auf zu bestehen. Kein Gegner darf in dieser Gegend Unterstützung und Lebensunterhalt finden. Gz. H. Himmler.«[9]

Der offizielle Auftrag lautete also: Partisanenbekämpfung. In den ersten Monaten des Krieges gab es wenige Partisanen. Ende des Jahres 1941 schätzt man ihre Zahl im gesamten Machtbereich der Wehrmacht in Rußland auf 30000. Mitte des Jahres 1942 rechnet man schon mit 150000.[10] Aber im Sommer 1941 werden es in den Pripjetsümpfen wenig mehr als eine Handvoll versprengter Rotarmisten gewesen sein. Juden jedoch haben in den meisten Ortschaften in den Sümpfen und um sie herum gelebt. Aus Vernehmungen, die in den sechziger Jahren Kriminalbeamte und Staatsanwälte mit ehemaligen Kavallerie-Angehörigen gemacht haben, ergeben sich noch andere Befehle, die den Mordeinsatz der SS-Kavallerie im Sommer und Herbst 1941 geregelt und bestimmt haben:

»Jeder Partisan ist zu erschießen. Juden sind grundsätzlich als Partisanen zu betrachten.«

»Sämtliche Juden müssen erschossen werden. Judenweiber und Kinder sind in die Sümpfe zu treiben.«

»Die Ortschaften beiderseits der Marschwege sind zu durchkämmen. Sämtliche männliche Personen im wehrfähigen Alter, die auf der Straße angetroffen werden und sich nicht ausweisen können, sind zu erschießen.«

»Sämtliche Bolschewisten und Freischärler sowie Juden

sind in Retschitza und den Ortschaften im Kreis von 20 km am 24. und 25. 9. 1941 öffentlich aufzuhängen und zu erschießen.«

»Es zeigt sich immer wieder, daß gegenüber der Bevölkerung nicht energisch und rücksichtslos genug durchgegriffen wird. Es wird deshalb angeordnet: [...] es muß jedem Russen klargemacht werden, daß der betreffende Führer Herr über Leben und Tod ist. Es ist ein ausgezeichnetes Mittel, überführte Partisanen und die schlimmsten Elemente der kommunistischen Partei aufzuhängen. [...] Falls eine Einheit längere Zeit in einem Ort liegt, sind unmittelbar Judenviertel bzw. Ghettos anzulegen, falls sie nicht sofort ausgerottet werden können. Selbstverständlich ist dabei zu beachten, daß Handwerker erhalten bleiben.«[11]

Von diesen Befehlen, wer sie erteilt hat, wie sie an die Einheiten weitergeben wurden, wer sie diktierte und wie sie umgesetzt wurden, will der Angehörige des Brigadestabes Kurt Becher nichts gewußt haben. 1962 hat man ihn im Zusammenhang mit dem Magill-Verfahren vernommen. Nachdem es einige Verzögerungen gab, wegen Bechers vielfältiger Verpflichtungen. Vorher nahm er an der Beerdigung seines Freundes Dr. Robert Pferdmenges teil, dann erwartete er eine Handelsdelegation aus Lateinamerika, aber schließlich fand er Zeit für ein einstündiges Gespräch mit dem Kriminalbeamten einer Sonderkommission – nicht etwa auf dem Kommissariat einer Polizeidienststelle, sondern in seinem Privatkontor in Bremen. Mit dem »Sachverhalt vertraut gemacht, erklärte er sich grundsätzlich zur Aussage bereit. Becher brachte aber in Vorschlag, vor seiner Vernehmung zunächst den ehemaligen Ia-Offizier, den Adjutanten Christian Reinhardt, zu vernehmen, da dieser als ›rechte Hand‹ des Kommandeurs bedeutend besser über die militärischen Ereignisse unterrichtet sei«.[12] Dieser Wunsch ist nicht unverständlich, hätte er Becher doch wieder einmal die Möglichkeit gegeben, vage und ungenau um die Punkte herum zu fabulieren, die für ihn hätten kritisch werden können.

So bestritt er in diesem Gespräch zunächst, daß er als Ordonnanzoffizier überhaupt in die Befehlskette eingeschaltet war. Von den Judenmorden will er überhaupt nichts gewußt haben. Zitat aus dem Vermerk des Kriminalbeamten:

»Becher bestritt nicht, daß er zur Zeit der Operationen im Sumpfgebiet des Pripjet von Partisaneneinsätzen dienstliche Kenntnis hatte, allerdings will er damals die Schwadronen vom Stabsquartier Lachowicze – Baranowicze aus nicht aufgesucht haben, so daß er sich kein Urteil darüber erlauben will, ob diese Partisaneneinsätze eine Tarnbezeichnung für den organisierten Judenmord waren.«[13]

Becher braucht sich kein Urteil zu erlauben, es ist eine historische Tatsache, daß im Sommer und Herbst 1941 die Juden in den Dörfern der Pripjetsümpfe zusammengetrieben und erschossen wurden. Und daß er niemals an den Plätzen war, an denen Massaker verübt wurden, stimmt nicht. Jedenfalls nicht nach Aussagen seiner ehemaligen Kameraden. Es können sich viele an ihn erinnern aus dieser Zeit, einige jedoch auch nicht und andere auffällig nicht. Wieder einmal gilt: Je höher der damalige Rang, desto schlechter das heutige Gedächtnis. Auch Bechers Gedächtnis hat große Lücken, obwohl nicht nur Befehle über seinen Schreibtisch gegangen sind, sondern er auch selbst Befehle diktiert hat. Nach den »Aktionen« haben die Einheiten an den Brigadestab Vollzug gemeldet, und zwar in deutlichen und nichts beschönigenden Worten.

Das Kriegstagebuch aus dem Sommer und Herbst 1941 ist später verlorengegangen, bei der Schlacht um Rshew vor Moskau im November 1942, als die Brigade tatsächlich einmal einen »rein militärischen Einsatz« hatte. Aber da war Becher längst zurück im SS-Führungshauptamt in Berlin. Erhalten geblieben sind Berichte an den Höheren SS- und Polizeiführer aus den ersten Monaten des Krieges mit der Sowjetunion und Tätigkeitsberichte der SS-Infanterie-Brigade, die etwa zur gleichen Zeit nicht weit entfernt operierte. Dort sind auch die Bewegungen der SS-Kavallerie verzeichnet.

Anfang August 1941 war die Umwandlung des SS-Kavallerie-Regiments mit zwei Halbregimentern in eine Brigade abgeschlossen. SS-Standartenführer Hermann Fegelein wurde also Brigadekommandeur, Christian Reinhardt war der Adjutant (Ia), Becher war der 1., Rudolf M. der 2. Ordonnanzoffizier, beide nahmen bei Abwesenheit Reinhardts abwechselnd die Position des Adjutanten ein, des höchsten Stabsoffiziers nach dem Kommandeur. Das 1. Regiment wurde von Gustav Lombard, das 2. Regiment von Franz Magill geführt, der wegen der Morde in den Pripjetsümpfen in Braunschweig zu einer mehrjährigen Haftstrafe verurteilt wurde. Gegen Lombard wurde das Verfahren eingestellt. Beide Regimenter haben die Befehle zur Zufriedenheit des Kommandeurs ausgeführt. Leicht ist es nicht immer gewesen:

»Judenweiber und Kinder in die Sümpfe zu treiben hatte nicht den Erfolg, den er haben sollte; denn die Sümpfe waren nicht so tief, daß ein Einsinken erfolgen konnte«, berichtet Magill nach einer zweiwöchigen »Aktion« an den Brigadestab.[14] Die Herren von der SS-Kavallerie wußten sich zu helfen: Sie haben alle erschossen, nicht nur die Männer.

Beim Brigadestab, an den ausführlich Vollzug gemeldet wurde, wurde offen über die »Aktionen« gesprochen. Rudolf M., der 2. Ordonnanzoffizier:

»Von den vorgenommenen Massenerschießungen der Juden habe ich frühestens während der Aktion etwas erfahren. Ich erfuhr dies aber nicht in meiner dienstlichen Funktion, sondern aus Gesprächen, die unter den Angehörigen des Brigadestabes geführt wurden.«[15]

Und ein anderer berichtete über einen Befehlsempfang:

»Der Schwadronschef sprach davon, daß der Kommandeur – darunter verstehe ich den Brigadekommandeur Fegelein – den Befehl erteilt habe, es sollten alle Juden im Sumpfgebiet als verdächtig angesehen werden, die Partisanen zu unterstützen. Von seiten der Führung sollte das so verstanden werden, alle Juden grundsätzlich zu erschießen. Der Befehl, bewaffnete Zivilisten zu erschießen, hatte schon vorher bestanden. Wenn ich gefragt werde, was mit den jüdischen Frauen und Kindern geschehen sollte, so bin ich der Meinung, daß diese bei dem Befehl nicht ausgenommen waren.«[16]

Franz Magill wurde nach seinem Prozeß noch einmal im Ermittlungsverfahren gegen Gustav Lombard vernommen:

»Die besondere Anordnung in dem Regiments-Befehl Nr. 42, in der unter anderem die Anweisung gegeben wurde, Juden als Plünderer zu behandeln, wurde damals zwar zur Kenntnis genommen, es wurde jedoch zunächst nicht entsprechend dieser Anweisung gehandelt. Das ergibt sich auch daraus, daß bis zu der Aktion in Pinsk vom Regiment 2 keine Juden erschossen wurden. Ich möchte in diesem Zusammenhang noch darauf hinweisen, daß sich aus dem Funkspruch vom 3. 8. 1941 ergibt, daß bis zu diesem Zeitpunkt keine erschossenen Plünderer gemeldet worden sein müssen und außerdem in dem Bericht des Kommandostabes Reichsführer SS vom 7. 8. 1941 ebenfalls nichts enthalten ist, was auf eine Judenerschießung durch das Regiment 2 hindeutet, während gleichzeitig jedoch gemeldet wird, daß das Regiment 1 bis zum 3. 8. 1941 bereits etwa 3000 Juden und Freischärler erschossen haben soll.

Etwas später, als wir bereits im Einsatzgebiet angekommen waren, erreichte uns ein weiterer Befehl, in dem nochmals nachdrücklich darauf hingewiesen wurde, daß während des weiteren Einsatzes sämtliche männliche Juden ab dem 14. Lebensjahr zu erschießen seien. Dieser Befehl mußte, nachdem er zur Kenntnis genommen und das weitere veranlaßt wurde, vernichtet werden.«[17]

Das weitere wurde »veranlaßt«. Innerhalb von weniger als drei Wochen verloren mehr als 14 000 unschuldige Menschen ihr Leben.

Nach Abschluß dieser »Befriedung und Säuberung« haben beide Kommandeure der beiden Regimenter ausführlich an den Brigadestab Vollzug gemeldet, und es ist absolut unglaubwürdig, daß Becher als Mitglied des Stabes und 1. Ordonnanzoffizier diese Berichte nicht gekannt haben will. Sie stammen von Lombard und Magill:

»Reitende Abteilung/SS-Kavallerie-Regiment 1 O. U.,
den 11. 8. 1941

An das SS-Kav.-Rgt.1
Betr.: Befriedung des Raumes Pripjetsümpfe

Die Reitende Abteilung hat befehlsgemäß die äußere Grenze
des ihr mit Rgts.-Befehl Nr. 42 vom 27. 7. 41 zugewiesenen
Gebietes erreicht und meldet die Befriedung des Gesamt-
gebietes. Abgesehen von den 239 Gefangenen und 411 zum
Teil in Einzelgefechten gefallenen Rotarmisten und Aktivi-
sten wurden insgesamt 6504 jüdische Personen erschossen.

Der wesentliche Teil des der Abt. zugewiesenen Gebietes
ist sumpflos. Die weißrussische Bevölkerung macht einen
fleißigen und biederen Eindruck. Sie stellt den Typ des altein-
gesessenen Kleinbauern dar, natürlich mit ausgeprägtem ost-
europäischen Charakter. Der Empfang, der meiner Truppe geboten wurde, war so herzlich und bejahend, daß es zunächst
geradezu schwer wurde, an die Aufrichtigkeit zu glauben. Die
4 Tage, welche für das Durchkämmen des Gebietes angewandt wurden, haben gelehrt, daß dieser Bevölkerung mit
dem Sieg über den Bolschewismus ein Alpdruck ohneglei-
chen abgenommen wird. Die sehr fromme Bevölkerung kennt
heute tatsächlich nur ein Gebet: Gott schütze die deutsche
Armee!

Landwirtschaftlich abwechselnd leichter Boden und sehr
viel Sand. An den Wasserläufen zum Teil bessere Bodenverhältnisse, die jedoch den Charakter des Landes nicht beeinflussen können. Irgendwelche Industrie überhaupt nicht vorhanden, nur in großen Forsten hier und da ein Sägewerk
größeren Stils. Der Holzschlag in den Forsten ist enorm. Ein
polnischer Förster aus Westpreußen erzählte mir, die Sowjets
hätten in diesem Gebiet für Milliarden Holz geschlagen, aber
nie abgefahren. Diese Werte liegen fertig zum Abnehmen in
den Wäldern.

Im Gegensatz zu den Verhältnissen im Generalgouvernement fällt auf, daß die jüdische Bevölkerung ausnahmslos in 4
oder 5 Orten ansässig war. In den Dörfern ist wohl kaum ein

einziges Mal eine jüdische Familie angetroffen worden, im Gegenteil, die Bewohner wiesen das mit Entrüstung zurück. Die Bevölkerung ist in der Gesinnung ausgesprochen antisemitisch, hat aber früher niemals Maßnahmen gegen Juden ergriffen. In der Sowjetzeit wäre dies ohnehin nicht möglich gewesen.

Die antijüdische Einstellung glaube ich auch darin erblicken zu können, daß ich wider Erwarten nur einen einzigen Fall von Mischehen kennengelernt habe (ein junger jüdischer Arzt, der mir versicherte, Mitglied einer faschistischen Partei in Mailand und verschworener Antibolschewist zu sein, und eine junge Russin). Die Aufgabe der Aktion gegen die jüdische Bevölkerung wurde im übrigen sehr erleichtert durch die unumstößliche Tatsache, daß Verbindung zwischen den Rotarmisten und den Juden vorhanden war. Weiterhin beteiligte sich auch die Bevölkerung gern an jeder Maßnahme gegen die Juden, weil sie, wie immer betont wurde, in dem Juden den Träger des Bolschewismus erblickt.

Die Entjudung des der Abteilung zugewiesenen Raumes erstreckt sich insbesondere auf die Orte Chomsk, Motol, Telechany, Swieta Wolka und Hancewicze. Die an der Rollbahn gelegenen Orte wurden zunächst ausgelassen, weil die Juden erst für den Arbeitseinsatz an der Rollbahn herangezogen werden müssen. Die Entjudung wird wohl später durch die Polizei ausgeführt.

Der mittlere und Ostteil des Gebietes ist Sumpfgebiet. Ein paar sogenannte Hauptwege von Westen nach Osten und von Süden nach Norden und im übrigen undurchdringliches Dickicht, Urwald und Moor. Das Durchstoßen in die Sümpfe nach Rotarmisten und die in diesem Gebiet stattgefundenen Einzelgefechte stellen sowohl die Höchstleistung an körperlicher Anstrengung dar, welche die Truppen bisher zu überwinden hatten. Die Bevölkerung in diesem Gebiet ist das ärmste vom Armen, sie lebt hauptsächlich von Buchweizen und Honig. Der Viehbestand und die Pferde sind entsprechend armselig und unterzüchtet. Auch hier eine tiefe Genugtuung über das Verschwinden des Bolschewismus und Unterstützung für unsere Truppen. Allerdings bedarf es bei dieser primitiven Bevölkerung mehrere Beweise, ehe das Mißtrauen schwindet.

Aufgefallen ist, daß selbst in diesen Sumpfdörfern Unterschiede in der Bevölkerung bestehen. Ich habe Dörfer gesehen, deren Bevölkerung ›lediglich alles zu fehlen schien‹, dann aber wieder Dörfer, in denen ein so verdrecktes und in jeder Beziehung ekelhaftes Volk lebte, daß Mann und Pferd froh waren, wenn weitergezogen werden durfte.

Gez. Lombard, SS-Sturmbannführer und Abteilungskommandeur.«[18]

Nicht nur das 1. Regiment und dessen Reitende Abteilung haben die »Entjudung« ausgeführt, die Reitende Abteilung des 2. Regiments der SS-Kavallerie hat ihr in nichts nachgestanden:

»SS-Kavallerie-Regiment 2
Reitende Abteilung

Regiments-Stabs-Quartier, den 12. 8. 1941

Bericht über den Verlauf der Pripjet-Aktion
vom 27. 7.–11. 8. 1941

Kampfeindrücke: keine
Bevölkerung: Vorwiegend ukrainisch, an 2. Stelle Weißrussen, an 3. Stelle Polen und Russen, letztere ganz vereinzelt nur. Juden sind hauptsächlich in den größeren Ortschaften, dort aber machen sie einen hohen Prozentsatz der Bevölkerung aus, teilweise 50–80 Prozent, teilweise allerdings auch nur 25 Prozent.

Ukrainische und weißrussische Bevölkerung ist sehr entgegenkommend. Dies zeigt sich besonders darin, daß sie Banden, die vor kurzer oder längerer Zeit sich in der Gegend herumtrieben, meldeten, nur in wenigen Fällen sind jedoch solche aufgefunden und aufgespürt worden, so daß sie auch erschossen werden konnten.

Ein weiterer Beweis der Zuvorkommenheit war, daß beim Einrücken der Truppe sofort Milch, Eier und allerlei Lebensmittel gebracht wurden und sie der Truppe unaufgefordert und unentgeltlich zur Verfügung gestellt wurden. Polen und Russen jedoch zurückhaltend und verschlossen, jedoch begrüßten sie das Vorhandensein deutscher Soldaten und brachten zum Ausdruck, daß sie froh seien, daß die Bolschewiken jetzt vertrieben sind. Vielfach wurde der ukrainische Brauch beim Einrücken der Schwadronen angewandt, daß sofort ein weiß gedeckter Tisch herausgestellt wurde, auf welchem Brot und Salz standen, die den Einheitsführern angeboten wurden. In einem Fall war sogar eine Musikkapelle angetreten, um die Truppe zu begrüßen (Kamien Muschioski). Zu bemerken ist die große Anzahl von Kindern, die an allen Orten vorgefunden wurde. So bestanden Familien nicht selten aus 10 bis 12 Köpfen.

Rassisch gesehen macht die Bevölkerung einen guten Eindruck, wenn auch klein, so doch von gleichmäßiger Gestalt und Figur und klarem Gesichtsausdruck. Dasselbe konnte auch bei Weißrussen, wenn auch nicht so ausgesprochen, doch in ähnlicher Weise festgestellt werden. Da Polen und Russen nur in geringer Zahl angetroffen wurden, werden diese in ihrer Art nicht weiter gekennzeichnet.

Bodenverhältnisse: Das ganze Gebiet besteht aus großem Sumpfgelände mit eingestreuten Sandflächen, so daß der Boden nicht sehr ertragreich ist. Wenn er an einzelnen Stellen besser war, so war er dafür an anderen um so ärmlicher. Das Gebiet ist von vielen Kanälen und Wasserläufen durchzogen, die zum kleinen Teil reguliert, zum allergrößten unreguliert dahinfließen. Dazwischen dehnen sich weite Waldgebiete aus, bestehend vorweigend aus Birken, Erlen und Kiefern. Angebaut werden meistens Roggen, Hafer und Kartoffeln. Zwischendurch überall Flachs und Hanf, auch sehr viel Hirse, für die Ernährung von großer Bedeutung. Hanf und Flachs werden angebaut, um den eigenen Bedarf an Stoffen zu decken. Man sieht fast nur selbstgesponnene und gewebte Bekleidung. Bei der ukrainischen Bevölkerung war diese noch mit Stickereien versehen.

Die Wegeverhältnisse sind äußerst schlecht, zum Teil sandig, zum Teil morastig, so daß die Trosse der Schwadronen oft 2 Tagesmärsche hinter den Schwadronen zurückbleiben mußten.

Kulturelles: Die Wohnverhältnisse sind überall gleich ärmlich, Holzhütten, die mit Stroh bedeckt waren, jedoch war zwischen ukrainischer und anderer Bevölkerung ein Unterschied in der Ausstattung von Wohnungen zum Vorteil der ukrainischen Bevölkerung deutlich sichtbar. Auffallend war, daß während der Polenzeit sehr schöne Schulen gebaut wurden. Ob ukrainische oder andere Bevölkerung vorhanden war, konnte man auch an den Friedhöfen feststellen, wo bei den Ukrainern an Grabkreuzen fein gestickte, schürzenähnliche Tücher aufgehängt waren.

Wirtschaft: Während der Russenzeit ist ein Teil der Bevölkerung angeblich nach Archangelsk oder ostwärts des Urals verschleppt worden. An vielen Orten ist bereits die Kollektivbewirtschaftung eingeführt worden. Es wurden mehrere Kollektivgüter festgestellt, die allerdings noch im Anfang ihrer Entwicklung standen. Die Kleinbauern mußten Vieh und so weiter dorthin abgeben, um den Viehbestand der Güter aufzufüllen. Genauso war es mit Arbeitskräften. Instleute gibt es nicht, sondern die Bauern mußten eine bestimmte Anzahl von Tagwerken auf diesen Kollektivgütern ableisten. Die Leitung dieser Betriebe lag in den Händen von einem oder mehreren Verwaltern, über die ein Kommissar gesetzt wurde. In sehr vielen Fällen standen schon Traktoren usw. zur Verfügung. In den Städten war jedes Handwerk in einer Gemeinschaft zusammengefaßt, so daß kein einziger Handwerker mehr einen eigenen Betrieb hatte. Für die Geschäfte gilt im allgemeinen dasselbe. Es bestanden in den Städten und Ortschaften Magazine, aus denen die Läden versorgt wurden. Die bisherigen Geschäftsinhaber waren lediglich Angestellte und erhielten ein Gehalt von 200 bis 500 Rubel monatlich. Bei Ärzten war es genauso, die nach 5-, 10- und mehrjähriger Praxis als selbständiger Arzt eingestuft wurden. Es erhielt z. B. ein Arzt mit 10jähriger Praxis 550 Rubel im Monat. Jüdische Ärzte wurden bevorzugt. Auffallend war auch weiter, daß man in den meisten Orten jüdische Handwerker vorfand. Eine große Anzahl jüdischer Emigranten aus dem Altreich und aus der Ostmark wurden angetroffen.

Versorgung: Durch die äußerst schlechten Wegverhältnisse

bedingt, war der Nachschub an Verpflegung und Hafer besonders schwierig. Der Mangel an Mundverpflegung wurde allerdings durch freiwillige Spenden der Bewohner ausgeglichen. Nur Hafer für Pferde war nirgends zu haben. Auch Heu konnte nicht aufgetrieben werden, so daß die Pferde fast ausschließlich mit Gras und gemähtem Hafer versorgt werden mußten. Ein Nachteil für das schlechte Nachführen von Verpflegung und Futter war, daß der Reitenden Abteilung ein großer Streifen zur Befriedung zugewiesen worden war. Damit die Schwadronen alles mitführen konnten, wurden zum Teil Trosse von 20 bis 25 Panje-Fahrzeugen gebildet. Am schwersten gestaltete sich der Nachschub für die 3. Schwadron, die im südlichsten Teile, südlich des Pripjet eingesetzt war.

Nachrichtenverbindungen: Wegen der schlechten Verkehrsverhältnisse war es besonders anfangs sehr schwer, mit den Schwadronen Verbindung herzustellen und aufrechtzuerhalten. Die Reitende Abteilung war ausgestattet mit einem 5-Watt-Sender und 4 kleinen Tornisterfunkgeräten, die normalerweise eine Reichweite von 5 bis 10 km haben. In diesem Falle waren aber zumeist Strecken von 20 bis 30 km zu überbrücken. Eine Aufrechterhaltung der Verbindungen durch Kradmelder war ebenso schwierig, bedingt durch die schlechten Wegverhältnisse. Wenn auch alle Anstrengungen gemacht wurden, um das Regiment mit den täglichen Meldungen zu versehen, so blieb nicht aus, daß des öfteren größere Verzögerungen eintraten.

Zustand der Truppe: Der Gesundheitszustand der Truppe war während des ganzen Einsatzes sehr gut. Nur bei einem ganz geringen Teil der Männer war Überweisung ins Lazarett notwendig, die aber nach wenigen Tagen zur Truppe zurückkehren konnten. Die Stimmung in der Truppe war durchweg gut. Verluste sind keine eingetreten.

Waffen, Geräte, Fahrzeuge: Der Ausfall an Waffen bewegt sich in ganz geringen Grenzen (1 MPi, 5 Karabiner). Die Fahrzeuge mußten zum Teil überladen werden, und es sind einige bespannte Fahrzeuge zu Bruch gegangen, die durch andere ersetzt werden mußten.

Zustand der Pferde: Der Zustand der Pferde litt 1. unter ungenügendem Nachschub an Hafer und 2. durch die anstrengenden Märsche, die täglich gemacht werden mußten. Wenn z. B. an einem Tag ein Raum von 30 km Tiefe befriedet werden mußte, so bedeutete das für die Pferde und Reiter etwa 60 km und noch mehr. Auf diese Art fiel eine große Anzahl von Pferden aus, und zwar durch Lahmreiten, durch Druckschäden, bei Zugpferden durch Widerristdruck und Wundscheuern. Ein Teil der Pferde mußte durch Austausch von Bauernpferden ersetzt werden. Es wurden zur Erleichterung der Pferde lange Marschstrecken zu Fuß zurückgelegt. Am stärksten war der Pferdeausfall bei der 2. und der 4. Schwadron.

Befriedung: Die Befriedung geschah in der Weise, daß der Einheitsführer bzw. Zugführer sich mit dem Bürgermeister des betreffenden Ortes in Verbindung setzte und alle Fragen besprach, die die Bevölkerung betrafen. Hierbei wurde nach Anzahl und Zusammensetzung der Einwohner, ob Ukrainer, Weißrussen usw. gefragt. Ferner, ob sich noch Kommunisten im Ort befinden und verkappte Rotarmisten oder sonst jemand, der sich bolschewistisch betätigt hatte. Meistens meldeten sich dann auch Ortseinwohner, die noch Banden oder sonstige Verdächtige gesehen haben wollten. Soweit solche Elemente noch in den Ortschaften vorhanden waren, wurden sie nach kurzem Verhör entweder freigelassen oder erschossen. Mitunter kamen die Bewohner auch mit der Bitte, ihnen das Vieh, das sie an die Kollektivgüter abgegeben hatten, zurückzugeben. Da es sich meist um kleine Bauern handelte, wurde dieses getan mit dem Hinweis, daß, wenn das Vieh wieder zurückverlangt würde, dieses wieder zurückgegeben werden müßte. Die Zurückgabe des Viehs an die Bauern erfolgte auch aus dem Grunde, weil die Kollektivgüter im Augenblick ohne großes Interesse bewirtschaftet wurden. Wo noch kein Ordnungsdienst eingesetzt war, wurde der Einwohnerzahl entsprechend Ordnungsdienst bestimmt, unter Berücksichtigung der in den Orten vorhandenen Volksgruppen. In kleineren Orten wurde der Ordnungsdienst dem Bürgermeister unterstellt. Irgendwelche politische Tätigkeit wurde ihm untersagt.

Jüdische Plünderer wurden erschossen. Nur wenige Handwerker, welche in den Reparaturwerkstätten der Wehrmacht beschäftigt waren, wurden zurückgelassen.

Weiber und Kinder in die Sümpfe zu treiben, hatte nicht den Erfolg, den er haben sollte, denn die Sümpfe waren nicht so tief, daß ein Einsinken erfolgen konnte. Nach einer Tiefe von 1 Meter kam man in den meisten Fällen auf festen Boden (wahrscheinlich Sand), so daß ein Einsinken nicht möglich war.

Kommunisten wurden nicht angetroffen. Im wesentlichen handelte es sich um Personen, die sich kommunistisch betätigt hatten. Meldungen über vorhandene Banden waren meist übertrieben. Durchsuchungen gewöhnlich erfolglos. In einem Fall wurde ein polnischer Pfarrer erschossen, weil er für Polen Propaganda machte und die Bevölkerung aufmunterte durchzuhalten; Polen würde wieder erstehen. Flugblätter ähnlichen Inhalts wurden in der Gegend von Kamien-Koszyrsko abgeworfen.

Ukrainische Pastoren waren sehr hilfsbereit und stellten sich jeder Aktion zur Verfügung.

Auffallend war auch, daß die Bevölkerung im großen und ganzen auf den jüdischen Bevölkerungsanteil gut zu sprechen war. Sie half jedoch beim Zusammentreiben der Juden tatkräftig mit.

Die eingesetzten Ordnungsdienste, die sich zum Teil aus ehemaliger polnischer Polizei, ehemaligen polnischen Soldaten zusammensetzte, machten einen guten Eindruck. Sie setzten sich tatkräftig ein und beteiligten sich auch am Kampf gegen die Plünderer. In vielen Fällen hatte sie auch Verluste im Kampfe aufzuweisen. Ihre Bewaffnung ist jedoch sehr mangelhaft. In manchen Ortschaften sind überhaupt keine Waffen vorhanden. Beutelager waren in diesen Gegenden kaum vorzufinden, so daß hieraus keine Waffen verteilt werden konnten. Es wurden Banden in einer Gesamtstärke von 200–300 Mann gemeldet, die sich im Raum befinden sollten, der begrenzt wird: im Osten durch den Slucz, im Süden durch den Pripjet, im Westen durch die Linie Lachwar-Wielki Czuczewicze, im Norden durch die Linie Morocz-Wielki Czuczewicze. Diese

Meldung machte der Oberförster aus Sosnkowicze (Lenin). Dieselbe wurde durch einen Hauptmann der Wehrmacht bestätigt.

Die Gesamtzahl der von der Reitenden Abteilung erschossenen Plünderer usw. beträgt 6526. An Gefangenen wurden etwa 10 eingebracht. 1 russischer Agent befindet sich noch in Haft beim Abteilungstab in Luniniec.

Zusammenfassend kann gesagt werden, daß die Aktion als gelungen zu bezeichnen ist. Ich halte jedoch Nachkontrollen für notwendig, schon um der Bevölkerung zu zeigen, daß wir da sind. Dies gäbe auch der anständigen Bevölkerung einen gewissen Halt, und man würde auf diese Weise jede Art der Betätigung anderer Elemente sofort erfahren und schon in der Entwicklung bekämpfen können.

Gez. Magill, SS-Sturmbannführer.«[19]

Nicht nur diese beiden Berichte belegen, daß sich die SS-Kavallerie des Massenmordes an Juden im Sommer und Herbst 1941 in Weißrußland schuldig gemacht hat. Es gibt noch andere Beweise: persönliche Erinnerungen von Augenzeugen und Tätern aus diesem Sommer. Aussagen von Opfern gibt es nicht. Sie haben nicht überlebt.

Kapitel IV
Eine fast selbstverständliche Gewohnheitssache

Kurt Becher war nicht der einzige, der angeblich erst bei seinen Vernehmungen in den sechziger Jahren vom systematischen Judenmord durch die SS-Kavallerie gehört hat. »Daß die SS-Kavallerie angeblich zu Judenerschießungen herangezogen worden ist, höre ich hier von Ihnen zum ersten Mal«, haben etliche Kavalleristen den vernehmenden Kriminalbeamten und Staatsanwälten treuherzig versichert. Einige haben andererseits ein erstaunlich gutes Gedächtnis, wenn es um die Gliederung der SS-Kavallerie-Brigade, die Namen von Vorgesetzten, Kameraden und Angehörigen anderer Schwadronen geht:

»Nach meinem Dafürhalten müßte der damalige Ordonnanzoffizier Becher wesentlich ausführlichere Angaben über den Befehlsweg und die Befehlsausgaben machen können als ich selbst. Er war mit Fegelein persönlich weitaus besser bekannt als ich selbst und die meisten Führer des Stabes. Er müßte dazu also auch mehr zu sagen haben als ich selbst.« So ein Angehöriger des Brigadestabes. Und ein weiterer Kavallerist: »Becher, wenn mich mein Gedächtnis nicht ganz im Stich läßt, war Ordonnanzoffizier bei Fegelein.« Ähnlich präzise klingt es auch aus einem dritten Munde: »Ich meine, daß der in Bremen wohnhafte ehemalige Standartenführer Becher zur Tatzeit im August 1941 der Ordonnanzoffizier beim Regimentskommandeur Fegelein gewesen ist. Als die Brigade aus den beiden Regimentern gebildet wurde, rückte der Hermann Fegelein zum Kommandeur der Brigade auf. Es wäre denkbar, daß der neue Brigadekommandeur seinen Ordonnanzoffizier Becher mit in den neuen Brigadestab übernahm.« Einer der beiden Schreiber des Stabes: »In diesem Bericht sollte auch ein abendlicher Kampf geschildert werden, bei welchem wir einige Verwundete hatten und wo sich die Russen aus dem Gefecht zurückgezogen hatten. Mein nach dem tatsächlichen Geschehen verfaßter Bericht wurde verworfen. Die von Faß-bender* gewünschten Angaben über große Beuten und Feind-tote usw. konnte ich mit meinem Gewissen nicht vereinbaren und lehnte deshalb die weitere Erstellung des Gefechtsberich-tes ab. Nach einem Gespräch zwischen Faßbender und SS-Untersturmführer Becher erklärte sich Becher damit einver-standen, den Gefechtsbericht nach Angaben von Faßbender zu erstellen. [...] Untersturmführer Becher nahm zu diesem Zeit-punkt die Geschäfte des Ia, des Adjutanten Reinhardt, wahr, der an diesem Tage bereits von der Brigade weg war.«[1]

Erwähnter Adjutant Reinhardt bestätigte noch einmal, wer zum Brigadestab gehörte:

»Während unseres Marsches nach Baranowicze marschierte die Führungsstaffel mitten unter den Schwadronen und nicht etwa voraus, so daß sie die jeweiligen Tagesziele nicht vor dem Gros der Truppen erreicht haben. Unter der Führungs-staffel verstehe ich den Kommandeur, den Adjutanten, die Or-donnanzoffiziere und Gefechtsschreiber, die erforderlichen Nachrichtenmittel sowie einen Kradmelderzug. Adjutant war ich, die Ordonnanzoffiziere hießen Becher und M., Gefechts-schreiber waren W. und S.«

Später heißt es in seiner Aussage:

»Die Einheiten meldeten die Durchführung der Befehle zwei-mal täglich mit der Morgen- und Abendmeldung, in diesen Meldungen waren u. a. enthalten: Standort, Feindlage, eigene Verluste. Feindverluste, Gefangene, Munitionsanforderungen, Munitionsverbrauch und besondere Vorkommnisse. Diese

* Albert Faßbender, SS-Sturmbannführer, Kommandeur der Radfahr-aufklärungs-Abteilung der SS-Kavallerie-Brigade

58

Meldungen gingen zunächst an den Ic. Diese Stelle wurde von einem der Ordonnanzoffiziere [...] wahrgenommen. Nach Auswertung gingen die Meldungen über mich an den Kommandeur.«[2]

Sowohl aus dem Abschlußbericht von Magill als auch aus dem von Lombard an den Brigadestab ergibt sich, daß es nicht zu »Kampfeindrücken« kam. Es gab Befehle zur Ausrottung der jüdischen Bevölkerung, aber nach Schilderungen von SS-Angehörigen wären sie nicht nötig gewesen: »Es ist durchaus richtig, daß wir Partisaneneinsätze hatten und nebenher mit Judenerschießungen beauftragt waren«, erinnert sich ein Angehöriger der 8. Schwadron.[3]

Die Angehörigen der einzelnen Schwadronen und der einzelnen Züge wußten genau, wie mit den Juden zu verfahren sei: »Es war sozusagen schon vom Erreichen der Pripjetsümpfe an und mit dem ersten Auftreten der dort wohnenden Juden gang und gäbe, diese zusammenzutreiben und zu erschießen«[4], resümiert ein Angehöriger der Nachrichtenstaffel des 2. Regiments. Ein anderer aus der Radfahraufklärungs-Abteilung der SS-Kavallerie:

»Bezüglich des Vorgehens gegen die jüdische Bevölkerung war es so, daß schon bei den ersten Aktionen in den Pripjetsümpfen auf das Vorhandensein von Juden geachtet und diese bei Antreffen zu sammeln und am bekanntgegebenen Sammelplatz der Schwadron abzuliefern waren. Nachdem ich zweimal selbst gesehen beziehungsweise gehört habe, daß die Juden erschossen wurden, muß ich annehmen, daß auch in den übrigen Fällen die zusammengetriebenen Juden einschließlich Frauen und Kinder erschossen wurden. Die Handhabung der Durchkämmung und des Zusammentreibens der Juden hatte sich bald so reibungslos eingespielt, daß hierzu besondere Befehle nicht mehr gegeben werden mußten. Es war also schon von Anfang an eine fast selbstverständliche Gewohnheitssache, die von sich aus anlief, wenn eine Durchkämmung befohlen worden war.«[5]

Jeder hat es gewußt, der bei den Einsätzen dabei war. Die Kommandostäbe der Regimenter und der Brigade waren darüber hinaus durch die Befehle und durch die »Morgen- und Abendmeldungen« und die Abschlußberichte unterrichtet. Allein Kurt Becher will nur »von den Partisaneneinsätzen dienstlich Kenntnis« gehabt haben.

Auch wer nicht dabei war, als die Juden zusammengetrieben wurden, und wer den Exekutionskommandos nicht angehörte, hat gesehen, was vor sich ging. Und so mag sich erklären, daß nur wenige Täter die Beteiligung an den Erschießungen eingeräumt haben und daß es viel mehr angebliche Augenzeugen gibt: Der eine versteckte sich hinter der Scheune, der andere führte in einer gewissen Entfernung Pferde vorbei, einer versteckte sich hinter dem Hügel, dem nächsten hat man davon erzählt, ein anderer hat die Massenerschießungen aus Unterhaltungen seiner Kameraden erfahren, wieder ein anderer hat die Maschinengewehr-Salven gehört. An allen Orten des Marschweges der beiden Regimenter ist es zu Massakern gekommen.

Ein Angehöriger der 1. Schwadron des 1. Regiments:

»Ich habe an derartigen Aktionen nie teilgenommen. Dagegen war ich in einem Falle Augenzeuge einer solchen Aktion. Nach dem Verlassen von Baranowicze war ich mit meinem Nachrichtenzug hinter dem Regiment hergeritten. Wir kamen an einen höhergelegenen Ort bei einem Weiher oder See und hörten MG-Feuer. Im Dorf stiegen wir von den Pferden und sahen auf einer großen Wiese beim Ort mehrere hundert Männer, Frauen und Kinder, die beschossen wurden und versuchten sich zu retten. Die Personen waren im Halbkreis umstellt, und von diesem Halbkreis aus wurde auf sie geschossen, und zwar von Angehörigen des 1. Regiments. Die Tatsache, daß auch mit MGs geschossen wurde, läßt den Schluß zu, daß die 4. Schwadron unter G. beteiligt gewesen ist. Ich zog mich mit meinen Leuten sofort in den Ort zurück, weil mir diese Sache zuwider war. Der Feuerzauber dauerte meiner Erinnerung nach etwa eine halbe Stunde. Das ganze Regiment kann meiner Schätzung nach nicht beteiligt gewesen sein.«

Wie sehr »zuwider« ihm »diese Sache« war, weiß man nicht. Das Massaker an wehrlosen Männern, Frauen und Kindern durch Maschinengewehre, die im Halbkreis um sie aufgestellt waren, kann ihm so nahe nicht gegangen sein. Er hielt den Mord für »Feuerzauber« und fügte seiner Aussage eine Bemerkung hinzu, die wohl entlastend gemeint sein sollte: »Wir waren alle primitive Männer, die nicht weiter nachdachten.«[6]

Von einem Angehörigen der 1. Schwadron des 1. Regiments stammt folgende Aussage aus den sechziger Jahren:

»Ich erinnere mich, daß wir während des Marsches durch die Pripjetsümpfe einmal in eine Ortschaft kamen und dort Quartier beziehen wollten. Dabei sah ich, daß in einer Kirche Menschen eingesperrt waren, die von Angehörigen der 1. Schwadron bewacht wurden. Ob noch eine andere Schwadron zur Bewachungsmannschaft gehörte, weiß ich nicht. Der Troß wurde in der Nähe dieser Ortschaft auf einer Kolchose in Quartier gelegt. Damals, als ich an der Kirche vorbeizog, war mir bekannt, daß es sich bei den Eingesperrten um Juden handelte. Es waren auch Frauen und vermutlich Kinder in der Kirche eingesperrt. Ich nehme auch an, daß Angehörige der 1. Schwadron diese Juden vorher zusammengetrieben haben. Wie viele Juden in der Kirche eingesperrt waren, kann ich nicht sagen. Es muß sich aber um eine größere Menschenmenge gehandelt haben, denn die Kirche war ziemlich voll von Personen. Gesprächsweise erfuhr ich, daß die Juden dann später erschossen wurden. Auch hörte ich später die Schüsse von meinem Quartier aus. So wie ich mich heute noch erinnere, hat die Erschießung längere Zeit gedauert. Die Erschießung führte auf jeden Fall die 1. Schwadron durch. [...]

Nur einmal wurde ich Augenzeuge einer Judenerschießung. Diese wurde aber nicht von der 1. Schwadron durchgeführt. Dies trug sich folgendermaßen zu: Ich lag in einem kleinen Dorf in Quartier. Im Laufe des Tages hörte ich starkes MG-Feuer. Ich wollte sehen, was da los sei, und ging außerhalb der Ortschaft. Mich begleitete der Einheitsangehörige Sepp B. Wir schlichen uns auf einen Hügel und konnten sehen, wie mit mehreren MG Juden beschossen wurden. Es handelte sich um Männer und Frauen. Ob Kinder dabei waren, kann ich nicht sagen. Schätzungsweise wurden da etwa 100 Personen erschossen. Die MGs gaben Dauerfeuer ab, und die Juden wurden wahllos niedergemetzelt. Ich erinnere mich noch genau, daß Obersturmführer B. bei der Erschießung anwesend war. Ich nehme an, daß er die Leitung der Exekution hatte. [...] An weitere Judenaktionen und Judenexekutionen habe ich keine Erinnerung mehr.«[7]

Ein Mann aus der Nachrichtenstaffel des Regimentsstabes des 1. Regiments:

»Ich selbst bin erst einige Tage nach der Truppe mit dem Gerätefahrzeug nach Lachowicze abgezogen. Dort erfuhr ich gesprächsweise erstmals, daß durch die Einheiten der SS-Kavallerie in oder bei Lachowicze Juden erschossen worden sind. [...] Ich erinnere mich jedoch noch daran, daß man davon sprach, daß jüdische Frauen und Kinder mit erschossen wurden. Gerade dies war hauptsächlich der Anlaß, daß diese Aktionen bei der Masse der Angehörigen der SS-Kavallerie auf Ablehnung stießen beziehungsweise sich unsere Leute über diese Vorgänge empörten. Ich kann mich heute nur noch daran erinnern, daß man seinerzeit gesprächsweise davon sprach, daß diese Judenerschießungen von den im Sumpfgebiet gewesenen Schwadronen durchgeführt worden sein sollen. Daß Leute von unserem Nachrichtenzug an solchen Erschießungen teilgenommen haben, wurde mir nicht bekannt. Auch über die Anzahl der erschossenen Juden kann ich keine konkreten Angaben machen, jedoch konnte man den Gesprächen entnehmen, daß es sich um eine Vielzahl von erschossenen Juden gehandelt haben muß. Ich erinnere mich auch noch daran, daß man davon sprach, daß die Juden zusammengetrieben und in diesen Haufen von Menschen mit Maschinengewehren hineingeschossen wurde.«[8]

Aus dem SMG (Schwere Maschinen-Gewehre)-Zug der Radfahrschwadron berichtet ein weiterer Zeuge:

»Die Juden sollten wir ebenfalls zum Gefechtsstand bringen. So wurde es auch von uns gehandhabt. Meistens war innerhalb des Dorfes ein Sammelplatz oder ein Haus bestimmt worden, wo sich auch der Schwadronschef befand. Dortselbst befanden sich auch in der Regel ein Gefechtsschreiber und ein Dolmetscher. [...] Weil wir schon erheblich älter waren als die zu den Radfahrzügen gehörenden Kameraden, wurden wir (die SMG-Staffel) zum Durchkämmen der Gehöfte und zum Zusammentreiben der Juden nicht herangezogen. Wir machten in dieser Zeit technischen Dienst. Dabei habe ich aber wiederholt gesehen, daß von den Zügen wiederholt Juden einschließlich Frauen und Kinder zusammengetrieben wurden. Soweit mir bekannt war, wurden die Juden anschließend verhört. Ich selbst war bei keinem Verhör dabei, möchte aber annehmen, daß die Juden dabei nach ihrem Besitz und Vermögen sowie nach ihrer Herkunft befragt worden sind. Das Verhör dürfte von den Zugführern und eventuell von dem Schwadronschef durchgeführt worden sein. Der Dolmetscher und die Gefechtsschreiber waren zur Unterstützung mit dabei. Nach dem Verhör wurden die Juden, wie ich vermute, am gleichen Tage oder am Tag danach erschossen. Ich hörte selbst an verschiedenen Tagen bei Befriedungsaktionen Schüsse fallen, welche von den Judenerschießungen herrühren mußten. In einem Falle sah ich auch einmal, wie die Juden von Angehörigen der Radfahrzüge weggeführt wurden, und anschließend knallte es ebenfalls längere Zeit. In diesem Falle konnte ich auch die Erschießung aus größerer Entfernung selbst beobachten. Die Juden wurden mit der Maschinenpistole von hinten erschossen, und zwar im Stehen. Es mögen 30 bis 40 Personen gewesen sein, Frauen und Kinder befanden sich auch darunter. Ich habe diese Erschießung als Unrecht angesehen und war innerlich auch tief bewegt. Nach meiner Ansicht handelte es sich um reine Willkürakte, denn die Leute konnten nichts verbrochen haben, auf keinen Fall die Frauen und Kinder. Aber auch gegenüber den jüdischen Männern handelte es sich um eine unrechtmäßige Erschießung. [...]

Nochmals auf den Einsatz der SMG-Staffel angesprochen,

kann ich dazu noch ergänzend angeben, daß die SMG-Staffel bei Durchkämmungsaktionen am Dorfrand Feuerschutz für die Angehörigen der Radfahrzüge übernommen hat, welche die einzelnen Gehöfte und Ansiedlungen durchstöberten.«[9]

Eine Ansiedlung wurde abgeriegelt, die SS-Kavalleristen durchsuchten Haus für Haus, der Willkür einzelner war Tür und Tor geöffnet, denn es mußte ja »jedem Russen klar sein, daß der betreffende Führer Herr über Leben und Tod ist«. Das waren die »militärischen Ereignisse«, an die sich Kurt Becher erinnerte.

Ein anderer Angehöriger der 1. Schwadron des 1. Regiments will nur von Judenerschießungen erfahren haben:

»Der erste Einsatz in den Sumpfgebieten fand meiner Erinnerung nach von Baranowicze aus statt. Ich mußte bei den sogenannten Handpferden – es war der Gepäcktroß – zurückbleiben. Weil ich beim Reiten Hodenbeschwerden hatte, wurde ich auch als Gruppenführer abgelöst und als Fourier eingeteilt. Deshalb kam ich auch nicht mit zu dem Einsatz. Als die Männer der Schwadron nach einigen Wochen zurückkamen, haben einige allgemein von ›schrecklichen Dingen‹, die sie in den Sümpfen durchführen mußten, gesprochen. [...] Es muß etwa Juli, August 1941 gewesen sein, als wir von der 1. Schwadron aus einem Dorf im Sumpf Feuer bekamen. In dem Wald bei dem Dorf hatten sich Partisanen eingenistet. Dann hat ein körperlich kleiner SS-Oberscharführer – seinen Namen weiß ich nicht mehr – eine Exekution der Dorfbewohner befohlen. Von meiner Schwadron war dieser Unterführer nicht, ich nehme vielmehr an, daß er vom Regimentsstab war. Er fiel dadurch auf, daß er eine heisere, dunkle Stimme hatte. Ich ging mit anderen Kameraden nach dem Dorf und sah, daß einige Frauen und Kinder auf dem Acker saßen. Ob es sich um Juden handelte, kann ich nicht sagen. Ich weiß nicht einmal, ob diese Personen aus den Partisanenhütten geholt worden waren. Es waren drei leichte Maschinengewehre aufgebaut, das heißt, im Halbkreis um die Menschengruppe von etwa 15–20 Personen. Hinter dem Halbkreis war kein Sumpfgebiet. Bei der Gruppe waren zwei oder drei Kinder. Ich habe selbst gesehen, daß die Menschen mit den MG erschossen wurden. Mir ist auch unbekannt, von welcher Einheit die MG-Bedienung stammte, von meiner Schwadron waren sie jedenfalls nicht. Ich habe gesehen, daß sich die ortsansässigen Russen über die Leichen stürzten und ihnen die Kleider vom Leibe zogen. Wir haben uns dann entfernt, und ich weiß nicht, wer die Leichen beerdigt hat.«[10]

Ein Angehöriger der Radfahraufklärungs-Abteilung berichtete davon, daß vor seinem Eintreffen in Lucmircs in Polen Juden aus dem Ghetto von Lodz erschossen worden waren. Den Sommer 1941 verbrachte er in den Pripjetsümpfen:

»Mitte bis Ende August 1941 lag ich beim Stab in Mosyr, als ich von Untersturmführer M. […] erfuhr, daß ein Einsatzleiter mit circa 40 Männern, vorwiegend Volksdeutsche, und einem eigenen Funkwagen […] zur Durchführung polizeilicher Aufgaben im Gebiet von Mosyr eingetroffen sei. Wie M. mir weiter mitteilte, sollten unsere Einheiten dieses eingetroffene Spezialkommando unterstützen. Der Einsatzleiter aus Berlin war ein SS-Sturmbannführer, dessen Name mir nicht bekannt ist. Die Spezialeinheit wurde wirtschaftlich von uns betreut und mit Verpflegung versorgt.

Anläßlich einer Verpflegungsfahrt zu dieser Spezialeinheit sah ich in einem etwa 25 Kilometer südwestlich von Mosyr gelegenen Dorf, daß man etwa 500 Menschen beiderlei Geschlechts und jeden Alters zusammengetrieben hatte. Die Zusammengetriebenen waren in vier Häusern getrennt nach Geschlecht untergebracht und wurden von Angehörigen einer mir nicht bekannten Schwadron bewacht. Damals erfuhr ich auch, daß diese Menschen von Einheiten der SS-Kavallerie zusammengetrieben worden waren. Bereits auf der Fahrt dorthin kam ich durch Ortschaften, die völlig menschenleer waren. In den Häusern war das Essen zum Teil noch auf den Tischen stehengeblieben und die Öfen noch warm. Bei den Zusammengetriebenen handelte es sich also nicht nur um Juden, sondern um die gesamte in diesem Raum wohnhafte

Bevölkerung.«[11] Woher der Verpflegungsfahrer die Kenntnis über das »Essen auf den Tischen« und die noch warmen Öfen in den Häusern hatte, verschwieg er. Vielleicht war man auf Beutezug, und das mag, da er eine eigene Beteiligung hätte einräumen müssen, seiner Erinnerung entschwunden sein. Weiter in seiner Aussage:

»In der gleichen Ortschaft zur gleichen Zeit hörte ich dann eine Feuersalve von etwa 20 bis 25 Schuß aus Karabinern. Auf der Suche nach der Ursache kam ich zu einer Scheune, die von Angehörigen des Spezialkommandos abgesperrt war. Ich begab mich trotzdem zum Eingang der Scheune und sah, daß von einem etwa 15 Mann starken Kommando unter Führung eines SS-Oberscharführers in der Scheune Menschen erschossen wurden. Die Scheune war etwa 10 mal 25 Meter. In der Scheune war eine Grube ausgehoben. Als ich in die Scheune hineinsah, standen etwa 15 Personen, darunter einige Frauen mit Kleinkindern auf dem Arm, von fünf Mann bewacht, in einer Ecke. In die Grube hineinsehen konnte ich aber nicht, aber man sah auf dem gelben ausgehobenen Sand Blutspritzer. Der SS-Oberscharführer forderte mich auf, die Scheune zu verlassen, hatte mir jedoch vorher gesagt, daß er Erschießungen durchführen muß. Als ich etwa 20 Meter von der Scheune entfernt war, hörte ich die zweite Salve von der gleichen Stärke wie die erste. Auf meinem Rückweg habe ich dann Schreie aus der Scheune vernommen und nach der Salve Einzelschüsse. […] Ergänzend zu der Örtlichkeit möchte ich ausführen, daß hinter der ausgehobenen Grube, die ich sah, sich weitere Gruben befunden haben müssen, die bereits wieder zugeworfen worden waren, da man statt schwarzer Erde gelben Sand zu einem Hügel aufgeworfen sah. […]

Augenzeuge einer weiteren Aktion wurde ich ebenfalls im Raume Mosyr. […] Unsere Schwadron war bereits beim Abmarsch, als ich mit meinen Versorgungsfahrzeugen eintraf. Aus diesem Grunde habe ich dann mit meinen Fahrzeugen die Verlegungsfahrt mitgemacht. Gegen Abend kam unsere Schwadron zu einem ehemaligen russischen Schulungsgelände mitten in einem Wald. Das Schulungsgelände bestand aus wenigen Holzhäusern, die auf einem Wiesengelände in einer Waldlichtung standen. Aus einer Entfernung von etwa 800 Metern sah ich nach unserem Eintreffen etwa 80 bis 100 Personen an einem Zaun stehen, welche von hinten erschossen wurden. Unter den Opfern befanden sich auch Frauen und Kinder. Geschossen wurde mit Karabinern und Maschinengewehren. Es waren jedoch keine Gruben ausgehoben, wo die Erschossenen hineinfallen konnten. Die Exekutionsstätte war von Angehörigen der Radfahraufklärungs-Abteilung abgesperrt. Auch das Exekutionskommando wurde von Angehörigen der 1. Schwadron RAA gestellt. Damals sprach man davon, daß es sich bei den erschossenen Männern, Frauen und Kindern um Juden gehandelt habe. Ich selbst habe mich nicht zur Exekutionsstätte begeben und weiß auch nicht, was mit den Leichen geschehen ist, da ich nur eine Nacht in dem Gebiet blieb und am nächsten Tag nach Mosyr zurückfuhr. Ergänzend zu dem geschilderten Vorfall möchte ich erwähnen, daß die Opfer, Männer, Frauen und Kinder, vor einem Zaun standen und unmittelbar hinter dem Stacheldrahtzaun wieder der Wald begann. Das Exekutionskommando der RAA war etwa 30 Mann stark; man konnte eigentlich nicht von Exekution sprechen, es war schon mehr ein Gemetzel. Unter welcher Leitung die Exekution stand, kann ich nicht sagen. Meiner Schätzung nach waren etwa ein Drittel der Opfer Frauen und Kinder. Etwa 40 Meter breit waren die Linien der Opfer, die sich an den Händen hielten oder zusammengebunden waren. Ich konnte das in der Dämmerung nicht genau feststellen.

Weiter erinnere ich mich daran, daß es an einem Abend in einem Dorf – etwa 1500 Meter von der Rollbahn Lachowicze-Bobruisk entfernt – zu einer Schießerei kam. Als Untersturmführer M. und ich nach der Ursache dieser Schießerei forschten, stellten wir fest, daß in diesem Dorf eine Vergeltungsaktion durchgeführt wurde. Nach Beginn der Schießerei setzte M. einen Funkspruch zur Brigade ab, um zu erfahren, was los sei. Seine Anfrage wurde dahin gehend beantwortet, daß wir uns um nichts zu kümmern brauchten, die Sache sei in Ordnung. Ich lag mit M. und den Verpflegungsfahrzeugen direkt an der Rollbahn. Von unserem Standort sah man, daß das Dorf brannte und von einer starken Absperrkette umgeben war. Die Schießerei dauerte etwa anderthalb Stunden; das Dorf brannte die ganze Nacht. Erst am anderen Morgen begab ich mich mit M. zu der niedergebrannten Ortschaft und erfuhr auch dort, daß es sich bei der Aktion um eine Vergeltungsmaßnahme für drei Verwundete, die in einem Sanka erschossen worden waren, handelte. Die Aktion wurde von Angehörigen der Sanitätseinheit bei der SS-Kavallerie-Brigade durchgeführt. Die Ortschaft bestand aus etwa 20 bis 25 Häusern. In den Rauchtrümmern sah ich etwa 50 bis 60 verbrannte Leichen. Hauptsächlich handelte es sich um Frauen und Kinder.«[12]

Auch aus der 5. Schwadron, einer mit Infanterie-Geschützen ausgestatteten Einheit, erinnert sich ein Zeuge:

»Bevor ich den Erschießungsvorgang schildere, muß ich noch erwähnen, daß die Angehörigen der 5. Schwadron an dieser Aktion nicht beteiligt waren. [...] Die Einheitsangehörigen waren aufgesessen und standen bei den ehemaligen Judenunterkünften. Wir haben also die Aktion nur aus der Entfernung beobachtet, aber darauf komme ich noch zurück. Als die Juden nach der Erschießungsstätte geführt wurden, war bereits eine große Grube am Rand des Dorfes, wo die Sümpfe begannen, ausgehoben. Ich nehme an, daß dieses bereits vorher von den Juden selbst vorgenommen werden mußte, und zwar sicher unter der Aufsicht der Miliz. Die etwa 200 Juden – Männer, Frauen und Kinder – wurden an dem Rand der Grube mit dem Gesicht nach vorne aufgestellt. Die SS-Männer der Reitenden Schwadronen standen im Halbkreis ungeordnet um diese Grube. Nach hinten, wo ja die Sümpfe waren, ist keine Sicherung aufgestellt gewesen. Es haben auch einige Juden versucht, nach hinten zu entkommen, aber diese wurden durch gezieltes leichtes Maschinen-Gewehr-Feuer erschossen.

Männer vom Sicherheitsdienst (SD) waren auf keinen Fall zugegen, wohl dagegen Angehörige der einheimischen Miliz. Bevor die Erschießungsaktionen begannen, haben sich die

Juden nicht entkleidet, und sie wurden auch nicht nach Wertsachen durchsucht. Ich habe nicht gehört, daß ein allgemeiner Feuerbefehl gegeben wurde. Das Feuer begann, und es setzte dann unregelmäßig ein. Geschossen wurde mit Karabinern, mit Maschinenpistolen und auch mit leichten Maschinengewehren. Die Juden fielen dann rückwärts in die Grube. Ich habe das ganze Geschehen aus einer Entfernung von 50 Metern beobachtet. Als die ganzen Juden, darunter waren auch Mütter mit Babys, in der Grube lagen, bekamen diejenigen von den SS-Leuten noch einen Fangschuß, die noch irgendwie Lebenszeichen gaben. […]

In einem Fall bin ich Augenzeuge einer Judenerschießung gewesen. Diese Aktion fand aber statt, bevor wir später in Lachowicze lagen. Den genauen Zeitpunkt der Aktion und den Namen des Dorfes kann ich nicht angeben. Es handelte sich um ein langgestrecktes Dorf mitten im Sumpf von schätzungsweise 600 Einwohnern. Die 5. Schwadron kam am Nachmittag in diesem Dorf an, und die ganze Schwadron nahm auf einem Kolchos Quartier. Zu diesem Zeitpunkt war eine Reiterschwadron noch nicht anwesend. Die Pferde sollten in einem Kuhstall untergebracht werden, jedoch waren die Ställe nicht sauber. Es kam dann der Befehl, daß wir uns zum Reinigen der Ställe Juden holen sollten, die in einem Dorfteil gesondert untergebracht waren. Ich selbst ging auch mit in die Judenhäuser und habe junge Männer und Frauen zum Arbeitskommando herausgeholt. Diese Juden mußten mit bloßen Händen den Mist aus den Ställen tragen. Nach dem Arbeitseinsatz konnten sie wieder zurückkehren. Ich schließe heute daraus, daß die Juden schon aus anderen Dörfern nach dort zusammengezogen waren. In diesem Ort gab es auch eine einheimische Miliz, die grüne Armbinden trug. Es kann sein, daß die Juden von dieser einheimischen Miliz bewacht wurden. Als abends bei der Einheit die Parole ausgegeben wurde, sind starke Wachen für die Judenunterkünfte eingeteilt worden. Ob uns dabei bekanntgegeben wurde, daß die Juden am nächsten Tag erschossen werden sollten, oder ob ich davon nur gesprächsweise erfuhr, kann ich heute nicht mehr sagen. Jedenfalls war mir an diesem Abend bekannt, daß die

Erschießungen am nächsten Tag stattfinden sollten. Ich selbst war auch zur Bewachung der Juden eingeteilt. Am frühen Morgen des anderen Tages erschien eine reitende Schwadron, die abgesessen hatte, vom 1. Regiment. Ich kann heute nicht mehr sagen, welche Bezeichnung diese Schwadron hatte. Möglicherweise hat diese Schwadron auf einer anderen Kolchose des Dorfes gelegen. Während sich unsere Schwadron zum Abmarsch vorbereitete, hat die andere Schwadron die Juden aus den Unterkünften herausgeholt. Die Juden wurden in Zweierreihen bis zu einer etwa 400 Meter von ihren Unterkünften entfernt liegenden Grube geführt und dort erschossen. [...] Irgendwie wurde bekannt, daß sich noch alte und kranke Juden in den Häusern versteckt hielten. Die Juden hielten sich nicht einmal versteckt, sondern waren nur infolge Körpermängel nicht mitgekommen. Einige Angehörige der 5. Schwadron gingen dann in diese Häuser und holten die Zurückgebliebenen heraus. Ich kann nicht dazu Stellung nehmen, ob dazu ein Befehl des Schwadronschefs bestand oder ob diese Männer aus eigenem Antrieb in die Häuser gingen. Namen von Männern, die die Häuser durchsuchten, fallen mir nicht mehr ein. Es handelte sich aber in der Hauptsache um Dienstgrade von unserer Einheit, worunter ich Geschützführer und so weiter verstehe. Ich selbst war Pferdehalter und konnte mich schon deshalb nicht beteiligen. Die Juden wurden in den Hof geführt, und ich habe die Schüsse gehört. Anschließend ging ich auf den Hof und habe gesehen, wie man die Juden bei den Holzstößen erschossen hatte. Die Täter kamen mit verlegenem Lächeln vom Hof. Ich denke mir, daß nachträglich von unserer Einheit noch etwa 20 Juden umgebracht wurden.«[13]

So wie dieser ehemalige SS-Mann wollen etliche nur Zeugen gewesen sein. Allenfalls haben sie hin und wieder bei Absperrungen geholfen. Was mit den Leuten passierte, die sie zusammengetrieben und bewacht haben, ist dann angeblich den meisten ein Rätsel gewesen. Ein Angehöriger der Radfahr-Schwadron:

»Die erste derartige Aktion, wozu unsere Schwadron herangezogen wurde, fand im Herbst 1941 statt. Eine Ortschaft, deren Namen ich nicht mehr angeben kann, die von 2000 bis 3000 Menschen bevölkert wurde, wurde umstellt, und Säuberungstrupps unserer Schwadron gingen von Haus zu Haus und sammelten die jüdischen Menschen beiderlei Geschlechts zusammen. Ich selbst war bei dieser Aktion als Absperrposten eingesetzt. Die gesammelten Juden wurden in einem großen Raum – Schule oder Kirche – untergebracht und dort bewacht. Bei dieser Aktion werden es etwa 300 Juden gewesen sein, die man in einer Schule einsperrte. Ich erinnere mich noch daran, daß ich nach dieser Säuberungsaktion von meinem Zugführer W. den Auftrag erhielt, zu den Juden in die Schule zu gehen und diese zu beruhigen. Man schickte mich dorthin, weil ich einige jiddische Sprachkenntnisse hatte. Ich sollte den Juden ausrichten, daß sie am anderen Tage weggebracht würden, da das Gebiet geräumt wird. Ich habe dann auch gesehen, daß am Tag darauf diese Leute mit LKW abtransportiert worden sind. Wenn ich mich richtig erinnere, waren die Lastwagen von unserem 1. Regiment. […] Kurze Zeit nach dieser Aktion wurden wir in der gleichen Weise erneut eingesetzt. […] Erst nachdem diese Säuberungsaktionen von unserer Schwadron durchgeführt worden waren, erfuhr ich gesprächsweise davon, daß auch durch unsere Einheit Judenerschießungen vorgenommen worden sind beziehungsweise vorgenommen werden. Ich selbst habe in keinem Falle an Erschießungen teilnehmen müssen und wurde auch in keinem Fall Augenzeuge von Erschießungen.«[14]

Man beachte die Sprache des damaligen SS-Mannes, der mehr als zwanzig Jahre nach diesen Ereignissen ohne Hemmungen von »Säuberung« und »Säuberungsaktionen« spricht.

Ein Angehöriger der 1. Schwadron des 1. Regiments will sich zwar an Zusammentreibungen von Juden erinnern, nicht aber an deren Ermordung:

»Die 1. Schwadron des SS-Kavallerie-Regiments 1, der ich angehörte, wurde eines Tages in einem mir unbekannten Dorfe in

der Nähe der Stadt Baranowicze dazu eingesetzt, die Juden zusammenzutreiben. Woher der Befehl kam, kann von mir nicht
mehr angegeben werden. Mir wurde er durch meinen Zugführer, Obersturmführer B., bekanntgegeben. Bei dieser Aktion
blieb die Gruppe, der ich angehörte, zusammen. [...] Es war
nicht erforderlich, daß wir in die Wohnungen gingen, um die
Juden herauszuholen, sondern es war vielmehr so, daß uns
diese Juden von den ortsansässigen Russen gebracht wurden.
Die Juden wurden von uns in ein größeres Gebäude am Ort gebracht. Es kann sich um eine Schule oder Kirche gehandelt
haben. In diesem Gebäude wurden die Juden untergebracht und
bewacht. Ich kann heute nicht mehr angeben, wer die Bewachung vorgenommen hat. Die 1. Schwadron, der ich angehörte,
zog wenigstens am nächsten Tag weiter. Diese Aktion war das
einzige Mal, daß ich an einer Judenaktion teilgenommen habe.
Bei den zusammengetriebenen Juden handelte es sich nicht nur
um erwachsene Männer, sondern auch um Frauen und Kinder
jeden Alters. Es mögen in dem Dorf schätzungsweise 150 bis
200 Personen gewesen sein. Die Juden waren ahnungslos und
wußten nicht, was mit ihnen geschehen sollte. Wir als SS-
Männer, damit meine ich meine Kameraden und mich, waren
ebenso ahnungslos. Ich selbst war der Meinung, daß sie in ein
Lager zum Arbeitseinsatz kommen würden.»[15]

Das 2. Regiment unter dem Kommandeur Franz Magill hat
praktisch die gesamte jüdische Bevölkerung von Pinsk ausgerottet. Der Einsatzbefehl lautete, alle männlichen Juden ab dem
14. Lebensjahr seien zusammenzutreiben und zu erschießen
und »Judenweiber und Kinder in die Sümpfe zu treiben«. Am
5. August 1941 hängte der Judenrat von Pinsk Plakate aus, auf
denen die männliche jüdische Bevölkerung zwischen 18 und
40 Jahren aufgefordert wurde, sich beim Güterbahnhof zum
Arbeitseinsatz einzufinden. Am Morgen des 5. August rückte
die 1. Schwadron des 2. Regiments von der Kolchose etwa
zehn Kilometer von Pinsk entfernt aus. Man rechnete damit,
daß sich entweder nicht alle Juden im angegebenen Alter am
Güterbahnhof freiwillig einfinden würden oder daß die vorge-
sehene Zahl nicht erreicht werden würde:

»Jedenfalls wurde den Schwadronsangehörigen nach dem Eintreffen in Pinsk mitgeteilt, die erwachsenen männlichen Juden aus den Häusern zu holen. Es waren in der Regel zwei Schwadronsangehörige, denen ein Angehöriger der örtlichen Miliz beigegeben worden war, der die Aufgabe hatte, die jüdischen Wohnungen zu bezeichnen. Jede Gruppe hatte mehrere Straßen zu durchkämmen. Die in den meisten Häusern angetroffenen Juden waren der Meinung, daß sie zu einem Arbeitseinsatz abgeholt würden. Weigerungen fanden im allgemeinen nicht statt, weil die Betroffenen nicht den wahren Grund der Abholung kannten. Zum Teil wurden die aus den Häusern geholten jüdischen Männer in Gruppen zum Güterbahnhof gebracht, zum Teil gingen sie ohne Bewachung dort hin. [...] Am Güterbahnhof befanden sich außer Angehörigen der 1. Schwadron auch schwadronsfremde SS-Leute, die von in diesem Verfahren vernommenen Zeugen als SD-Angehörige bezeichnet werden. Sie haben nach Darstellung der Angehörigen der 1. Schwadron die Juden auf Wertsachen untersucht und diese an sich genommen. W. räumt zwar ein, daß sich einige seiner Leute an der Sammelstelle befunden hätten, behauptete aber, sie hätten lediglich die Aufgabe gehabt, diejenigen Juden auszusondern, die eine Arbeitsbescheinigung besaßen. Diese Juden hätten dann in ihre Wohnungen zurückkehren können.

Nachdem alle Juden gesammelt und die Kontrollen durchgeführt worden waren, wurden sie in einem geschlossenen Zug unter Bewachung von berittenen Schwadronsangehörigen aus dem Ort geführt. Die meisten Vernommenen schätzen, daß es sich etwa um 2000 Juden gehandelt habe. Der Transport fand in der Weise statt, daß der Zug anfangs von Schwadronsangehörigen zu Fuß begleitet wurde und ausgangs der Stadt von berittenen SS-Leuten in Empfang genommen wurde.

Inzwischen war den Schwadronsangehörigen bekannt geworden, daß die Erschießung der Juden vorgesehen war. Dafür, daß die Juden selbst ahnten, daß sie nicht zu einem Arbeitseinsatz hinausgeführt wurden, sondern daß man möglicherweise etwas anderes vorhatte, spricht der weitere Verlauf. Als ein alter Mann nicht mehr weitermarschieren konnte, wurde er von dem Begleitkommando am Wege erschossen. Dabei entstand eine Panik, die etwa 100 Juden ausnutzten, um eine Flucht zu versuchen. Unter ihnen befand sich der Kaufmann J., der sich in eine Kartoffelfurche warf und deshalb nicht entdeckt wurde. Ein Teil der flüchtenden Juden wurde von den SS-Reitern erschossen, andere wurden eingefangen und zum Zug zurückgebracht. Da es sich bei diesem Vorfall herausstellte, daß die Bewachung der Juden nicht ganz ausreichte und sich der Zug gerade in Höhe der Quartiere befand, wurden die im Lager zurückgebliebenen Troßangehörigen bis auf ganz wenige Ausnahmen zur Sicherung des weiteren Transportes herangezogen.

Nachdem die Erschießungsstelle, die etwa 10 km nordwestlich von Pinsk in der Höhe des Dorfes Posieniczy lag, erreicht worden war, mußten sich die Juden hinknien oder hinlegen, um einen weiteren Ausbruch zu erschweren. Auf den umliegenden Höhen wurden darüber hinaus leichte Maschinengewehre zur Sicherung in Stellung gebracht. Inzwischen war von den Zivilpersonen in einer Mulde drei etwa 10 bis 15 m lange und ca. 2 m breite Gruben ausgehoben worden. Die Juden mußten ihre Schuhe ausziehen und z. T. auch ihre Oberbekleidung ablegen. Vielen der Zeugen ist noch der ständig wachsende Schuhberg in Erinnerung. Die jüdischen Männer mußten sich dann in Gruppen von etwa 15 bis 20 Mann an die Gruben stellen. Der Zeuge U. gibt an, anfangs seien die Erschießungen mit einem Maschinengewehr vorgenommen worden, davon habe man aber bald Abstand genommen, weil durch die MG-Salven nicht alle sofort getötet worden seien. Hierauf sei für jeden Juden ein Schütze bestimmt worden, der ihn aus einer Entfernung von 5–6 m durch Genickschuß mit seinem Karabiner erschossen habe. Die Leichen fielen in die ausgehobenen Gruben. Geschossen wurde auf das Kommando ›Legt an, gebt Feuer‹. Die Kommandos wurden von den Zug- und Gruppenführern gegeben.

Nach Darstellung des K. ist es vorgekommen, daß die Juden Kinder unter 14 Jahren mitgenommen hatten. K. schätzt ihre Zahl auf 15–20. Sie wurden von (Schwadronschef) C. angewiesen, sich in einer bestimmten Richtung zu entfernen. Als sie etwa 50 m weit gegangen waren, wurden sie mit den zur Sicherung dienenden Maschinengewehren erschossen. Die wartenden Juden mußten sich in Sichtweite lagern und deshalb stundenlang im Angesicht des sie erwartenden Schicksals ausharren. Alle hierzu Befragten erklärten, daß sich die Juden vorbildlich und gefaßt verhalten hätten, sie hätten gebetet oder einen gemeinsamen Gesang angestimmt.

Über die Erschießungen hinaus soll es zu weiteren Grausamkeiten gekommen sein. So gibt Sch. an, einer der Juden sei wohl etwas langsam zur Erschießungsstelle gegangen. Hierauf habe ihn der Hilfskoch der Schwadron brutal verprügelt und, als er auf dem Boden lag, noch mit Füßen getreten. Wahrscheinlich habe er ihn dabei totgetrampelt. Nach den bisherigen Ermittlungen hat es sich dabei um den SS-Rottenführer B. gehandelt, dessen Aufenthalt noch nicht hat ermittelt werden können.

Zu den Erschießungen wurde nicht für die ganze Zeit ein Kommando eingeteilt, sondern die Schützen traten, nachdem sie ihr Magazin leergeschossen hatten, ab und wurden von anderen Schwadronsangehörigen abgelöst. Die Erschießungen zogen sich hin bis in die Abendstunden. Der L. bekundet: Bei Einbruch der Dunkelheit sei noch eine große Anzahl von Juden am Leben gewesen. Um die Erschießungen zu beschleunigen, sollten jetzt die Maschinengewehre eingesetzt werden. Er habe, wahrscheinlich von C., der aufgeregt hin und her gelaufen sei, den Befehl erhalten, mit seinem Maschinengewehr auf die noch am Lagerplatz befindlichen Juden zu schießen, und habe daraufhin einige Feuerstöße auf die wartenden Juden abgegeben.

Am Abend dieses Tages wurde eine Sonderration an Alkohol und Rauchwaren ausgegeben. Auch wurden an die an der Erschießung beteiligten Schwadronsangehörigen Wertsachen verteilt, die den Juden abgenommen worden waren. Der L. erhielt eine Taschenuhr, Marke ›Omega‹. […]

Am nächsten Morgen erhielt der damalige SS-Oberscharführer Sch. von dem Schwadronschef C. den Auftrag, einige Zivilpersonen zu beaufsichtigen, die die Massengräber mit Erde bedecken sollten. Er hat dabei festgestellt, daß es sich um mehrere Gruben gehandelt hat, die bis an den Rand mit Leichen gefüllt waren. Die von den Juden abgelegten Kleider und Schuhe haben die Zivilpersonen an sich genommen.«[16]

Wohl bemerkt, es handelt sich hier um »Aktionen« im Raum Pinsk, Mosyr, Baranowicze und Lachowicze, wo der Brigadestab Quartier genommen hatte, dem Becher als 1. Ordonnanzoffizier angehörte.

Kapitel V

Juden wurden erschossen,
weil sie eben Juden waren

Die meisten ehemaligen SS-Leute wollen nur Augenzeugen des Massenmordes in den Pripjetsümpfen oder Zeugen vom Hörensagen gewesen sein. Das geht zumindest aus ihren Aussagen in den sechziger Jahren hervor. Nur wenige haben ihre Tatbeteiligung zugegeben. Einer führte folgende Begründung an: »Bisher habe ich bei der Polizei oder sonstigen Dienststellen Angaben dieser Art noch nicht gemacht. Ich habe erst jetzt darüber gesprochen, da ich endgültig mein Gewissen und mein Seelenleben von dieser Last befreien möchte.«[1]

Ein Angehöriger der 1. Schwadron der Radfahraufklärungs-Abteilung schilderte präzise die Details einer Vernichtungsaktion, an der er selbst teilgenommen hat:

»Für die fragliche Zeit erinnere ich mich noch daran, daß des öfteren Gruppen beziehungsweise Spezialkommandos gebildet wurden, die meist unter der Führung des jüngsten Führers oder Führer-Anwärters der Einheit zur Durchführung von Spezialaufgaben herangezogen wurden. [...] Nach der von mir als Augenzeuge erlebten Erschießungsaktion erinnere ich mich noch daran, daß wir in der Folgezeit, also im Sommer, Herbst 1941 im Pripjetgebiet mit unseren Rädern ständig unterwegs waren. Unsere Aufgabe war es, die Dörfer und Ortschaften in diesem Gebiet von Juden zu säubern. [...] In der Regel rückten wir in Zugstärken aus, durchkämmten die Ortschaft, indem wir von Haus zu Haus gingen beziehungsweise von Hütte zu Hütte, holten die gesamte Bevölkerung heraus und trieben sie zu einem Platz in der Ortschaft. Dort wurde dann mit Unterstützung der Einheimischen festgestellt, wer Jude war. In der überwiegenden Anzahl der Fälle waren meist nur noch jüdische Frauen, Kinder und Greise anwesend. Nachdem auf dem Sammelplatz festgestellt worden war, wer Jude ist, wurde die als nichtjüdisch bezeichnete Bevölkerung zurückgeschickt, während man die als Juden Erkannten in der Regel außerhalb der Ortschaft erschoß.

Es war so, daß die jüdischen Männer, Frauen und Kinder von dem Sammel- und Aussortierungsplatz außerhalb an den Rand der Ortschaft gebracht wurden und dort von uns auf Befehl erschossen werden mußten. Geschossen wurde ausschließlich mit Karabinern. Die Erschießungen mußten meist schnell durchgeführt werden, jedoch erinnere ich mich nicht daran, daß Erschießungen durch uns mit MGs durchgeführt worden sind. Wir standen vor den Juden und zielten entweder auf Herz oder Kopf. Frauen mit Kleinkindern auf dem Arm wurden in der gleichen Art und Weise erschossen, jedoch war meist ein weiterer Schuß zur Tötung des Kindes notwendig. Von einer eigentlichen standrechtlichen Erschießung konnte man bei diesen Aktionen nicht sprechen. Es wurde so geschossen, wie die Juden herangeführt wurden, teils erschoß man sie von vorn, teils von hinten. Ein eigentliches Erschießen durch Genickschuß war es nicht, sondern wir standen den Opfern meist in einigen Metern Entfernung gegenüber. Nach Durchführung der Erschießung blieben die Opfer liegen. Ich erinnere mich nicht daran, daß wir vor Gruben Erschießungen vorgenommen haben. Die Anzahl der Opfer bei diesen Aktionen schwankte je nach Größe des gesäuberten Flecken beziehungsweise je nach Größe des Dorfes. Meiner Erinnerung nach waren es in der Regel zwischen 30 und 50 Opfer, die bei derartigen Dorfaktionen zusammengeholt und anschließend erschossen wurden.

Ich selbst war nach meiner Erinnerung bei drei oder vier Erschießungsaktionen auf Befehl des Gruppenführers als Schütze eingeteilt. Wieviel Schüsse ich im einzelnen auf die Opfer abgeben mußte, schwankte ebenso wie die Anzahl der Opfer. Waren es wenige Juden, die man zusammengetrieben hatte, brauchte der einzelne Schütze auch nur wenige Schüsse abzugeben, während in den Fällen, wo eine große Anzahl von Juden zusammengetrieben wurde, es vorkam, daß ich auch mehrere Magazine leerschießen mußte. Bei den Aktionen, wo ich befehlsgemäß als Schütze eingesetzt war, gab keiner der Führer oder Unterführer Befehle in der Art, daß befohlen wurde: ›Legt an, gebt Feuer!‹ Geschossen wurde so, wie die Opfer von den Kameraden herangeführt wurden, die sie bewacht hatten. […] Ich kann mich auch nicht mehr daran erinnern, daß man uns seinerzeit die Gründe nannte, warum man diese Juden erschießt. Uns war natürlich klar, daß sie erschossen wurden, weil sie Juden waren. Unter uns Kameraden wurden diese Vorgänge nicht groß diskutiert, da wir schon abgestumpft und stur waren und uns darüber keine großen Gedanken machten, warum man diese jüdischen Männer, Frauen und Kinder bis herab zum Säugling erschießt. […] Zur Anzahl der durch unseren Zug erschossenen Juden möchte ich erklären, daß es etwa 300 bis 400 jüdische Männer, Frauen und Kinder waren, die bei diesen 12 bis 15 Dorfaktionen zusammengeholt und erschossen wurden. Bei den drei oder vier Erschießungen, an denen ich befehlsgemäß als Schütze teilnehmen mußte, werden nach meiner Schätzung etwa 20 Frauen, Männer und Kinder erschossen worden sein. […]

Auf die Frage, wer nach der durchgeführten Erschießung den Tod der Opfer feststellte, kann ich nur erklären, daß das niemand machte. Ich habe auch nicht erlebt, daß nach der Erschießung den eventuell nur verwundeten Opfern Fangschüsse gegeben worden sind. Theoretisch bestand also die Möglichkeit, daß die Opfer nur verwundet und nicht getötet waren. Darum, ob die Opfer wirklich tot waren, hat sich niemand gekümmert.«[2]

Aus der Nachrichtenstaffel des 2. Regiments berichtet ein anderer:

»Soweit ich mich erinnere, hat man die Dorfbewohner als friedliche Menschen angesehen, die von uns nicht weiter belästigt wurden. Ganz anders verhielt es sich dagegen mit der jüdischen Bevölkerung. Fast in allen Siedlungen, seien es nun Städte, Dörfer oder nur einzelne Gehöfte, waren auch Juden wohnhaft. Diese befanden sich wohl zahlenmäßig in der Minderheit, doch waren sie fast überall vorhanden. Rein äußerlich konnte man sie von der übrigen Bevölkerung kaum unterscheiden, doch sprachen fast alle Juden deutsch oder konnten sich zumindest verständigen. Die Juden wurden überall, wo sie angetroffen wurden, von den Angehörigen unserer Einheiten zusammengetrieben und wurden entweder gleich oder in den folgenden Tagen erschossen. Ich werde gefragt, wer hierzu den Auftrag gegeben hat und wie dieser lautete. Mir ist gar nicht bewußt beziehungsweise erinnerlich, daß für uns ein derartiger Auftrag bekanntgegeben wurde. Ich erinnere mich nicht, daß unser Schwadronschef oder sonstiger Führer uns bestimmte Befehle bezüglich der Behandlung von Juden erteilt hat. Es war sozusagen schon vom Erreichen der Pripjetsümpfe an und mit dem ersten Auftreten der dort wohnhaften Juden gang und gäbe, diese zusammenzutreiben und zu erschießen.

Die erste Aktion wurde in dem […] Dorf mit einem doppelstöckigen Haus durchgeführt. […] Den Namen des Dorfes und die nächsten Städte sowie überhaupt eine größere Stadt in der Umgebung kann ich nicht nennen. In dem doppelstöckigen Haus hatte sich unser Schwadronschef K. mit Kompanietrupp, Schreibstube usw. einquartiert. In dem betreffenden Dorf war eine langgezogene Straße mit einer kleinen Querstraße. An dieser Kreuzung befand sich auf der einen Seite das doppelstöckige Haus mit Schwadronschef usw., auf der gegenüberliegenden Seite über der Querterrasse war ich mit den Funkern untergebracht. Von dieser Unterkunft sah ich, wie eines Abends in ein auf der anderen Seite der Dorfstraße, unserem Quartier gegenüber befindlichen Haus etwa 40 bis 50 Juden – unter ihnen sowohl Männer als auch Frauen und Kinder bis hinunter zum Säugling – hineingetrieben wurden. Das Wachpersonal bestand aus Angehörigen unserer Schwadron. Die Juden verhielten sich dabei ruhig und diszipliniert. Die Frauen weinten; sie wußten anscheinend, daß ihnen Schlimmes bevorstand. Schon einige Tage vorher hatte mir eine jüdische Frau bei einem Gespräch in einem Haus gesagt, es sei ihr bekannt, daß alle Juden erschossen würden, bevor die Einheit weggeht. Von meinem Quartier habe ich weiterhin gesehen, daß die in das Haus hineingeführten 40 bis 50 Juden während der Nacht bewacht wurden. Sie mußten sich in einem größeren Raum aufhalten, der aber für eine so große Anzahl der versammelten Personen so eng war, daß sie sich dort nicht ausruhen konnten und die Nacht stehend verbringen mußten. Am anderen Morgen habe ich weiter beobachtet, daß die Juden in einzelnen Gruppen von etwa zehn Personen, ebenfalls wieder gemischt mit Männern, Frauen und Kindern, aus dem Hause herausgeführt und auf einer Wiese hinter dem vom Stabsquartier eingerichteten doppelstöckigen Gebäude erschossen wurden. Zwischen dem Gebäude und dem Erschießungsplatz befand sich lediglich noch eine niedrige Holzbaracke. [...] Auf dem Weg zur Erschießungsstätte weinten einzelne Juden, insbesondere die Frauen, denn sie wußten genau, was ihnen bevorstand. Unter denselben befand sich die von mir bereits erwähnte jüdische Frau, welche mir gesagt hatte, sie würden alle erschossen. Sie war etwa 45 Jahre alt. Ich wunderte mich noch darüber, daß sie das Dorf nicht vorher verlassen hatte und daß alle Juden so widerspruchslos und ohne Fluchtversuche zum Erschießungsplatz gingen. [...] Den Geräuschen nach zu urteilen, müssen die Juden mit Maschinenpistolen erschossen worden sein. Ich möchte noch hinzufügen, daß die Mehrzahl derselben Frauen waren. Die Zahl der Kinder war nicht sehr groß. Teilweise waren sie aber noch so klein, daß sie getragen werden mußten. [...] Gesprächsweise wurde mir damals bekannt, daß der Brigadekommandeur Fegelein diese Erschießungen dem Reichsführer SS, Himmler, gemeldet habe, der sich zu dieser Zeit in den Pripjetsümpfen aufgehalten haben muß. Himmler habe gesagt, die Anzahl der erschossenen Juden sei noch zu wenig. [...] Juden wurden erschossen, weil sie eben Juden waren. Ein anderer Grund kann meines Erachtens nicht vorgelegen haben. Ich halte es für ausgeschlossen, daß die Juden mit den Partisanen zusammenarbeiteten oder selbst partisanenverdächtig waren: Es ist mir auch nichts darüber bekannt, daß die Juden auch nur die geringste Handlung gegen die deutschen Truppen unternommen hätten. Sie verhielten sich nach meinen Beobachtungen immer friedlich und loyal.

Außerdem bestand die Mehrzahl der Juden aus wehrlosen Frauen und Kindern bis herunter zum kleinsten Säugling. Auch bei ihnen wurden keine Ausnahmen gemacht. Mir ist nicht bekannt, ob schriftliche oder mündliche Befehle über durchzuführende Judenaktionen bei unserer Truppe eingegangen sind. Ich setze das aber als selbstverständlich voraus, zumal darüber gesprochen wurde, daß der Reichsführer SS, Himmler, die Zahl der erschossenen Juden als zu klein bezeichnet hat. Ich habe einen solchen Befehl nie gesehen, und er wurde auch bei keinem Appell auszugsweise bekanntgegeben.

Wie ich schon sagte, war es während unseres Einsatzes im Pripjetgebiet eine Selbstverständlichkeit, daß neben den Partisanen auch die angetroffenen Juden festgenommen wurden. Die Juden wurden alle erschossen.«[3]

Ein SS-Mann aus der 1. Schwadron des 1. Regiments freundete sich mit einem Mann aus der 4. Schwadron an, der ihm folgendes berichtete: »Im Sommer 1941 war der K. der SMG-Führer bei der 4. Schwadron, die von SS-Hauptsturmführer G. geführt wurde. Vom Hörensagen weiß ich, daß diese 4. Schwadron 800 Juden mit Maschinengewehren erschossen haben soll, nachdem sie sich nicht in die Sümpfe treiben ließen. Ich kann darüber aber nähere Einzelheiten nicht bekunden.« Aber er ließ sich nicht nur erzählen, er machte auch mit:

»Das Durchkämmen der Sumpfgebiete ging zug- und gruppenweise vor sich. Es kam auch vor, daß die Schwadron geschlossen eingesetzt wurde und, wenn sie nicht ausreichte, man mehrere Schwadronen zusammenzog. Die festgenommenen Partisanen wurden nach hinten abgegeben, wohin sie kamen, ist mir unbekannt. Jeder Schwadron wurden nach dem Abschluß der Aktion Partisanen zum Erschießen zugeteilt. Die Schwadron zog dann weiter, und das Erschießungskommando blieb zurück. Zu solchen Erschießungsaktionen bin ich auch mehrfach eingeteilt worden. Diese Einteilung nahm anfangs Lombard, danach, als Lombard Abteilungskommandeur und danach Regimentskommandeur wurde, sein Nachfolger vor. [...]

Diese Männer, Frauen und Kinder sollten sich als Partisanen betätigt haben. Deshalb habe ich auch angenommen, daß das Erschießen rechtmäßig vonstatten ging. Auf den Einwand, daß man doch Kinder nicht als Partisanen ansehen konnte, muß ich sagen, daß wir damals gar keine Zeit zum Überlegen hatten. Ich kann hier kurz die Aktion erwähnen, wobei ich ein kleines Kind (etwa zwei Jahre alt) erschießen mußte.

Ich muß erwähnen, daß ich ein religiöser Mensch bin und deshalb auch bei der SS Schwierigkeiten hatte. Heute habe ich noch in der Bibel gelesen, daß auch Moses nach dem Alten Testament Männer und Weiber sowie männliche Kinder mit dem Schwerte töten ließ. Die Weiber und Kinder mußten nachträglich getötet werden. Damals in Rußland konnte man keine langen Überlegungen anstellen. Man hörte immer wieder und erlebte es auch selbst, daß die Partisanen deutsche Truppen überfielen und die Soldaten verstümmelten. [...]

Außer der Frau mit dem Kleinkind wurden noch etwa fünf oder sechs Frauen und Männer erschossen. Als ich die Frau mit dem Kind sah, kamen mir schon Bedenken. ›Bedenken‹ kann man eigentlich nicht sagen, aber ich dachte nur an das kleine Kind. Die Mutter rief uns etwas auf deutsch zu: ›Von uns könnt ihr annehmen, daß wir etwas gemacht hätten, aber das Kind ist doch unschuldig!‹ Der F. hat sie aber in den Körper getreten, und sie mußte sich umdrehen. Durch das Abzählen bekam ich dieselbe Nummer, und ich mußte gerade diese Frau erschießen. Ich bin falsch verstanden worden: Ich mußte das Kind vom Arm wegschießen und mein Nachbar die Frau. Namen von Nachbarn oder anderen Exekutionsmitgliedern kann ich nicht mehr sagen. Zum F. kann ich aber sagen, daß er sehr dienstbeflissen war, obwohl er die Juden an sich nicht haßte. Die Leichen haben wir nachher liegen gelassen.«[4]

Eine weitere »Aktion« schildert ein Angehöriger der Radfahraufklärungs-Abteilung:

»Unsere Gruppe mußte also antreten. Unter Führung von J. marschierten wir geschlossen zum Ortsrand. Dort waren mindestens vier, höchstens jedoch acht bis neun Juden vor einer Grube aufgestellt. Sie wurden von anderen SS-Angehörigen bewacht. Bei unserem Eintreffen am Ortsrand waren die Gruben bereits ausgehoben, vor denen die Juden standen. Unsere Gruppe mußte dann geschlossen die Erschießung dieser Juden vornehmen. Es waren nur jüdische Männer. Auf Befehl unseres Gruppenführers J. stellte sich unsere Gruppe in Reihe auf. Mit dem Gesicht zu uns vor der Grube standen die Juden. Wir mußten durchladen und gaben einen Schuß auf Herz oder Kopf, worauf die Opfer in die Grube fielen. Geschossen wurde mit Karabinern. Zum Zeitpunkt der Exekution war der gesamte 1. Zug der Radfahraufklärungs-Abteilung an der Exekutionsstätte anwesend, und ich nehme aus diesem Grunde an, daß auch unser Zugführer Sch. die eigentliche Leitung der Exekution hatte. Meiner Erinnerung nach war die Grube etwa drei mal vier Meter lang. […] Bereits vor dieser Erschießung wurde unser Zug in zahlreichen Dörfern des Pripjetgebietes zu Zusammentreibungsaktionen herangezogen. In diesen vorausgegangenen Fällen wurden die Juden zusammengeholt. Der russische Bürgermeister ging mit uns von Haus zu Haus und bezeichnete, wer Jude war. Daraufhin wurden die von ihm bezeichneten jüdischen Männer, Frauen und Kinder an irgendeinem Platz der Ortschaft konzentriert. Uns wurde gesagt, daß diese Juden zum Arbeitseinsatz kämen. Vor der von mir geschilderten Erschießungsaktion werden es etwa zehn Fälle gewesen sein, es können mehr, jedoch auch weniger als zehn gewesen sein, wo wir in Sumpfdörfern und kleineren Ortschaften die jüdische Bevölkerung zusammenholen mußten. Die Anzahl der dabei zusammengeholten jüdischen Männer, Frauen und Kinder schwankte von etwa 15 bis 20 Juden, je nach Größe des gesäuberten Dorfes. Mit Sicherheit erinnere ich mich jedoch daran, daß in den vorangegangenen Zusammentreibungsaktionen mehr Juden zusammengeholt wurden, als bei der Erschießungsaktion von uns erschossen werden mußten. Dies war auch angeblich der Grund, warum die Juden in diesem Fall am Ortsrand erschossen worden sind.

Ich hörte noch, wie Sch. zu J. sagte, daß dies zu wenig Juden seien zum Abtransportieren.«[5]

Auch bei der »Partisanenbekämpfung« war die SS-Kavallerie nicht zimperlich. Ein SS-Mann aus der 1. Schwadron des 1. Regiments:

»Wenn einer der Männer Waffen bei sich trug, also offensichtlich ein Partisan war, wurde er sofort an Ort und Stelle erschossen. Ein Standgericht ist vorher nicht zusammengetreten. Das ist und war nach meiner Auffassung auch rechtmäßig, weil die bewaffneten Zivilisten auf reguläre Truppen schossen. Die Anweisung dazu hatte unser Schwadronschef Waldemar Fegelein[6] erteilt. Wenn ich aber sagte, daß ein bewaffneter Zivilist sofort an Ort und Stelle erschossen wurde, so muß ich jetzt erläutern, daß sich der Vorgang doch nicht so kurz und bündig abgespielt hat. Wenn zum Beispiel die Gruppe von 12 Mann, der ich angehörte, einen bewaffneten Zivilisten in einem Haus angetroffen hat, wurde der Partisan auf Befehl des Schwadronschefs erschossen. Ich selbst habe einem solchen Erschießungskommando nicht angehört. Es wurde meistens so gehandhabt, daß man dem Partisan sagte, er sei entlassen und könnte gehen. Wenn er uns den Rücken zudrehte, wurde er mit einem Karabiner erschossen. Das geschah in Anwesenheit der anderen zusammengetriebenen Dorfbewohner, damit diese abgeschreckt wurden.«[7]

Die »regulären Truppen«, die Wehrmacht also, hat sich nun keineswegs so verhalten, wie es die Haager Landkriegsordnung vorsieht. Sie hat die Sowjetunion überfallen, und nicht wenige Divisionen haben einen regelrechten Vernichtungskrieg gegen die Zivilbevölkerung geführt.

Noch einmal der SS-Mann aus der 1. Schwadron darüber, was geschah, nachdem Dorfbewohner wegen des Verdachts der Unterstützung von Partisanen deportiert worden waren:

»Nach dem Wegzug der Bevölkerung wurden dann die strohgedeckten Hütten des ganzen Dorfes angezündet. […] Von unserer Schwadron wurde grundsätzlich jedes Dorf dem Erdboden gleichgemacht. Dieses mußte aus Selbsterhaltung geschehen, weil bei unserem Weitermarsch sonst die Partisanen und versprengten russischen Soldaten hinter unserem Rücken in den Dörfern wieder Unterschlupf gefunden hätten.«

Allerdings gab er zu, keine »versprengten russischen Soldaten« und nur sehr wenige Partisanen gesehen zu haben. Zu jener Zeit, als die SS-Kavallerie ihre Einsätze hinter der kämpfenden Truppe in den Sumpfgebieten des Pripjet gegen die jüdische Bevölkerung hatte, stand die Front vor Charkow in der Ukraine.

Der SS-Mann, der nach mehreren Aussagen nun endlich sein Gewissen erleichtern wollte, gehörte zur 8. Schwadron des SS-Kavallerie-Regiments 1. Zuvor hatte er sich Meriten erworben als KZ-Aufseher in Dachau und war dann beim Wachbataillon in Prag, wo die Gestapo in der »Adolf-Hitler-Kaserne« untergebracht war. Für sie hat er Häftlinge transportiert und ist ihr nach seinen Worten bei »inneren Diensten« behilflich gewesen. Es bedarf keiner besonderen Phantasie, sich vorzustellen, was er dort getan hat. Seine Tätigkeit als Angehöriger der SS-Kavallerie in den Pripjetsümpfen beschreibt er so:

»Im März 1941 wurde ich zur SS-Kavallerie versetzt und habe mit dieser Einheit den Rußlandfeldzug mitgemacht. Mit dieser Einheit waren wir in den rückwärtigen Armeegebieten zur Säuberungsaktion eingesetzt. Hier mußten wir Partisanen bekämpfen und an Judenerschießungen […] teilnehmen. Beteiligt an Judenerschießungen war ich nur während der Zeit, als ich Angehöriger der SS-Kavallerie war. Die Judenerschießungen ereigneten sich innerhalb […] der Monate Juli, August 1941.

Angefangen hat es Anfang Juli 1941 in Rußland, und zwar in der Ortschaft Turky, mit der Erschießung von sechs Parteimitgliedern. Diese wurden von den eigenen Landsleuten verraten und wurden vor ein ordentliches Kriegsgericht in Turky gestellt. […] Die Erschießung fand […] morgens zwischen neun und zehn Uhr statt. Das Erschießungskommando, dem auch ich angehörte, führte P. […] Am nächsten Tag wurde unsere Einheit von Turky weggezogen und kam zum Partisaneneinsatz in das Sumpfgebiet Sokitnow. Die nächsten Erschießungen ereigneten sich in Rietschiza. Dort wurden unserer Einheit täglich zehn, fünfzehn bis zwanzig Juden zur Erschießung übergeben. Rietschiza war ein Dorf, und die nächstgrößere Stadt dürfte Bobruisk gewesen sein. Die Erschießungsstätte war außerhalb der Ortschaft in einem Waldgelände. Die zu erschießenden Personen, Männer, Frauen und Kinder, mußten zuvor eine Grube ausheben, vor welcher sie sich niedersetzen mußten und uns den Rücken zukehrten. Diese wurden wiederum von hinten durch Karabiner, meist durch Kopfschüsse, erschossen. Das Erschießungskommando leiteten zum größten Teil Sp. und P. Erschießungen dieser Art erstreckten sich auf etwa acht Tage. Aus welchen Gründen die Juden festgenommen wurden und uns zur Erschießung übergeben, ist mir nicht bekannt. […] Hierzu möchte ich noch erwähnen, daß kurz nach unserem Abzug aus Rietschiza einige hundert Juden vor der Kirchhofmauer mit Maschinengewehren und anderen Waffen wahllos zusammengeschossen wurden. Das Erschießungskommando bestand in diesem Falle aus der 1. und 2. Schwadron der SS-Kavallerie unter Leitung eines SD-Sturmbannführers, vermutlich von der Leitstelle Minsk. […]

Die weitaus schlimmere Sache ereignete sich in der Nähe des Flugplatzes Süd-Bobruisk. Unsere Schwadron war in Ruhestellung, als wir plötzlich zur Nachtzeit auf Lastkraftwagen verladen wurden. An die von uns angefahrene Stelle hat das Kraftfahrtransportregiment 616 zwischenzeitlich etwa 7 000 Juden, Männern, Frauen und Kinder, angefahren. An dieser Stelle waren mehrere Gruben in einer Länge von 80 bis 100 Metern ausgehoben. Die LKW fuhren rückwärts an die Gruben und blieben etwa 20 bis 30 Meter davor. Zu beiden Seiten einer Grube standen Fahrzeuge, die, da es Nachtzeit war, die Gruben beleuchteten. Vom LKW aus zu der Grube wurde ein Spalier gebildet, und auf die absteigenden Juden wurde mit Knüppeln, Seitengewehren, Waffen und sonstigen Gegenständen eingeschlagen. Es war so, daß ein Großteil der Juden bereits getötet waren, bevor sie an die Grube kamen. Die

Juden, die noch lebend zur Grube kamen, wurden durch Genickschuß oder mit Maschinenpistolen zusammengeschossen und in die Grube gestürzt. Ein Unterschied zwischen Männern, Frauen und Kindern wurde nicht gemacht. In dieser Nacht, das genaue Datum kann ich nicht mehr angeben, aber es dürfte Ende Juli oder Anfang August 1941 gewesen sein, wurden auf diese Weise etwa 7000 Juden umgebracht. Es handelte sich dabei um die gesamte jüdische Bevölkerung von Bobruisk. Die gesamten Erschießungskommandos bestanden aus unserer Schwadron, einem Bataillon der Luftwaffe und einem Bataillon der Infanterie.«[8]

In einer späteren Vernehmung beschreibt er diese Nacht noch einmal:

»Für die Durchführung dieser Erschießungsaktion waren die Kommandos der SS-Kavallerie, der Infanterie und der Luftwaffe vorgesehen. Entsprechend den Weisungen eines SD-Hauptsturmführers traten nunmehr die SD-Leute in Aktion. Diese teilten jeweils gemischt von Angehörigen der Kavallerie, der Infanterie und der Luftwaffe einzelne Gruppen ein, die entweder als Erschießungskommando an den Gruben oder als Sicherungskommando in Form von Spalier sich quer zu den Gruben aufstellen mußten. Eine Postenkette zur Sicherung der Exekutionsstätte war nach Angaben des SD-Hauptsturmführers schon aufgezogen. Aus welchen Leuten sich die Postenkette zusammensetzte, weiß ich nicht. Nach etwa zehn Minuten war die befohlene Aufstellung vollzogen. So standen an jeder der acht Gruben Erschießungskommandos in Stärke von 30 bis 40 Mann und an der Breitseite der Gruben seitlings jeweils Sicherungskommandos, zwei Reihen in einer Stärke von 30 bis 40 Mann, so daß sich bei diesen Sicherungskommandos zwei Reihen in Stärke von 15 bis 20 Mann gegenüberstanden, somit zur Grube hin ein Spalier gebildet wurde.
Ich selbst war zunächst bei einem Sicherungskommando zusammen mit Soldaten der Infanterie eingeteilt. Hierzu gehörten noch einige Leute der Luftwaffe und andere Kameraden der Batterie, an die ich mich heute nicht mehr erinnere.

Genau kann ich mich erinnern, daß meine nächsten Kameraden vom Gewehrtrupp, B. und G., zu einem Erschießungskommando eingeteilt worden sind. Sie standen, von mir aus gesehen, an der dritten Grube. [...] Unseren Hauptsturmführer P. und Obersturmführer B. habe ich mehrmals an den Gruben gesehen. Sie gingen umher, anscheinend hatten sie keine spezielle Funktion.

Wenn ich nach Verhaltensmaßregeln für die Leute gefragt werde, die an den Gruben Spalier bildeten, so kann ich berichten, daß der leitende SD-Hauptsturmführer uns gesagt hatte, wir könnten mit den Juden verfahren, wie wir wollten. Die Hauptsache sei, sie kommen in die Gruben, tot oder lebendig. Bemerken möchte ich, daß an den Gruben jeweils zwei Fahrzeuge standen, und zwar leichte LKW oder Kübelwagen. Bei unserem Herantreten an die Gruben hatten nur zwei dieser Fahrzeuge bei laufenden Motoren das Licht eingeschaltet, so daß man wenigstens die näheren Örtlichkeiten erkennen konnte. Nach der Aufstellung an den Gruben vergingen etwa 15 bis 20 Minuten, als die ersten großen Wehrmachts-LKW ankamen. In diesem Moment ließen alle Fahrer von den an den Gruben stehenden Fahrzeugen die Motoren voll an und schalteten das Licht so ein, daß die Grube hell erleuchtet war. Bei diesem ersten Transport handelte es sich um drei LKW, die rückwärts an je eine Grube heranfuhren. Sie stoppten unmittelbar vor den ersten beiden Soldaten des Spaliers. Die beiden Soldaten öffneten dann die hintere Klappe der Ladefläche, während im gleichen Moment zwei mit den LKW angekommene SD-Leute, die mit Maschinenpistolen bewaffnet waren, hinzutraten und uns den Befehl gaben, die Leute von den Wagen zu holen. Auf den LKW, die Planenverdeck hatten, befanden sich dichtgedrängt männliche Personen jeglichen Alters, die teilweise nur notdürftig mit einer Hose oder auch nur mit einer Jacke bekleidet waren. Auf dem LKW, an dem ich stand, befanden sich meiner Schätzung nach 50 bis 60 Leute. [...] Soweit ich das an meinem LKW beobachten konnte, waren es die beiden SD-Leute, die mit dem LKW gekommen waren, die nun die Zivilisten von den Wagen herunterstießen, soweit sie selbst nicht mehr gehfähig waren. Andere wurden heruntergezerrt, die den Eindruck machten, als seien sie schon halb tot. Nun wurden die Männer von den Soldaten des Spaliers mit Seitengewehrschlägen und Kolbenschlägen in die Grube hereingetrieben, weil sie dort nicht mehr freiwillig hineingingen. Andere, die aus Schwäche nicht mehr gehfähig waren, wurden einfach in die Grube hineingezerrt.

Ich selbst habe in einigen Fällen mit Hilfe eines anderen Kameraden eine nicht mehr gehfähige Person zur Grube gebracht und dort hineingestoßen. Ich gebe auch zu, daß ich hierbei von meinem Gewehrkolben Gebrauch gemacht habe, wie es die anderen auch taten. Die nicht gehfähigen und körperlich sehr schwachen Männer blieben ohnehin auf dem Boden der Grube liegen. Die anderen mußten sich ebenfalls hinlegen. Hierbei kam es vor, daß sich viele auf die Erde des Grubenbodens legten und ihr Gesicht in die Erde preßten. Es sah so aus, als suchten diese Menschen noch in dieser Situation Schutz in der Erde. Sobald einer von diesen Männern in der Grube lag, wurde ein Schuß auf ihn abgegeben. Das wiederholte sich so lange, wie auch der letzte Insasse des Lastkraftwagens getötet worden war. In der Grube selbst befand sich auch in jeder Ecke ein Schütze. Sie hatten darauf zu achten, daß die Körper dicht nebeneinander zu liegen kamen, wie Heringe in der Dose. War der Boden mit einer Schicht Leichen bedeckt, wurde eine lose Sandschicht von einzelnen Schützen darübergeschüttet. Der gleiche Vorgang wiederholte sich so oft, bis der letzte Delinquent getötet worden war. An den anderen Gruben ging es genauso zu. Als der erste LKW abgefertigt war, stand der nächste Lastwagen schon bereit und fuhr ebenfalls rückwärts an das Spalier heran.«[9]

Sein Batteriechef beim Stab des Regiments soll gegen die Verwendung der Männer der 8. Schwadron bei dieser Massenerschießung beim Brigadekommandeur protestiert haben: »Ich kann mir denken, daß der P. eine militärisch richtig durchgeführte Erschießungsaktion wohl geduldet hätte, nicht aber jene unvorstellbaren Grausamkeiten bei der Erschießungsaktion, wie wir sie in Bobruisk miterleben mußten, länger dulden wollte.«[10] Fegeleins Reaktion auf diesen Protest ist nicht bekannt. Die Münchener Staatsanwaltschaft I ermittelte in den Jahren 1964 und 1965 gegen die Führerdienstgrade des Brigadestabes, der Aufklärungsabteilung und des 1. Regiments der SS-Kavallerie. Auch der Chef der Reitenden Batterie, SS-Hauptsturmführer P., war Beschuldigter. Wie drei andere – Lombard, Reinhardt, und der 2. Ordonnanzoffizier M. – war er in Untersuchungshaft, während 24 andere, unter ihnen Kurt Becher, zwar beschuldigt waren, sich aber ununterbrochener Freiheit erfreuen durften. Es wird noch zu berichten sein, mit welch erstaunlichen Begründungen die Staatsanwaltschaft München I gegen alle SS-Führer die Verfahren einstellte.

Batteriechef P. hatte einen SS-Untersturmführer Sp. zur Vertretung, der häufig Exekutionskommandos für die Erschießungen von Juden zusammengestellt hatte. Dieser sei, so sagte nicht nur sein Vorgesetzter P., sondern auch etliche andere Zeugen aus, ein »besonders beflissener, fanatischer SS-Führer« gewesen.[11] Das war um so leichter zu bezeugen, als Sp. zu der Zeit nicht mehr lebte. Batteriechef P. soll tatsächlich die Angehörigen der 8. Schwadron nach dem viehischen Morden auf dem Flugfeld von Bobruisk zurückgezogen haben, aber erst nach dem zweiten Einsatz in der zweiten Nacht. Er soll gesagt haben, daß ihm »seine Männer dafür zu schade« seien.

Was sich nach der Erinnerung des Angehörigen der 8. Schwadron in Rietschiza, einem Dorf zwischen Mosyr und Bobruisk, zugetragen hat, fiel aber wohl in die von Batteriechef P. bevorzugte Kategorie einer »militärisch richtig durchgeführten Erschießungsaktion«:

»Ich möchte an dieser Stelle gleich bemerken, daß für alle in und bei Rietschiza durchgeführten Erschießungen, soweit hieran Angehörige der 8. Schwadron beteiligt waren, stets der ganze MG-Trupp mit Ausnahme der beiden Gespannführer eingesetzt worden ist. Führer jenes ersten Erschießungskommandos war der Untersturmführer Sp. Ich kann mich erinnern, daß an einem Vormittag der Spieß O. das angetretene

91

Kommando dem Untersturmführer Sp. gemeldet hat. Der gab dann sogleich den Befehl, auf den bereitstehenden Lastwagen unserer Schwadron aufzusteigen. Dann fuhren wir zur Stadt hinaus in Richtung eines Waldgeländes. Etwa drei bis vier Kilometer außerhalb von Rietschiza hielt der LKW in einem lichten Waldgelände. Die Bodenform war eben. Es waren Kiefernbäume. Der Charakter der Landschaft war ähnlich der Mark Brandenburg, also auch sandiger Boden. Beim Verlassen des LKW sah ich in etwa 50 Meter Entfernung einige Zivilisten, Männer, Frauen und Kinder, beim Näherkommen. Bewacht wurden diese Menschen von einem Unterscharführer und vier Mann einer anderen Schwadron der SS-Kavallerie. Welcher Schwadron diese Leute angehörten, weiß ich nicht. In einem Abstand von etwa zehn bis zwölf Metern vor den Zivilisten befand sich eine Grube von etwa zehn mal zwei Metern. Über die Tiefe der Grube kann ich nichts sagen, weil ich nicht so nahe an sie herangekommen bin. Ich habe wohl bemerkt, daß einige SS-Leute tiefer im Wald standen, die wahrscheinlich Absperrposten gewesen sind. Auch diese Absperrposten haben einer anderen Schwadron, wahrscheinlich der vom Bewachungskommando, angehört. Ich kann mich noch genau daran erinnern, daß es sich um acht Personen gehandelt hat, und zwar um drei Männer, drei Frauen und zwei Kinder. Untersturmführer Sp. gab den Leuten über einen Dolmetscher noch Gelegenheit, sich voneinander zu verabschieden. Ich sehe noch das Bild vor meinen Augen, daß sich ein junger Mann mit einem zweieinhalb- bis dreijährigen Kind auf dem Arm von einer entsprechend jungen Frau verabschiedete. Die Zivilisten verhielten sich ruhig und gefaßt, wohl weinten sie. Auf Befehl von Untersturmführer Sp. mußten sich die Zivilisten auf den Grubenrand setzen, so daß die Füße bereits in die Grube hineinragten, also mit dem Gesicht zur Grubenöffnung. Ich kann mich noch deutlich erinnern, daß diese Zivilisten von links nach rechts in folgender Reihenfolge saßen: ein älterer Mann, ein sechsjähriges Mädchen, eine Frau in den vierziger Jahren, die junge Frau, der junge Mann mit dem kleinen Kind auf dem Arm, eine Greisin mit schmutzigem grauen Haar und ein bärtiger Mann. Bis auf den bärtigen Mann sahen allen anderen Personen wie Juden aus. Das junge Ehepaar mit dem Kind und das sechsjährige Mädchen trugen an ihrer Kleidung den Judenstern, so auch die Greisin.

Von Habseligkeiten dieser Personen habe ich an jenem Ort nichts gesehen. Sie sind in meiner Gegenwart auch nicht durchsucht worden. Ich kann auch nicht sagen, ob sie noch Wertgegenstände, wie Uhren, Gold oder Geld, bei sich hatten. Nachdem sich die Zivilisten am Grubenrand niedergesetzt hatten, gab Untersturmführer Sp. an Unterscharführer P. etwa folgenden Befehl: ›Unterscharführer P., übernehmen Sie das Kommando!‹ Daraufhin wies P. jeden einzelnen des Exekutionskommandos auf einen bestimmten Platz im Rücken der sitzenden Zivilisten, so daß die einzelnen Schützen nebeneinander in etwa sechs bis acht Meter Entfernung von den sitzenden Zivilisten Aufstellung nahmen. Ich kann mich erinnern, daß rechts neben mir Rottenführer B. und links von mir Rottenführer G. stand. Der Zwischenraum zwischen den einzelnen Schützen betrug etwa 50 Zentimeter. Unterscharführer P. bestimmte nun jeden einzelnen Schützen, auf welche Person er zu schießen hatte. Da wir mehr Schützen als zu erschießende Personen waren, wurden entsprechend in den meisten Fällen zwei Schützen auf eine Person angesetzt. Ich selbst hatte die Greisin zu erschießen. Als Zielpunkt war uns der Kopf angewiesen. Nachdem wir Aufstellung genommen hatten, befahl Unterscharführer P.: ›Laden!‹ Da unsere Gewehre jedoch schon geladen und gesichert waren, entsicherten wir lediglich und legten das Gewehr auf die Patronentasche. Auf den Befehl: ›Legt an!‹ nahmen wir die Gewehre in Anschlag und zielten, und auf den Befehl: ›Gebt Feuer!‹ schossen wir. Es fiel jedoch keine geschlossene Salve, weil jeder Schütze mehr oder weniger aufgeregt war. Keiner von den Erschossenen fiel jedoch nach vorn in die Grube hinein, sondern sie fielen rückwärts auf den Rücken und blieben vor dem Grubenrand liegen. Auch waren nicht alle sofort tot, weil einige den Schuß nicht in den Kopf, aber in den Rücken bekommen haben. Genau kann ich mich erinnern, daß auch das kleine Kind von zweieinhalb bis drei Jahren nicht tödlich verletzt war, sondern durch den Schuß einen Arm verloren hatte. Der Arm war abgetrennt worden. Mir ist als erfahrener Soldat bekannt, daß ein Infanteriegeschoß nicht ohne weiteres den Arm eines Kindes vom Körper trennen kann. In diesem Fall war es aber so, weil ich es selbst gesehen habe. Vielleicht ist das Kind von einem Querschläger getroffen worden. Weiter sehe ich noch vor meinen Augen, daß der Greisin, auf die ich meinen Schuß abgegeben hatte, die Schädeldecke durch den Schuß abgetrennt worden ist. Einschließlich des Kindes waren es vier Delinquenten, die noch nicht sofort tot waren. Unterscharführer P. ist dann mit der Pistole herangetreten und hat diese Personen mit einem Kopfschuß aus seiner Pistole getötet. Er setzte die Pistole nicht auf, sondern drückte jeweils im Stehen ab, so daß zwischen der Pistole und dem Kopf noch ein Zwischenraum von etwa 50 Zentimetern gewesen ist. Auf den Befehl von Untersturmführer Sp. mußten wir nach der Exekution sofort wieder den LKW besteigen und sind in unsere Quartiere zurückgefahren. Das erwähnte Wachkommando von einem Unterscharführer und vier Mann blieb an der Exekutionsstätte zurück. Was später mit den Getöteten passiert ist, weiß ich nicht.«[12]

Nicht nur der MG-Trupp der 8. Schwadron hat geschossen: alle Schwadronen haben Exekutionskommandos gebildet, die von Fall zu Fall zusammengestellt wurden:

»An diesem Tage ist wieder ein Exekutionskommando ausgerückt. […] Nach Rückkehr dieses Kommandos wurde gesprächsweise bekannt, daß für dieses Kommando der Führer des Nachrichtentrupps, Oberscharführer L., der Leiter gewesen ist. Es hieß diesmal, daß russische Kommissare und Kommissarinnen erschossen wurden, die bei dem Einsatz gegen Partisanen gefangengenommen worden sind. Diese Personen seien stehend mit dem Gesicht zum Exekutionskommando erschossen worden. Einer der Kommissare habe seine Brust freigemacht und in gutem Deutsch gesagt: ›Hier ist meine Brust, zielt genau!‹ Wie gesagt, das weiß ich nur vom Hörensagen.

Am nächsten Tag, also am dritten Tage unserer Anwesenheit in Rietschiza, wurde abermals ein Exekutionskommando zusammengestellt. Wieder war es O., der aus den einzelnen Staffeln Leute heraussuchte. Diesmal hatte das Kommando etwa 18 Leute. Es stand unter dem Befehl von Oberscharführer L. Ein Offizier war nicht dabei. Außer den Männern meines MG-Trupps kann ich mich an andere Namen nicht erinnern. Wieder fuhren wir mit dem LKW vor die Stadt und hielten in der Nähe des ersten Exekutionsortes. Es war Vormittag. Am Exekutionsort standen etwa 16 Personen in Zivil, darunter zwei Frauen im Alter von etwa 30 Jahren. Es war nicht zu erkennen, ob es sich bei diesen Zivilisten um Juden oder Russen handelte. Jedenfalls habe ich daran keine Erinnerung. Einen Judenstern an den Kleidern habe ich nicht gesehen. Bewacht wurden sie von dem Unterscharführer E. und etwa sechs Mann unserer Batterie. In der Nähe befand sich wiederum eine Grube von etwa zehn mal zwei Metern. Auf Weisung von E. mußte nun die Hälfte der Delinquenten an dem jenseitigen Grubenrand mit dem Rücken zur Grube Aufstellung nehmen, und zwar nebeneinander. Das Exekutionskommando nahm diesseits der Grube auf den Befehl von L. nebeneinander Aufstellung, und zwar jeweils zwei Schützen wurde eine Person zum Erschießen bezeichnet. Das tat L. Das Exekutionskommando hatte in zwei Gliedern auf Lücke Aufstellung genommen. Der Abstand zwischen uns und den zu Erschießenden betrug etwa acht bis zehn Meter. Auf Anweisung von L. hatten zwei Schützen auf den Hinterkopf und den Rücken in Höhe des Herzens einer Person zu zielen. L. gab dann den Schießbefehl. Diesmal waren alle Personen sofort tot und fielen nach Abgabe der Schüsse rücklings in die Grube. Hiernach mußten die restlichen acht der Delinquenten in derselben Weise an den Grubenrand herantreten und wurden in der gleichen Weise erschossen. Auch von ihnen waren alle sofort tot. Bemerken möchte ich, daß nach der ersten Erschießung der zweite Trupp der zu Erschießenden nicht mehr freiwillig an die Grube herantreten wollte, so daß vom Wachkommando unter E. nachgeholfen werden mußte, das heißt, sie wurden mit Gewalt, teilweise auch mit Kolbenstößen an den Grubenrand herangezerrt. Hierbei konnte sich ein Mann losreißen und fliehen. Um sich gegenseitig nicht zu gefährden, konnte in den ersten Sekunden weder von unserem Standort noch von den aufgestellten Absperrposten auf den Flüchtigen ein Schuß abgegeben werden. Erst als der Flüchtling eine Waldschneise überquerte, gab E. einen Schuß auf ihn ab, der ihn jedoch nicht traf, denn die später ausgeschickten Posten haben auch keine Blutspuren festgestellt.«[13]

Nach dem großen Massaker auf dem Flugfeld in Bobruisk, als SS-Kavallerie, Luftwaffe, Infanterie und SD gemeinsam die Juden niedermetzelten, gab es Belohnungen:
»Ich erinnere mich genau daran, daß nach dem Großeinsatz Flugplatz Bobruisk, und zwar am anderen Morgen, die ersten Auszeichnungen innerhalb unserer Schwadron verliehen worden sind. Das EK I erhielten Hauptsturmführer B. und Untersturmführer Sp., und einige erhielten das EK II.«[14]
    Für diese Auszeichnungen mußte Brigadekommandeur Fegelein erbittert gegen den Höheren SS- und Polizeiführer Mitte, von dem Bach-Zelewski, kämpfen.
    In einem Abschlußbericht, von Fegelein unterschrieben, dem auch die beiden Berichte der Kommandeure der beiden Regimenter, Franz Magill und Gustav Lombard, zugrunde liegen, zog er Bilanz:

»An den Höheren SS- und Polizeiführer
beim Befehlshaber des rückwärtigen Heeresgebietes Mitte
Baranowicze

Betr. Zur Abschlußmeldung für den RF-SS

Abschlußmeldung

1. Über die Durchkämmung, Befriedung und Sicherung des Westteiles der Pripjet-Sümpfe
2.) Gesamtgefechtsverhandlungen der Vorausabteilung unterstellt der 162. und 252. Inf. Div.
    In der Anlage sind enthalten:
    a. die Berichte der reit. Abt. SS-Kav-Rgt. 1,
    SS-Sturmbannführer Lombard,

b. die Berichte des Führers der reit.Abt. SS-Kav.Rgt. 2,
SS-Sturmbannführer Magill,,
c. des Führers der Vorausabteilung SS-Kav.Rgt. 1,
SS-Hauptsturmführer Reinhardt,
d. des Führers der Vorausabteilung SS-Kav.Rgt. 1,
SS-Sturmbannführer Faßbender.

Gesamtergebnis:

Gesamtzahl der erschossenen Plünderer: 13788
Gesamtzahl der Gefangenen: 714
Eigene Verluste:
2 Tote, 15 Verwundete und darunter einige Schwerverwun-
dete (2 Führer).
[…]
Der Anmarsch und die Durchkämmung der Pripjet-Sümpfe
mit kleineren und größeren Einzelgefechtshandlungen bedeutete für die Kav.-Einheiten die höchsten Anforderungen für
Mann und Pferd. In den großen Sumpfgebieten machte sich
vor allem der Mangel an Futtermitteln für die Pferde bemerkbar (kein Hafer, kein Heu). Die ungeheure Plage an Mücken
ließ weder Mensch noch Tier zur Ruhe kommen. Diese Ge-
waltanstrengungen wurden verhältnismäßig gut überstanden,
obwohl alles aus der Truppe herausgeholt werden mußte. Der
Ausfall an Pferden, der durch Beutepferde wieder ersetzt werden konnte, betrug etwa 200. […]
Die Erfahrungen der letzten Wochen haben ergeben, daß es
unmöglich ist, daß unsere Männer, denen die schwersten Aufgaben zugemutet werden, mit den Kriegsauszeichnungen an
letzter Stelle marschieren. Es ist bis heute trotz der schwersten Einsätze noch kein E. K. an die Rgt. verliehen. Die Div.
sitzen auf einem Kontingent, und jede Zuweisung geht an ihre
Einheiten ab. Das E. K. ist für den Mann die Auszeichnung
für Bewährung und Tapferkeit vor dem Feind, verliert aber
sofort wieder ihren Wert, wenn sie nicht unmittelbar nach den
Gefechtshandlungen und im Eindruck des Geschehens verliehen werden kann.
Führern und Männern wird die Freude genommen, wenn
sie dauernd daneben stehen müssen, wenn die Kameraden

von der Wehrmacht selbstverständlich sofort nach den Kampfhandlungen ausgezeichnet werden. Immer vertrösten kann man den Mann nicht und ihm erzählen, es kommt noch. Das glaubt er bald nicht mehr. Bei aller Schulung des Mannes als Soldat der Waffen-SS hängt der Geist und der Schwung der Truppe im Feindeinsatz ausschlaggebend mit von der Auszeichnung ab. Dieses Moment wird bei der Armee im erhöhten Maße benutzt. Die Brigade muß unter allen Umständen ein gewisses Kontingent an Kriegsauszeichnungen zugewiesen bekommen.

Ich bitte den Gruppenführer gehorsamst nachdrücklich beim Reichsführer SS auf die Kriegsauszeichnungen hinweisen zu wollen, da der Mann heute alle Pflichten hat und dafür aber auch dieses Recht haben muß.

Nicht umsonst reisen die ganzen Generäle von Truppe zu Truppe, um persönlich die Auszeichnungen bei der Truppe vorzunehmen. Beiliegend wird noch einmal die Liste für die bisher verliehenen Auszeichnungen in Vorlage gebracht. Die Zahlen sprechen für sich.

Gez. Fegelein

SS-Standartenführer«[15]

Wie lange es dauerte, bis der Höhere SS- und Polizeiführer nachdrücklichst und erfolgreich beim Reichsführer SS intervenierte, ist unbekannt. Die SS-Leute der Batterie, die an den »schwersten Einsätzen« des unvorstellbaren Massakers an Wehrlosen in Bobruisk beteiligt waren, sind jedenfalls bereits am nächsten Morgen ausgezeichnet worden.

Zur Zahl der »erschossenen Plünderer 13788« muß eine weitere hohe Zahl von ermordeten Juden hinzugezählt werden, die nach dem fast dreiwöchigen Einsatz im Spätsommer und Herbst 1941 in den Pripjetsümpfen umgebracht wurden.

Kapitel VI

Bewährung in dieser Angelegenheit

Was hat die Ermordung dieser Hilflosen nun mit Becher zu tun? Nach eigener Aussage hatte er nur »dienstlich Kenntnis von Partisaneneinsätzen« und will angeblich die Schwadronen vom Stabsquartier aus nicht aufgesucht haben. Seine Erinnerung scheint ihn zu trügen, oder – wahrscheinlicher – er lügt sich seine SS-Vergangenheit schön. In Weißrußland gingen Befehle und Vollzugsmeldungen über seinen Schreibtisch. Die Gespräche über die »Aktionen« sind unter den Angehörigen des Brigadestabes offen geführt und keineswegs als »Partisaneneinsätze« getarnt worden. Man sprach ohne jede Beschönigung über die »Entjudung«. Der eigentliche Auftrag der Brigade war niemandem im Stab ein Geheimnis. So wurde am 1. 8. 1941 vom Stab an das SS-Regiment 2, Reitende Abteilung, ein Funkspruch abgesetzt, der an Deutlichkeit nicht zu überbieten ist:

»Ausdrücklicher Befehl des Reichsführers SS. Sämtliche Juden müssen erschossen werden. Judenweiber sind in die Sümpfe zu treiben.«[1] Hin und wieder diktierte Becher Befehle, die sich auf die Behandlung der jüdischen Bevölkerung bezogen. So trägt ein Merkblatt vom 4. 8. 1941 sein Diktatzeichen, das sich auf den Regimentsbefehl Nr. 42 vom 27. 7. 1941 bezieht. In diesem Regimentsbefehl heißt es unter der Ziffer 13 in der »Besonderen Anordnung«:

»Der Reichsführer SS hat in einer Sonderanordnung nochmals nachdrücklich darauf hingewiesen, daß die einzelnen Dörfer in den Pripjetsümpfen endgültig befriedet werden müssen und zwar so, daß sie entweder Stützpunkte für die SS werden oder vom Erdboden verschwinden. [...]

Es wird nochmals darauf hingewiesen, daß es einzelne Dörfer und Ortschaften gibt, die aus ehemaligen Verbrechern bestehen. Diese müssen ohne Rücksicht ausgerottet werden. Juden sind zum größten Teil als Plünderer zu behandeln, Ausnahmen bilden nur ausgesprochene Facharbeiter, wie Bäcker usw. und vor allem Ärzte. Weiber und Kinder sind mit dem Vieh aus den verfallenen Dörfern wegzutreiben.«[2]

In diesem Merkblatt sind Verhaltensrichtlinien für die Besetzung der Dörfer erteilt worden, in denen Einheiten länger als eine Nacht verblieben. Das Diktatzeichen lautet Ia/Be/We:

»[...]
5. Aufstellung über alle jüdischen Einwohner (unter Hinzuziehung des Judenrates) mit der Untergliederung:
   a) Handwerker
   b) andere Berufe
   c) Frauen
   d) Kinder im Alter bis zu 14 Lebensjahren.
6. Falls nicht selbst übernommen, Befehle an einen Führer zur Übernahme der Ortskommandantur. [...]
   Von diesem ist der Befehl
   a) für die Errichtung des Ghettos zu erteilen
   b) der Befehl für unverzügliche Anbringung von Erkennungszeichen an der jüdischen Bekleidung.«[3]

Ein Tätigkeitsbericht der Brigade vom 18. 8. 1941, in dem die Zahl der erschossenen »Partisanen, Kommunisten und Plünderer« mit 107 angegeben wird, trägt sein Diktatzeichen ebenso wie der Gefechtsbericht vom 29. 8. 1941 (Ia/Be/Sw). In diesem Bericht werden die »Feindverluste« mit 600 bis 700 Toten bei nur wenigen eigenen Verlusten angegeben.[4]

Die Staatsanwaltschaft München I glaubte Becher Mitte der sechziger Jahre nicht, als er behauptete, er sei nicht in die Befehlskette eingeschaltet gewesen:

»Darüber hinaus beweist das von ihm diktierte Merkblatt vom 4. 8. 1941, daß er vom Einsatz der Brigadeeinheiten gegen die jüdische Bevölkerung des besetzten Gebietes gewußt hat. Einmal verweist das Merkblatt auf den Regimentsbefehl Nr. 42, der diesen Einsatz generell befahl. Zum anderen ist es schlechterdings unvorstellbar, daß ein SS-Führer aus dem Brigadestab detaillierte Weisungen über die Behandlung der am Aufenthaltsort der Einheiten angetroffenen Juden gibt, wenn ihm nicht gleichzeitig die Einschaltung der Brigade in die Judenvernichtungsmaßnahmen im rückwärtigen Heeresgebiet aus seiner dienstlichen Tätigkeit bekannt war.«[5]

Befehle zur Ermordung der Juden will Becher nie geschrieben haben: »Mir ist in Erinnerung, daß Fegelein Befehle auch gern mündlich erteilt hat, und ich könnte mir vorstellen, daß dies auch bei derartigen Einheitsführerbesprechungen geschah.«[6] An andere Gespräche möchte er sich nicht erinnern. Natürlich war er nicht der einzige, der versucht hat, sich durch Lügen zu entlasten. Aber einen solchen Totalausfall des Gedächtnisses hat nicht einmal Christian Reinhardt erlitten, der Adjutant und höchste Stabsoffizier bei Hermann Fegelein:

»Während eines dreitägigen Aufenthalts hat mir Fegelein den Befehl erteilt, ich solle einen Befehl ausarbeiten, nach dem Juden als Partisanen zu behandeln sind und als solche in den Meldungen zu erscheinen hätten. Der Eindruck, der bei mir entstand, war der, daß Juden als Einzelpersonen irgendwie provoziert werden sollten, damit sie gegen uns aggressiv wurden und so erschossen werden konnten. […] Als Fegelein mir den Befehl erteilte, kann er sich auf einen Befehl höheren Orts berufen haben, aber das ist mir nicht mehr in Erinnerung. Ich habe mich geweigert, einen derartigen Befehl zu entwerfen, weil das nicht mit der Haager Landkriegsordnung in Einklang zu bringen gewesen wäre und dies auch nicht die Aufgabe eines Soldaten sei. Wenn ich mich richtig erinnere, waren bei dieser Aussprache Becher und der 2. Ordonnanzoffizier M. zugegen. Wenn Herr M. sagt, ich hätte mich mißbilligend geäußert, so gibt er den wahren Sachverhalt wieder. Fegelein hat den Raum verlassen, und ich kann nicht mehr sagen, in welcher Form der Befehl an die Truppe weitergeleitet wurde.«[7]

Neben dem Kommandeur, dem Adjutanten und den beiden Ordonnanzoffizieren gehörten dem Brigadestab auch zwei Schreiber an. Einer der beiden war schon in Polen dabei, und dort hat es nach seiner Erinnerung viele Befehle gegeben, die sich mit der Zusammentreibung von Juden befaßt haben, vielleicht aber auch mit deren Erschießung: »Ich räume die Möglichkeit ein, daß in den damals abgehenden Befehlen die Rede von Erschießungen gewesen ist, kann das jedoch nicht mehr mit Bestimmtheit sagen.«[8] An den Sommer und Herbst 1941 hat der Schreiber jedoch genauere Erinnerungen:

»Meine Aufgabe bestand darin, die von den Führungsgehilfen diktierten Befehle zu schreiben sowie vertretungsweise auf Anordnung des Ia das Kriegstagebuch zu schreiben. [...] Ende Juli verließen wir den Raum Lyck und kamen dann nach Lachowitsche, wo der Stab Quartier bezog, während die Schwadronen der SS-Kavallerie in den Pripjetsümpfen zum Einsatz kamen. In Lachowitsche lag der Stab etwa 14 Tage bis drei Wochen, als die Verlegung nach Bobruisk erfolgte, wo wir weitere acht bis zehn Tage lagen. Meiner Erinnerung nach wurde der Stab von dort aus nach Rietschiza verlegt, wo wir auch einige Zeit gelegen haben. Meiner Erinnerung nach wurden wir dann Ende September, Anfang Oktober 1941 nach Toporetz verlegt, wo unsere Einheiten im Kampfeinsatz eingesetzt wurden.«[9]

Nach allen vorliegenden Dokumenten stimmt das. Erst im November 1941 gab es wirklich einen Kampfeinsatz. Das hat Fegelein aber nicht gehindert, auch schon vorher Kriegsauszeichnungen zu verleihen, wegen der »schwersten Einsätze«. Auch Kurt Becher wurde bedacht. Am 20. September 1941 schlug Fegelein ihn zur Beförderung als SS-Obersturmführer vor. Seine Begründung an das SS-Führungshauptamt in Berlin:

»SS-Untersturmführer Becher hat 1938 eine sechswöchige Übung bei der 2. SS-Standarte Brandenburg in Oranienburg gemacht. Seit dem 6. 9. 1939 gehörte er dem SS-Kavallerie-Regiment 1 an. Vom 1. 4. 40 bis 1. 8. 40 besuchte er einen Lehrgang an der SS-Junkerschule Tölz. Im SS-Kavallerie-Regiment 1 führte er zur vollsten Zufriedenheit einen Zug. Am 30. 1. 1941 wurde er SS-Untersturmführer. Am 20. 7. 1941 wurde er 1. Ordonnanzoffizier des SS-Kavallerie-Regiments 1 und bei der Aufstellung der Brigade 1. Ordonnanzoffizier des Brigadestabes.

Becher hat alle ihm übertragenen Arbeiten mit großem Geschick zur vollsten Zufriedenheit erledigt. Für seinen persönlichen Einsatz an den Kampfhandlungen der Brigade wurde er mit dem EK 2 ausgezeichnet. In der Behandlung seiner Männer und im Verkehr mit Vorgesetzten ist sein Verhalten vorbildlich. Seine persönliche Haltung in und außer Dienst ist militärisch korrekt und einwandfrei. Seine Leistungen und seine Dienststellung als 1. Ordonnanzoffizier der Brigade, als welcher er laufend mit Dienststellen des Befehlshabers des rückwärtigen Heeresgebietes Mitte zu verhandeln hat, machen seine Beförderung zum SS-Obersturmführer dringend erwünscht.

Sein Geschick beim Verhandeln mit übergeordneten Dienststellen der Wehrmacht ist ganz besonders zu erwähnen. Er ist ein besonders gut erzogener, höflicher und gewandter SS-Führer. Durch seinen Fleiß und seine Genauigkeit ist er später für die Dienststellung des IIa vorgesehen.

(mit persönlicher Unterschrift) Fegelein, SS-Standartenführer.«[10]

Fegeleins Vorschlag wurde umgehend angenommen und Becher SS-Obersturmführer.

Für welche »Kampfhandlungen der Brigade« aber mag Becher mit dem Eisernen Kreuz 2 ausgezeichnet worden sein? Die ersten Kampfhandlungen fanden erst etliche Wochen nach dem Beförderungsvorschlag statt. Im Kriegstagebuch der SS-Infanterie-Brigade, die zur selben Zeit im etwa gleichen Raum operierte, wird noch am 15. 9. 1941 vermerkt: »Der Reichsführer SS stellt grundsätzlich fest, daß die Brigaden die einzigsten und letzten Kräfte der SS sind, die der Reichsführer SS zur Säuberung der rückwärtigen Gebiete zur Verfügung hat. Ein Einsatz dieser Brigaden in vorderster Front kommt deshalb nicht in Frage.« Und unter dem Datum vom 14. 10. 1941 steht in diesem Kriegstagebuch: »Die SS-

Kavallerie-Brigade Stabsquartier, Regiment 1 und Aufklärungsabteilung in Toporetz, Regiment 2 in Miesnuiewo, 30 km nordostwärts Newel«.[11]

Der Brigadeschreiber berichtet weiter:

»In der Zeit, in der wir in Lachowitsche lagen, erinnere ich mich noch daran, daß ich in meiner untergeordneten dienstlichen Funktion unter anderem beauftragt war, die von den Einheiten eingehenden Vollzugsmeldungen auszuwerten beziehungsweise zu sammeln. In diesen Vollzugsmeldungen berichteten die Einheiten, daß die befohlene Säuberungsaktion durchgeführt worden ist und daß soundso viele Partisanen und Juden erschossen worden sind. Zur Anzahl der in den Vollzugsmeldungen als erschossen gemeldeten Personen kann ich keine genauen Angaben mehr machen, jedoch dürften es während unseres Aufenthaltes in Lachowitsche einige hundert Personen gewesen sein, die als liquidiert gemeldet wurden. Eine Unterteilung des liquidierten Personenkreises in Frauen und Kinder erfolgte in den Vollzugsmeldungen nicht. Nachdem ich diese Vollzugsmeldungen gesammelt hatte, wurden sie vom Ia oder dem Führungsgehilfen ausgewertet und in einem Bericht zusammengefaßt, der meiner Erinnerung nach dem Höheren SS- und Polizeiführer Rußland Mitte zugeleitet wurde. Mir selbst wurden erstmals Befehle diktiert, die sich inhaltlich mit Säuberungsaktionen befaßten, als wir später in Bobruisk, Rietschiza und Mosyr lagen. Soweit ich mich erinnere, wurde den der Brigade unterstellten Regimentern befohlen, in einem angewiesenen Raum die jüdische Bevölkerung zu liquidieren. In der Hauptsache wurden mir diese Befehle von dem damaligen Ia diktiert. An einige Fälle erinnere ich mich auch, wo mir vom Ordonnanzoffizier Becher derartige Befehle diktiert worden sind. An den Ordonnanzoffizier M. kann ich mich zwar noch erinnern, jedoch glaube ich, daß er mir derartige Befehle nicht diktiert hat.«[12]

Wenn sich der Brigadeschreiber nicht irrt, daß ihm Becher »derartige Befehle« diktiert hat, dann ist der aalglatte Kurt Becher am Massenmord mitschuldig.

Der Brigadeschreiber weiter:

»Nachdem diese Befehle den unterstellten Einheiten zuge-
gangen waren, trafen später auch die Vollzugsmeldungen ein,
worin die durchgeführte Aktion berichtet wurde. Im Gegensatz zu Lachowitsche sprach man jedoch in diesen Vollzugsmeldungen schon von einigen tausend liquidierten Juden.
Eine genaue Zahl anzugeben ist mir unmöglich. Diese Aktionen wurden ebenfalls auf Anweisung des Ia oder seiner
Führungsgehilfen im Kriegstagebuch vermerkt. Außer dem Ia
wurden die Kriegstagebuchblätter von mir und [dem anderen
Brigadeschreiber] W. auf Anweisung des Ia oder des Ordon-
nanzoffiziers geschrieben. In diesem Tagebuch, welches später bei unserem Einsatz in Rschew verlorenging, wurden die
durchgeführten Aktionen mit Angaben der Zeit, des Ortes und
der Anzahl der liquidierten Juden erfaßt. Neben diesen Judenerschießungen wurden natürlich auch zahlreiche Partisanen-
erschießungen durchgeführt, die ebenfalls im Kriegstagebuch
erfaßt wurden.«[13]

Daß dieses Kriegstagebuch verlorengegangen ist, mag einer
der Gründe dafür sein, daß in der Bundesrepublik nur ein einziger Prozeß gegen SS-Kavallerieangehörige abgeschlossen
wurde.
    Weiter heißt es in der Aussage von Brigadeschreiber S.:

»Ich erinnere mich noch daran, daß in den von mir auf Befehl
geschriebenen Befehlen Aktionen befohlen wurden gegen die
Juden von Rietschiza und Mosyr. Dies dürfte etwa im September 1941 der Fall gewesen sein. Welcher der der Brigade
unterstellten Einheiten diese Befehle zur Durchführung der
Judenaktion in Rietschiza und Mosyr zugingen, kann ich
beim besten Willen nicht mehr sagen.
    Von den durchgeführten Aktionen in Pinsk, Rietschiza und
Mosyr erfuhr ich nicht nur gesprächsweise, sondern auf
Grund der Befehle, die hinausgingen, und der daraufhin ein-
laufenden Vollzugsmeldungen. Während in den Vollzugsmeldungen über die durchgeführten Aktionen in Rietschiza und

Mosyr vom 1. Regiment berichtet wurde, berichtete aus Pinsk das 2. Regiment.

Von der Aktion in Bobruisk erfuhr ich nur gesprächsweise ohne nähere Einzelheiten, daß durch Einheiten des 1. Kavallerie-Regiments dort einige tausend jüdische Männer, Frauen und Kinder erschossen wurden. Daß diese Aktion zur Nachtzeit ausgeführt worden ist, ist mir nicht mehr in Erinnerung.«[14]

Es hat beim Brigadestab Besprechungen gegeben. Keineswegs war es so, daß aus den Einsätzen ein Geheimnis gemacht wurde. Die Führer, also Fegelein mit den ihm unterstellten SS-Führern, berieten sich, und nicht immer war einer der Schreiber dabei:

»An kleineren Führerbesprechungen beim Stab nahm in der Regel von den Unterführern niemand teil. Bei größeren Besprechungen war es jedoch öfter so, daß als Protokollführer einer von den Schreibern herangezogen wurde. Ich kann mich nicht daran erinnern, daß ich bei einer Führerbesprechung dabei war, als von Judenaktionen gesprochen wurde. Ich erinnere mich wohl noch daran, daß nach solchen Besprechungen Befehle diktiert wurden entweder vom Ia oder von den Ordonnanzoffizieren, die sich mit der Aktion gegen Juden und Partisanen befaßten.

Welche Meinung der Ia und die Ordonnanzoffiziere persönlich zu den Aktionen gegen die Juden hatten, habe ich damals nicht erfahren, da sie sich mir gegenüber nicht geäußert haben. Daß Hermann Fegelein als Kommandeur der Brigade Befehle in bezug auf Judenaktionen diktiert hat, kann ich mich nicht erinnern. Ich glaube nicht, daß dies der Fall war, da in der Hauptsache der Ia und die Führungsgehilfen damit betraut waren.«[15]

Die »Führungsgehilfen«, die Ordonnanzoffiziere also, haben – zieht man Bilanz aus den Aussagen und Erinnerungen der beiden Brigadeschreiber – in großem Umfang und im Detail gewußt, was geschehen sollte und was aufgrund ihrer Befehle tatsächlich geschah. Haben sie Befehle diktiert, wie Brigade-schreiber S. es von Becher weiß, dann waren sie mitschuldig. Einmal soll Becher sogar am Tatort gesehen worden sein. Ein Angehöriger der Aufklärungsabteilung der SS-Kavallerie, der in dem Ermittlungsverfahren gegen die SS-Führer der Kavallerie auch Beschuldigter war, kann dazu folgendes be-richten:

»Gehört habe ich, daß man entsprechend einem Befehl von oben versucht hat, Juden in einen See zu treiben. Bei dieser Ak-tion sollen Fegelein selbst und der SS-Sturmbannführer Kurt Becher dabeigewesen sein. Die Juden sind aber nicht weiter in den See gegangen, sondern einfach stehengeblieben. Daraufhin soll Fegelein die Aktion abgeblasen haben. Die Juden sind lau-fengelassen worden. Mir ist weiter erzählt worden – ich weiß heute nicht mehr, von wem –, daß die gesamten Judenerschie-ßungen von dem SS-Sturmbannführer Becher geplant und ge-leitet worden sind. Seine steile Karriere wurde unter anderem auf seine Bewährung in dieser Angelegenheit zurückgeführt. Soweit mir bekannt ist, war Becher der engste Vertraute von Fegelein. Nach Andeutungen, die mir gegenüber der Fahrer von Fegelein gemacht hat, müßte er über die Beteiligung von Becher an den Judenerschießungen der SS-Kavallerie unter-richtet sein. Der Name des Fahrers ist mir entfallen, ich weiß aber, daß er als Prokurist bei der Getreidefirma M. in Bremen tätig ist.« Der vernehmende Kriminalbeamte hat am Rande la-konisch vermerkt: »Dort dürfte er von Becher untergebracht sein, und deshalb ist von seiner Aussage nichts zu erwarten.«[16]

Der Zeuge T., der »gehört« hat und dem man »erzählt« hat, ist juristisch keiner, denn er ist ein Zeuge vom Hörensagen. Dennoch: Wenn es unter den Angehörigen der Kavallerie be-kannt war, daß »Becher der engste Vertraute von Fegelein« gewesen sein soll, wenn man also darüber gesprochen hat, daß Becher die »gesamten Judenerschießungen geplant und geleitet haben soll«, dann war sein Name nicht so unwichtig, wie er es gern nach dem Krieg gehabt hätte und wie es einige höhere SS-Chargen der Kavallerie bei ihren späteren Vernehmungen auch dargestellt haben. Denn es hat nach dem Krieg reichlich Kontakt zwischen den alten Kameraden aus der Führungs-Ebene gegeben: »Anläßlich eines Derbys in Hamburg 1950 herum habe ich die ehemaligen Offiziere der SS-Kavallerie-Brigade, M. [den ehemaligen 2. Ordonnanzoffizier], Becher, Waldemar Fegelein und Günter T. wiedergesehen. Alle vier Personen haben damals als Reiter an diesem Derby teilgenommen, wobei ich allerdings einschränken muß, daß ich Waldemar Fegelein nur als Reiter bei der Ehrung ehemaliger Derbysieger gesehen habe. Damals wechselte ich mit Becher und T. einige Worte zur Begrüßung. Ich kann mich nun erinnern, daß ich Herrn Becher noch einmal und letztmals vor zwei oder drei Jahren bei einer Herbstjagd irgendwo in Schleswig-Holstein gesehen und begrüßt habe«, hat der Spieß beim Kommandeurs-Stabsquartier ausgesagt.[17] Und ein anderer aus dem Regiment 2: »Becher war mir ebenfalls schon vor dem Krieg als Turnierreiter bekannt, er kannte mich ebenfalls. Bei der Truppe bin ich ihm einmal in Zamosc (Polen) und einmal in Toporetz begegnet. Dienstlich hatten wir nichts miteinander zu tun.«[18]

Ein Schwadronschef aus der Reitenden Batterie des Kavallerie-Regiments: »Wenn mir vorgehalten wird, daß während unseres Aufenthaltes in Bobruisk Angehörige des Brigadestabes mich doch aufgesucht haben, so möchte ich hierzu angeben, daß ich mich daran erinnern kann, daß in diesem Zeitraum wahrscheinlich Fegelein zusammen mit Becher uns dort einmal aufsuchten da an Angehörige meiner Batterie und auch an mich Auszeichnungen verliehen worden sind.«[19]

Sollte das die Verleihung der Kriegsauszeichnungen am Morgen nach dem großen Massaker auf dem Flugfeld von Süd-Bobruisk gewesen sein? Einer der Angehörigen dieser Schwadron hatte sich noch gut daran erinnert. Wenn nun auch der Schwadronschef von dem gleichen Ereignis spricht, dann wird Kurt Becher sehr wohl gesehen, gehört und gewußt haben. Der Kommandostab der Brigade lag an allen Orten, an denen es zu großen Massakern an den Juden gekommen ist: in Lachowitsche, in Rietschiza, in Mosyr, in Bobruisk. Sollte es allein Becher entgangen sein, wie die auch von ihm diktierten

Befehle umgesetzt wurden, wie man die Juden durch die Straßen trieb, für eine Nacht in größeren Gebäuden zusammengepfercht und anschließend erschossen hat?

Becher behauptet, vor allem Verbindungsoffizier zum Befehlshaber des rückwärtigen Heeresgebietes Mitte, General Max von Schenckendorff, gewesen zu sein. Es mag stimmen, daß er das von Fall zu Fall auch war. Im wesentlichen aber war er beim Brigadestab der SS-Kavallerie. Am 16. August 1941 wurde der Ia-Offizier, Christian Reinhardt, als Adjutant abgelöst. Am 11. und 12. August 1941 schrieben die beiden Kommandeure der Reitenden Abteilungen der beiden Regimenter ihre Berichte über die fast dreiwöchigen »Aktionen« in den Pripjetsümpfen. Und Reinhardt sagte über den Zeitraum nach Mitte August folgendes aus: »Weil ich im fraglichen Zeitraum der SS-Kavallerie nicht mehr angehörte, kann ich desgleichen nicht auf die Frage Antwort geben, ob Becher gleichzeitig der Verbindungsoffizier zum Stab des Befehlshabers des rückwärtigen Heeresgebietes Rußland-Mitte gewesen ist.«[20] Nach dieser Aussage des ehemaligen Adjutanten scheint Becher zumindest bis zum 16. August nicht Verbindungsoffizier zu von Schenckendorff gewesen zu sein. Das kann nur bedeuten, daß er die ganze Zeit beim Brigadestab war. Sollte er doch den Stab des Befehlshabers des rückwärtigen Heeresgebietes von Zeit zu Zeit aufgesucht haben: Es war nicht weit und erforderte sicherlich keine langen Abwesenheiten vom Brigadestab. General von Schenckendorff hatte nämlich sein Stabsquartier in Baranowicze.

Die beiden ersten »Säuberungsaktionen« der Regimenter dauerten vom 27. Juli 1941 bis zum 11. beziehungsweise 12. August 1941. Die SS-Kavallerie setzte ihre Grausamkeiten fort und bereitete sich keineswegs auf die »schwersten Kampfeinsätze« vor. Im Kriegstagebuch der SS-Infanterie-Brigade steht am 17. 8. 1941: »Die zweite Aktion der SS-Kavallerie-Brigade zur Durchkämmung der Pripjetsümpfe, von Auffanglinie Makaritschi-Bobrik-Bol, Gorodjatischi-Ubybaczki-Junkwicze-Luban-Urzecze-Sorchi, wurde vom SS-Kavallerie-Regiment 2 am 15. 8. 1941, vom SS-Kavallerie-Regiment 1 am 17. 8. 1941 begonnen.«[21]

Über diesen zweiten Mordzug gibt es keine Dokumente mehr; sie befanden sich wahrscheinlich in dem verlorengegangenen Kriegstagebuch der Kavallerie-Brigade. Ein paar Anhaltspunkte lassen sich trotzdem ausmachen; denn einige Täter und Augenzeugen erinnern sich sehr genau an die Ereignisse nach Mitte August 1941. Belegt und dokumentarisch gesichert ist der Mord an mindestens 14 000 Männern, Frauen und Kindern innerhalb von weniger als drei Wochen. Fakten, von denen Becher nichts gewußt haben will.

Kurt Becher ist, wie andere SS-Führer auch, im Prozeß gegen Franz Magill in Braunschweig als Zeuge gehört worden. Magill wurde am 20. April 1964 in Braunschweig wegen Mordes rechtskräftig zu fünf Jahren Zuchthaus verurteilt. In München wurde in einem Verfahren gegen Gustav Lombard auch gegen die SS-Führer des 1. Regiments und des Brigadestabes, unter ihnen Becher, ermittelt. Dieses Verfahren wurde eingestellt.

Bechers Gedächtnisausfall war sowohl in Braunschweig als auch im Münchener Verfahren total. Ein Stuttgarter Staatsanwalt war am 23. und 24. März 1964 bei der Hauptverhandlung gegen Magill in Braunschweig anwesend und hat anschließend am 2. April 1964 einen Vermerk über die für ihn interessanten Zeugenaussagen angefertigt. Über Kurt Becher schreibt er:

»Becher macht nicht den Eindruck überragender Intelligenz, aber er hat sich ganz fest darauf eingespielt, daß er sich nicht mehr erinnern kann, ganz gleichgültig, was ihm vorgehalten wird. Becher kann nur durch massives Beweismaterial überführt werden. Ein ›Merkblatt über die Behandlung der Bevölkerung‹ vom 4. 8. 1941 trägt das Diktatzeichen Becher (Be), die Stabsschreiber W. und S. bekunden auch – allerdings nur allgemein –, daß Becher ihnen diktiert habe, trotzdem bleibt Becher dabei: ›Ich kann mich an dieses Schriftstück nicht erinnern.‹ Becher will sich auch an die von Reinhardt glaubwürdig geschilderte Befehlsverweigerung gegenüber Fegelein und die anschließend geführte Unterhaltung nicht erinnern können. Er will nur wissen, daß es öfter zu Spannungen zwischen Fegelein und Reinhardt kam. Mit der Ausarbeitung von Befehlen will er nichts zu tun gehabt haben. Er war nach seinen Angaben lediglich Verbindungsmann zu dem Befehlshaber des rückwärtiges Heeresgebietes von Schenckendorff und hat dort mit einem Major Sch. verhandelt. Auch an die Auseinandersetzungen zwischen Fegelein und Paul bzw. von Z., die die Judenerschießungen nicht mehr mitmachen wollten, kann er sich nicht erinnern. Dabei ist doch mit Sicherheit anzunehmen, daß dieser Vorgang in der Brigade lebhafte Gespräche ausgelöst hat, zumal auf diesen Vorgang hin die Brigade abgelöst, in den Raum Toporetz verlegt und bei ihrer mangelnden Kampfkraft mit großen Verlusten aufgerieben wurde. […] Becher wurde später mit dem Deutschen Kreuz in Gold ausgezeichnet und erlangte sehr schnell den Rang eines Standartenführers. […]« [22]

Becher war gewohnt einsilbig, als es um Konkretes ging:

»Von den Judenerschießungen weiß ich nichts. Ich habe erst im Laufe dieses Verfahrens davon gehört. Von Partisaneneinsätzen habe ich gehört. Es wurden Einheiten eingesetzt gegen Partisanen und versprengte Truppen. Von Judenerschießungen war dabei keine Rede. Daß Meldungen über erschossene Plünderer eingingen, daran erinnere ich mich nicht. Wohl erinnere ich mich aber an Nachrichten über Kämpfe mit Partisanen usw. Es ist mir nicht bekannt, daß über Fegelein ein Befehl kam, daß die Juden zu erschießen seien.

Ich war bis November 1941 beim Stab. Von Toporetz aus kam ich ins Lazarett. Nachher kam ich nicht wieder zur Kavallerie. Mein letzter Rang bei der Waffen-SS war Standartenführer. In Rußland erhielt ich das Deutsche Kreuz in Gold. […]«[23]

1982 hat die Bremer Staatsanwaltschaft in ihrer Einstellungsverfügung über diese Aussage Bechers in Braunschweig vermerkt: »Wenn Becher deshalb als Zeuge in dem Verfahren gegen Magill am 23. 3. 1964 vor dem Schwurgericht Braunschweig ausgesagt hat, von Judenerschießungen wisse er

111

nichts, davon habe er erstmals in dem Verfahren gehört, so dürfte er vor Gericht falsch ausgesagt haben. Insofern ist jedoch Verjährung eingetreten.«[24]

Und das Ermittlungsverfahren in München? Bei der Einstellung des Verfahrens wurden zunächst einmal weitschweifige Erwägungen angestellt, daß Hitler und Himmler die Vernichtung der Juden aus Rassenhaß und somit niederen Beweggründen gewollt haben. Gegen den Regimentskommandeur Gustav Lombard ist die Staatsanwaltschaft, wie gegen andere SS-Führer auch, zum gleichen Ergebnis gekommen:

»Mit den vorhandenen Beweismitteln kann dem Beschuldigten jedoch nicht nachgewiesen werden, die von Hitler und Himmler angeordnete Vernichtung der Juden gebilligt und sich das Gedankengut, das zu den Massentötungen führte, zu eigen gemacht zu haben. Dem Beschuldigten kann auch nicht nachgewiesen werden, die Ausführung der gegebenen Vernichtungsbefehle mit Nachdruck und einverständlichem Eifer durchgesetzt und sich damit eines Verbrechens des Mordes in Mittäterschaft nach den §§ 211, 47 StGB in einer Vielzahl von Fällen schuldig gemacht zu haben.«[25]

Kurt Becher kam wieder einmal davon, auch wenn ihm die Staatsanwälte nicht glaubten:

»[…] Der Beschuldigte ließ sich dahin gehend ein, daß er mit Judenvernichtungsmaßnahmen nichts zu tun gehabt und auch nichts davon gewußt habe. Seine Aufgabe habe im wesentlichen darin bestanden, die Verbindung zwischen der Brigade und dem Stab des Befehlshabers beim rückwärtigen Heeresgebiet aufrechtzuerhalten. Zwar räumt er ein, von Partisaneneinsätzen der Brigade im Pripjet-Gebiet Kenntnis gehabt zu haben. Da er sich jedoch im Stabsquartier in Lachowicze aufgehalten habe, wisse er nicht, ob diese Partisaneneinsätze lediglich eine Tarnbezeichnung für den Mord an den Juden waren. Von Judenaktionen der Brigade will er erstmals während seiner Vernehmung erfahren haben.

Seine Einlassung ist mit Sicherheit unrichtig. Es entspricht den Tatsachen, daß der Beschuldigte auch als Verbindungsoffizier tätig geworden ist. In seiner Beurteilung vom 16. 3. 1942 wird hervorgehoben, daß er seine Aufgaben als Verbindungsoffizier zu Wehrmachtsdienststellen zur vollsten Zufriedenheit durchgeführt hat. Aus den vorliegenden Dokumenten wie auch aus den Bekundungen von Zeugen ergibt sich aber, daß er über seine Aufgabe als Verbindungsoffizier hinaus am Einsatz der Brigade mitgewirkt hat und daß ihm Auftrag und Tätigkeit der Brigade bekannt waren. [...] Seine Einlassung wird auch durch die Aussagen früherer Angehöriger der Führungsstaffel der Brigade widerlegt. [...]

Mit den vorhandenen Beweismitteln kann jedoch dem Beschuldigten Becher nicht mit hinreichender Sicherheit nachgewiesen werden, sich durch seinen Tatbeitrag des Mordes schuldig gemacht zu haben. In Ausübung seiner Tätigkeit als Ordonnanzoffizier trug er zwar dazu bei, daß die nationalsozialistischen Machthaber ihr Ziel, die jüdische Bevölkerung in den besetzten Gebieten zu vernichten, durchführen konnten. Mit den vorhandenen Beweismitteln kann ihm jedoch nicht nachgewiesen werden, daß er bei seiner Tätigkeit die verbrecherischen Ziele Hitlers und Himmlers zur Grundlage seines eigenen Handelns machte und in einverständlichem Eifer in seinem Einflußbereich dafür sorgte, daß diese Befehle rückhaltlos vollzogen wurden. [...] Die Tatsache, daß er in einer Einheit Dienst tat, die an Judenmorden beteiligt war, reicht für sich alleine noch nicht aus, um ihn eines Verbrechens der Beihilfe zum Mord zu überführen.«[26]

Wenigstens konnte die Staatsanwaltschaft München I überhaupt erkennen, daß die Juden in den Pripjetsümpfen und den sie umgebenden Städten und Ortschaften durch die SS-Kavallerie ermordet worden sind. Verantwortliche Täter und Befehlsgeber scheint es aus ihrer Sicht nicht gegeben zu haben. Es wird wohl der Geist Hitlers und Himmlers gewesen sein, der den vielen Tausenden von Menschen jeglichen Alters auf so bestialische Weise das Leben genommen hat.

Kapitel VII

Besondere Tapferkeit
vor dem hilflosen Feinde

Im Herbst 1941 zog die SS-Kavallerie-Brigade weiter durch
Weißrußland in Richtung Moskau, wo sie, wie man weiß, niemals ankam. Sie zog an Minsk vorbei und setzte südlich und
westlich von Gomel über den Dnjepr. Während der eine Teil
der Brigade sich schon über den Fluß begab, »befriedete« der
andere den Marschweg in Richtung Gomel. Am 5. Oktober
1941 machte sich die Brigade weiter auf den Weg nach Wi-
tebsk und traf am 10. Oktober 1941 in Toporetz ein, wo der
Brigadestab sein Quartier aufschlug. An der Bahnlinie Weli-
kije-Luki – Rschew setzten die SS-Kavalleristen fort, was sie
seit Beginn des Krieges mit der Sowjetunion getan hatten: Sie
»säuberten« und »befriedeten«. Sie spürten Partisanen auf,
sprengten deren Behausungen und erschossen Menschen. Wie
viele und ob nur Juden unter den gemeldeten »Partisanen«
waren, verschweigt das Kriegstagebuch der SS-Infanterie-
Brigade. Es erwähnt die SS-Kavallerie nur am Rande.

Am 20. Dezember 1941 wurde die SS-Kavallerie-Brigade
samt ihrem Kommandeur Hermann Fegelein der 9. Armee
unterstellt. Erst dann kam es zu jenen »militärischen Ereignissen« und Kampfeinsätzen, für die Becher so hoch ausgezeichnet wurde. An diesen Kämpfen jedoch hat er nicht mehr
teilgenommen. Am 15. 10. 1941 ergeht vom Chef des SS-
Führungshauptamtes Hans Jüttner, SS-Gruppenführer und
Generalleutnant der Waffen-SS, eine Verfügung an den Brigadestab und das SS-Personalhauptamt:

»Der SS-Untersturmführer d. Res. Becher, Kurt, SS-Kav.
Brigde., wird mit Wirkung vom 20. Oktober 1941 zur SS-
Kav. Ers. Abt., Warschau, versetzt. Die Versetzung ist in An-

betracht der Durchführung der vom Reichsfeldmarschall angeordneten Bereitstellung von Fachkräften aus der Landwirtschaft und der allgemeinen Wirtschaft auf jeden Fall durchzuführen. Die Stellung von Gegenanträgen ist zwecklos.

Nach Eintreffen beim Ersatztruppenteil ist die Entlassung des SS-Untersturmführer Becher durchzuführen. Entlassungsgeld und Übergangsgebührnisse sind nicht zu stellen. SS-Untersturmführer Becher ist nach Durchführung der Entlassung zur Rüstungsinspektion IX, Kassel, in Marsch zu setzen und anzuweisen, sich außerdem mündlich oder schriftlich bei der zuständigen Ergänzungsstelle zu melden.

Der Tag der Inmarschsetzung und die Durchführung der Entlassung ist dem Kommandoamt der Waffen-SS zu melden.«[1]

Becher wurde am 11. 9. 1941 zum Obersturmführer d. R. der Waffen-SS befördert. In einer Vernehmung sagte er, er habe in Warschau als Kursleiter »einen Kursus von acht bis zehn Wochen abgehalten«. Um welchen Kursus es sich handelte, ist unbekannt. Er wird diesen Kursus wahrscheinlich bei der Ausbildungs- und Ersatzabteilung der SS-Kavallerie geleitet haben, jener Einheit, in der junge SS-Leute für die Einsätze geschult wurden. Einer dieser Einsätze war die Niederschlagung des Warschauer Ghetto-Aufstandes bis zur Vernichtung des Ghettos und der wenigen überlebenden Ghetto-Kämpfer im April 1943.[2]

Becher war Ende Oktober 1941 auf dem Weg nach Berlin ins SS-Führungshauptamt, in die »Inspektion Reit- und Fahrwesen«, die Fegelein unter sich hatte. Dort traf er nicht gleich ein. Zunächst mußte er sich im Lazarett Berlin-Lichterfelde in ärztliche Behandlung begeben. Nicht etwa wegen einer Verwundung aus den »militärischen Einsätzen«: Er litt an einer Hauterkrankung. Dort blieb er bis zum Februar 1942.

Am 16. März – er hatte seinen Dienst als Sachbearbeiter in der »Inspektion Reit- und Fahrwesen« bereits aufgenommen – schlug ihn der Kommandeur schon wieder zur Beförderung vor. Becher sollte SS-Hauptsturmführer werden. Fegelein begründete den Antrag überschwenglich:

»SS-Obersturmführer Kurt Becher wurde nach Beendigung des Polen-Feldzuges im Februar 1940 zum SS-Kavallerie-Regiment 1 versetzt. Nach Absolvierung der Junkerschule Tölz übernahm er im August 1940 einen Zug der 1. Schwadron/SS-Kavallerie-Regiment 1, den er auch noch im Rußland-Feldzug führte. Bei der Vorbereitung zur Umstellung auf SS-Kavallerie-Brigade ist SS-Obersturmführer Becher als Ordonnanzoffizier in den Brigadestab versetzt worden. Er hat sowohl seinen Zug wie auch seine Aufgaben als Ordonnanzoffizier und Verbindungsoffizier zu den überstellten Wehrmachtsdienststellen zu meiner vollsten Zufriedenheit geführt und durchgeführt und sich in schwersten Situationen durch seine klare Überlegenheit ausgezeichnet. Er hat während des besonders schwierigen Winterfeldzuges viele Aufklärungen und andere schwierige Aufgaben gelöst, die für die Führung der Brigade von maßgeblicher Wichtigkeit waren. Es wird gebeten, der Beförderung per 16. 3. 1942 wegen besonderer Tapferkeit vor dem Feinde stattzugeben.

Teilnahme an Kampfhandlungen: Polen- und Rußlandfeldzug

Auszeichnungen: EK I und II

Fegelein, Standartenführer.«[3]

Welcher Winterfeldzug? Welche schwierigen Aufgaben, die für die »Führung der Brigade von maßgeblicher Wichtigkeit« waren? Und wer war der Feind, vor dem Becher solche Tapferkeit gezeigt hätte? Als die Brigade noch mit dem »Säubern« und »Befrieden« hinter der Front beschäftigt war, setzte sich Becher bereits aufgrund des Jüttner-Befehls in Marsch nach Berlin.

Fegeleins Antrag hatte überzeugt. Becher wurde am 16. 3. 1942 zum SS-Obersturmführer befördert. Im SS-Führungshauptamt lernte er auch einen Mann kennen, mit dem er sein Leben lang verbunden blieb: Dr. Hans Pinkpank, seine spätere rechte Hand in seinem Bremer Getreide- und Futtermittelkonzern. Pinkpank war im SS-Führungshauptamt Referatsleiter im Referat IVa. Beide hatten damals noch denselben Rang: SS-Hauptsturmführer.[4]

116

Becher blieb in seiner Dienststellung im SS-Führungs-hauptamt. Er sollte die SS-Kavallerie mit Pferden ausstatten. Und weil selbst der tüchtige Kurt Becher nicht zaubern konnte, bemächtigte sich die SS derjenigen deutschen Ge-stüte, die in »nichtarischer« Hand waren.

So gelangte das weltberühmte Gestüt Schlenderhan, das den Baronen Oppenheim gehörte, in den Besitz der SS. An dem erpreßten Zwangsverkauf war Becher als Verhandlungs-führer beteiligt. Dieses Gestüt hatte bereits lange vor Bechers Eintreffen in Berlin Begehrlichkeiten bei den Nazis erweckt. Schon 1940 war den Schlenderhaner Pferden der Start auf der Rennbahn München-Riem durch den NS-Gauleiter und Präsidenten des Reitvereins Christian Weber verboten wor-den. Er kündigte an, daß eine Weiterführung des Gestüts durch »Nicht-Vollarier« in Zukunft unterbunden werde. 1941 und 1942 wurde auf die Oppenheims weiter Druck ausgeübt. Nach den Nürnberger Gesetzen war die Kölner Bankiers-familie der Barone von Oppenheim seit zwei Generationen getauft und damit zwar keine Juden, aber »Mischlinge zwei-ten Grades«, ein Status, der lebensgefährlich war. Ob dieser Status den Nazis bei einer sonst üblichen Requirierung und »Arisierung« ohne Entschädigung des Gestütes im Weg stand oder ob es der Umstand war, daß die Oppenheims zu den an-gesehensten Familien in Deutschland gehörten, mag dahin stehen.

Ein enger Freund der Familie, der Bankier Robert Pferd-menges, hatte das Bankhaus Sal. Oppenheim & Cie. in Köln 1938 vor dem Zugriff der Nazis gerettet, indem er das Bank-haus übernahm und unter seinem Namen weiterführte. Nach dem Krieg gab er das Unternehmen an die Familie zurück, die ihn in ihrer Dankbarkeit zum Teilhaber machte. Robert Pferd-menges, später Mitgründer der CDU im Rheinland und Berater Konrad Adenauers, blieb bis zu seinem Wechsel in die Politik 1954 aktiver Teilhaber der Bank Sal. Oppen-heim & Cie.

Es ist wahrscheinlich, daß die SS einem solchen Schachzug wie bei der Übergabe des Bankhauses an einen Nichtjuden für das Gestüt Schlenderhan zuvorkommen wollte und sich deshalb zu einem, oberflächlich besehen, korrekten Weg entschloß, allerdings mit dem üblichen Druck.

Den Zwangsverkauf des Gestütes leitete Kurt Becher. Für die Oppenheims verhandelte Robert Pferdmenges. Becher erschien im Sommer 1942, um das rheinische Gestüt zu inspizieren. Den hohen Wert der Schlenderhaner Zucht vermochte er als erfahrener Kavallerist einzuschätzen. Als Verhandlungsführer verhielt er sich nicht nur konziliant: »Sie wissen doch. Wir haben noch andere Methoden.«[5] Um ihr Überleben nicht zu gefährden, ließ sich die Familie auf den Handel ein. Am 26. November 1942 wurde der Vertrag unterschrieben, am 1. Januar 1943 gingen der Rennstall und das Gestüt für 4,4 Millionen RM in den Besitz der Waffen-SS über. Zur Feier des sich abzeichnenden Vertragsabschlusses, der für die Oppenheims eine furchtbare Demütigung gewesen sein muß, wurde Baron Friedrich Carl von Oppenheim am 16. November 1942 von Jüttner ins SS-Führungshauptamt zu einem Frühstück »anläßlich der Übernahme des Rennstalls und Gestüts Schlenderhan« geladen. Am Jahresende 1942, und das war ein Teil des Handels, schrieb der Chef der Reichskanzlei und Reichsminister Lammers an Waldemar von Oppenheim:

»Sehr geehrter Herr Oppenheim!
In Würdigung des von Ihnen beim Verkauf von Gut, Gestüt und Rennstall Schlenderhan an den Tag gelegten Entgegenkommens hat der Führer angeordnet, daß Ihnen und Ihren Angehörigen aus Ihrer nicht rein arischen Herkunft keine Nachteile erwachsen sollen, die sich nicht zwingend aus hierfür bestehenden allgemeinen Bestimmungen ergeben. Diese Anordnung des Führers ist in einer Bescheinigung niedergelegt, die ich Ihnen anbei übersende.

Sollten Ihnen gleichwohl Schwierigkeiten entstehen, die sich mit der Anordnung des Führers nicht in Übereinstimmung befinden, so stelle ich Ihnen anheim, mich davon zu unterrichten, damit ich dann das Erforderliche veranlassen kann.

Heil Hitler! Ihr sehr ergebener
gez. Dr. Lammers.«[6]

Auf diesen zynischen Schutzbrief, der der Familie Oppenheim das selbstverständliche Menschenrecht auf Leben und Unversehrtheit in großer Geste garantierte, war Becher überaus stolz, und zwar bis in die letzten Monate seines Lebens. Nach seiner Überzeugung war der »Schutzbrief mehr wert als eine Million Mark, mehr Wert als der Kaufpreis der Pferde«.[7] Becher ließ unverhohlen durchblicken, daß ihm die Familie Oppenheim durch diesen Coup ihr Leben verdanke. Mit der ihm eigenen Selbstzufriedenheit brüstete er sich, daß für Waldemar von Oppenheim und seine Familie im Prinzip alles beim alten geblieben sei. Die Familie »durfte« auf dem Gut bleiben, der altgediente Gestütsleiter Graf Sponeck auch, es gab lediglich »zwei Pferdepfleger in SS-Uniform« auf dem Gestüt.[8]

Nach diesem erfolgreichen Deal warteten auf Becher neue Aufgaben, neue Beförderungen und hohe Auszeichnungen. Am 1. Dezember 1942 wurde er aus dem SS-Führungshauptamt vorübergehend zu Fegelein beordert, als Adjutant zur »Kampfgruppe Fegelein«. Mit Wirkung zum 27. Dezember 1942 beförderte ihn Himmler am 16. März 1943 zum SS-Sturmbannführer (Major). Am 20. Februar 1943 kehrte Becher nach Berlin ins SS-Führungshauptamt zurück.

In der Zwischenzeit hatte er tatsächlich einmal als Fegeleins Adjutant an »militärischen Kampfeinsätzen« teilgenommen. Mit seinen eigenen Worten:

»Als im Winter 1942 die Kämpfe an der Ostfront, besonders im Donraum, eine gefährliche Wendung nahmen, wurden zur Unterstützung in dem Raum, in dem ungarische, italienische und rumänische Einheiten eingesetzt waren, deutsche Kampftruppen neu gebildet und als Korsettstangen eingesetzt. Ich wurde im Dezember 1942 der Kampfgruppe Fegelein zugeteilt. Bei dieser Kampfgruppe handelte es sich um eine rein militärische Formation, die in aller Eile aus allen möglichen Einheiten des Heeres und der Waffen-SS zusammengestellt war. Hier habe ich verschiedene Einheiten im härtesten Kampf gegen den russischen Einbruch geführt. Ich erwarb mir hierbei neben dem Infanterie-Sturmabzeichen und der

119

Nahkampfspange in Bronze das Deutsche Kreuz in Gold. Die Kämpfe, in deren Verlauf die Kampfgruppe völlig aufgerieben wurde, dauerten bis März 1943. Von Dezember 1942 bis März 1943 stand ich ununterbrochen an der Ostfront.«[9]

Es waren noch andere an der Donfront dabei. Italien, Ungarn und Rumänien waren als Mitglieder der »Achse« mit Hitler-Deutschland verbündet. Besonders Rumänien und Ungarn hatten seit langem restriktive »Judengesetze«. Es gab in Ungarn einen »Arbeitsdienst« für jüdische Männer. Darunter verstand man gewöhnlich Zwangsarbeit, aber nicht immer. An der Donfront waren ungarisch-jüdische Arbeitskolonnen als »Minensucher« eingesetzt. Man trieb die wehrlosen Männer auf ein Minenfeld. Wenn eine Mine hochging und einen Mann zerriß, wußten die Soldaten, wo nicht gut zu kämpfen war.

An dieser Front hat sich Becher nach eigenen Worten im »härtesten Einsatz« bewährt und das Deutsche Kreuz in Gold erhalten. Ganz so lange, wie er behauptete, war er nicht dabei: am 20. Februar 1943 kam er wieder nach Berlin zum sofortigen Wiederantritt seines Dienstes im Amt VI, der Inspektion Reit- und Fahrwesen.

Ein Mann aus der 1. Schwadron des SS-Kavallerie-Regiments 1 kannte Becher noch aus der Zeit in Warschau und traf ihn später wieder: »Ich erinnere mich noch an einen Schwadronsangehörigen namens Kurt Becher, den ich 1943 in Pelters als Sturmbannführer wiedersah. Er war in unserer Schwadron Offiziersanwärter und meiner Erinnerung nach als stellvertretender Zugführer eingesetzt. In Pelters trug er das Deutsche Kreuz in Gold.«[10]

Und ein anderer:

»Abgesehen von meinem damaligen Chef, SS-Sturmbannführer Becher, sind mir Namen von Vorgesetzten und Kameraden nicht mehr in Erinnerung. [...] Über die Reit- und Fahrschule München-Riem beziehungsweise den Ersatz-Haufen der SS-Kavallerie in München kam ich dann im Juni 1942

120

zum SS-Kavallerie-Gestüt nach Lauvenburg am Niederrhein. Abgesehen von einer kurzen Unterbrechung war ich in Lauvenburg bis Ende Mai 1944. In der Zeit zwischen August 42 und Januar 43 war ich zum SS-Kavallerie-Remonteamt in Hamburg kommandiert.«[11]

Becher pflegte zu diesem Mann auch später noch Kontakt. Am 25. April 1944 schrieb er aus Budapest an den »lieben Kamerad H.« und informierte ihn, daß er zur Zeit »mit anderen Aufgaben« beschäftigt sei.[12]

Auch das Gestüt Lauvenburg war seinem rechtmäßigen Besitzer weggenommen und der SS einverleibt worden. Dort konnten sich die Kavallerie-Offiziere mit den schönsten Pferden bedienen.

Nach eigener Aussage war Becher im Oktober 1943 noch einmal für zwei Monate bei der 8. SS-Kavallerie-Division am Dnjepr. Das ist zu bezweifeln. Im Januar 1944 wurde wieder einmal eine Beförderung fällig. Hermann Fegelein, Chef des Amts VI im SS-Führungshauptamt, begründete seinen Vorschlag, Becher zum SS-Obersturmbannführer (Oberstleutnant) zu ernennen, sogar handschriftlich, von einer Schlacht am Dnjepr ist nicht die Rede, obwohl Fegelein sonst nichts ausläßt und seinen Stellvertreter gar nicht genug loben kann:

»Becher [unleserlich] ist strebsam und vom besten Willen beseelt. Seine geistige Begabung ist als hervorragend zu bezeichnen. Im Urteil ist er klar und bestimmt und im Entschluß wach und sicher. Seine militärischen Leistungen sowie sein Organisationstalent und die Arbeit als stellv. Amtschef VI befähigen ihn ganz besonders zu höheren Aufgaben. Der Charakter von B. ist gediegen und verlässig. Er ist fest und reif. Sein Wesen ist gewinnend und entgegenkommend und trotzdem gemessen. [Unleserlich] Guter Kamerad. [Unleserlich] Es ist ihm nichts zu viel. Seine Umgangsformen sind gewandt. [Unleserlich] Draufgängerisch und kühn. Schont sich nicht. [Unleserlich]
Rußlandfeldzug: Winterschlacht 1941/42 Rschew
Winterschlacht 1942/43 am Donbogen.

Auszeichnungen: KVK II. Klasse, EK II. Klasse, EK I. Klasse, Ostmedaille, Inf-Sturmabzeichen in Silber, Bedingungen für Nahkampfspange 1. Stufe erfüllt, Deutsches Kreuz in Gold.

B. ist einer Beförderung ganz besonders wegen seiner sehr über dem Durchschnitt liegenden Leistung würdig.«[13]

Von Bechers angeblicher Beteiligung am Dnjepr weiß sein Kommandeur nichts. Der Reichsführer SS Heinrich Himmler verschloß sich der Bitte Fegeleins zur Beförderung seines für »höhere Aufgaben« befähigten Becher nicht. Am 30. Januar 1944 schreibt er ihm kurz und bündig: »Ich befördere Sie mit Wirkung vom 30. Januar 1944 zum SS-Obersturmbannführer der Reserve der Waffen-SS.«[14]

Damit hatte Becher denselben Rang wie Adolf Eichmann als Oberstleutnant bei der Wehrmacht. Kurze Zeit später sollten sich beide in Budapest treffen.

Kapitel VIII

Hochzuverehrender Reichsführer!
Lieber Becher!

Ungarn war als Mitglied der Achsenmächte Verbündeter Nazi-Deutschlands, wenn es auch gelegentlich in einigen Punkten die Linientreue vermissen ließ, an der den Deutschen lag. Ungarn, obwohl traditionell antisemitisch, hatte dennoch ein einziges Mal durch seinen Gesandten in Berlin, Döme Sztojay – nach der Okkupation Ministerpräsident von Hitlers Gnaden –, bei den Deutschen protestieren lassen. Als die in Frankreich lebenden ungarischen Juden gezwungen wurden, den gelben Stern zu tragen, beschwerte sich Sztojay im Auftrage des damaligen ungarischen Ministerpräsidenten Miklós Kállay. Das war im Sommer 1942.

Im Oktober desselben Jahres fragte Sztojay im Auftrag des Ministerpräsidenten sogar an, ob den Juden im Osten, wohin sie gebracht würden, auch eine gesicherte Existenz ermöglicht würde; man hätte die schlimmsten Gerüchte gehört.[1] Unterstaatssekretär Martin Luther im Auswärtigen Amt in der Abteilung Deutschland sein Gesprächspartner, beruhigte ihn, daß die ungarischen Juden, wie alle evakuierten Juden zunächst »zum Straßenbau Verwendung fänden« und später in einem »Judenreservat« untergebracht würden.[2]

Dabei ging es den ungarischen Juden im eigenen Land auch keineswegs rosig. Bereits seit 1938 hatte es die ersten Judengesetze gegeben, die den Juden die Ausübung bestimmter Berufe verboten und sie enteigneten. Der Staat bemächtigte sich des jüdischen Vermögens zur »treuhänderischen Verwaltung«.

Die Regierung von Miklós Kállay amtierte 1942 bis 1944, in dem Zeitraum, als Deutschland die Juden Europas, soweit es ihrer habhaft werden konnte, in den Osten deportierte. Die deutschen Behörden versuchten, auch Miklós Kállay zu bewegen, die ungarischen Juden zur Verschleppung – und letztlich Ermordung – freizugeben. Kállay lehnte ab. Zwar verschärfte er den Arbeitsdienst für jüdische Männer und trieb die Enteignung voran, aber er weigerte sich, einer Deportation zuzustimmen. Der ungarische Gesandte in Berlin zeigte großes Verständnis für die Deutschen. In einem Brief an Kállay, der Ende April 1943 geschrieben ist, verwandte er sich geradezu leidenschaftlich für das deutsche Ansinnen. Deutschland betrachte sich, so Sztojay an seinen Ministerpräsidenten, als »im Kampf auf Leben und Tod mit den Juden stehend«, und der Reichskanzler habe beschlossen, »Europa judenfrei zu machen«. So habe Hitler angeordnet, bis zum Sommer 1943 alle Juden aus Deutschland und den deutschbesetzten Gebieten nach Osten abzuschieben. Die meisten Achsenmächte würden dieser Aufforderung nachkommen. Sztojay: »In meinem Bericht Nr. 23/pol. 1943 erwähnte ich, daß maßgebliche deutsche Kreise mir freiheraus und ohne Umschweife erklärt haben, die Judenfrage sei sozusagen das einzige Hindernis, das einer Vertiefung der deutsch-ungarischen Beziehungen im Wege stehe.«[3] Die »maßgeblichen deutschen Kreise« bearbeiteten den Gesandten weiter, zuletzt sogar Reichsaußenminister Ribbentrop. Der Brief an Kállay, so schien es, hatte seine Wirkung nicht verfehlt. Sztojay konnte in Berlin berichten, daß Ministerpräsident Kállay nunmehr »die Einführung durchschlagender antijüdischer Maßnahmen in Erwägung« ziehe, bestehe jedoch darauf, daß den deportierten ungarischen Juden eine »Existenzmöglichkeit« gelassen werde. Die deutschsprachige »Donauzeitung« aus Belgrad druckte am 1. Juni 1943 einen Auszug aus Kállays Rede zu diesem Thema:

»Es leben in Ungarn mehr Juden als in ganz Westeuropa zusammen. […] Es ist selbstverständlich, daß wir diese Fragen zu lösen trachten müssen. Es ergeben sich die Notwendigkeiten vorübergehender Maßnahmen und einer entsprechenden Regelung. Die endgültige Lösung kann aber keine andere sein als die restlose Aussiedlung des Judentums. Ich kann mich aber nicht dazu hergeben, dieses Problem auf der Tagesordnung zu halten, solange die Grundbedingung der Lösung, nämlich die Beantwortung der Frage, wohin die Juden auszusiedeln sind, nicht gegeben ist. Ungarn wird nie vom Wege seiner Humanität abweichen, die es im Laufe seiner Geschichte auf rassischem und konfessionellem Gebiete stets geübt hat.«[4]

Nun war die Humanität gegenüber den Juden im faschistischen Ungarn nicht allzu groß gewesen. Daß Kállay die Sorge um das ungarische Judentum nicht so sehr umtrieb wie der Versuch einer vorsichtigen Annäherung an die Westalliierten, darf eher vermutet werden. Als Miklós Kállay im August 1943 in einer Rundfunkrede die Notwendigkeit eines Friedens für Ungarn beschwor, war der Reichsregierung in Berlin klar, daß nach Italien auch Ungarn aus der Achse strebte. Es dauerte allerdings noch fast sieben Monate, bis Hitler am 15. März 1944 das ungarische Staatsoberhaupt, den Reichsverweser Admiral Miklós Horthy, zwang, die Regierung Kállay zu entlassen. Dazu war Horthy auf das Schloß Kleßheim bei Salzburg zitiert worden, wo ihn Hitler beschuldigte, einen Separatfrieden mit den westlichen Alliierten anzustreben, und ihn vor die Wahl stellte, entweder eine deutsche Besetzung Ungarns zu akzeptieren oder eine den Deutschen genehme Regierung einzusetzen. Horthy gab nach und entschied sich für eine Quisling-Regierung. Aber es sollte nicht viel nützen, daß er den bisherigen ungarischen Gesandten in Berlin, Döme Sztojay, zum Ministerpräsidenten berief: Am 19. März 1944 marschierten die deutschen Truppen in Ungarn ein. Am 22. März nahm die neue Regierung die Amtsgeschäfte auf.

Wenige Tage nach Beginn der deutschen Okkupation fand sich auch SS-Obersturmbannführer Kurt Becher mit seinem Stab in Budapest ein: als Sonderbeauftragter Himmlers. Becher unterstand weiter dem SS-Führungshauptamt. In Budapest berichtete er dem Höheren SS- und Polizeiführer Otto Winkelmann, dem obersten Gestapochef von Budapest. Becher war Leiter des SS-Wirtschaftsstabes in Ungarn. Er sollte Pferde und Ausrüstungsgegenstände für die SS beschaffen. Sein wirklicher Auftrag aber ging weit darüber hinaus.

Becher hat in seinen späteren Aussagen immer betont, er habe nur für Pferde und Ausrüstung sorgen sollen. Dabei sei ihm eher zufällig der Manfred-Weiß-Konzern für die SS angeboten worden. Davon stimmt kein Wort. Bechers tatsächlicher Auftrag lautete, vor allem anderen und möglichst schnell den Konzern in die Gewalt der SS zu bringen. Das Unternehmen war ein Riesenwerk der rüstungswichtigen Industrie, das von der Nadel bis zum Flugzeug so ziemlich alles aus Stahl produzierte, was die Begehrlichkeit der SS weckte. Zum Konzern gehörten aber auch Textilwerke und zwei Landgüter.

1944 war es für Nazi-Deutschland nicht mehr einfach, Stahl im neutralen Ausland zu kaufen. Das Ruhrgebiet mit seiner Schwerindustrie war bombardiert worden. Das neutrale Schweden hatte Deutschland mit Stahl für seine Kriegsmaschinerie versorgt.

Nun waren nach der Besetzung Ungarns die Manfred-Weiß-Werke in die Hand der Nazis gelangt. Der Konzern hatte 1944 mindestens 30000 Arbeitskräfte. Der amerikanische Historiker Randolph Braham spricht in seinem Buch *The Politics of Genocide. The Holocaust in Hungary* sogar von 40000.[5]

Es war nicht ganz unproblematisch, das Unternehmen der SS einzuverleiben. Wie bei Schlenderhan mußte ein scheinlegaler Weg gefunden werden.

Kurt Becher war in dieser Sache der richtige Mann am richtigen Platz. 49 Prozent der Anteile des Milliardenkonzerns befanden sich in der Hand des ungarischen Staates, zur »treuhänderischen Verwaltung«; denn diese 49 Prozent waren jüdisches Kapital. 51 Prozent waren noch formell in »arischer« Hand der Familien Weiß geblieben. Die Familien Weiß waren ein Verband von etwa 60 Menschen, Juden, getauften Juden und zum Teil »Arier«. Nun war es Bechers Aufgabe, den »arischen« Teil des Vermögens in die Hand zu bekommen und ihn seinem »hochzuverehrenden Reichsführer« zu Füßen zu legen. Es bestand zwischen Himmler und Becher ein so herzliches Verhältnis, daß Himmler den SS-Obersturmbannführer mit »Lieber Becher« in seinen Briefen ansprach, Becher aber eine besondere Formel wählte. Er begann seine

Briefe an Himmler mit »Hochzuverehrender Reichsführer« und schloß sie mit »Reichsführers gehorsamster Becher«. Dies war keine gängige Floskel – außer Becher begann und schloß nur noch ein Mann in Budapest seine Briefe an Himmler auf die gleiche Weise: der Höhere SS- und Polizeiführer Otto Winkelmann. Becher befand sich mit seiner Unterwürfigkeit in bester Gesellschaft.[6]

Wenige Tage nach der deutschen Besetzung Ungarns erschien also des Reichsführers gehorsamster Becher mit seinem Stab. Ein standesgemäßes Quartier für den Herrenreiter stand bereit: Drei Villen in der Andrássy út 114 bis 116. Es wird kein Zufall gewesen sein, daß Becher die elegantesten Häuser Budapests beziehen durfte, die Stadtvillen der Familie Weiß. Becher selbst sah natürlich keinen Zusammenhang mit seinem Auftrag. Das jedenfalls behauptete er in seiner Vernehmung zum Eichmann-Prozeß:

»Als ich im März 1944 mit meinem Stab nach Ungarn kam, wurden mir für meinen Stab durch die Wehrmachtskommandatur drei Einzelhäuser zugewiesen. Ich stellte fest, daß diese der Familie Weiß gehörten, und habe daraufhin um einen Vertreter der Familie Weiß gebeten, damit ordnungsgemäß eine Inventarliste gemacht werden konnte. Es meldete sich bei mir ein Herr Dr. Billitz. Mit diesem kam ich über meine Aufgabe, Ausrüstungsgegenstände zu beschaffen, ins Gespräch. Dr. Billitz meinte, daß ich mit dem maßgebenden Herrn des Manfred-Weiß-Konzerns – Dr. Franz Chorin – Verbindung aufnehmen sollte. Dieser allein könne mir bei meinem Auftrag behilflich sein. Dr. Chorin war damals in Haft. Es ist mir aber gleichwohl gelungen, die Verbindung herzustellen. Dr. Chorin war anfänglich der Meinung, es sollte zwecks Ankaufs eine ungarische Firma gegründet werden, äußerte dann aber später, daß auch auf diese Weise die Beschaffung der Ausrüstungsgegenstände wohl nicht zu erreichen sei. Im Verlaufe der freundschaftlichen Gespräche, die ich damals mit Dr. Chorin geführt habe, unterbreitete er mir eines Tages den Vorschlag, Deutschland möge den Manfred-Weiß-Konzern beziehungsweise die formell in nichtjüdischen Händen befindlichen Anteile übernehmen, dafür aber Mitgliedern der Familie die Ausreise gestatten. Himmler genehmigte auf meinen Vorschlag hin den Abschluß eines Treuhandvertrages und befahl, daß SS-Obersturmbannführer Bobermin und ich mit in die Leitung des Konzerns berufen werden sollten.«[7]

Um Bechers Lügen zu entlarven, muß man vorgreifen. Die Geschichte der Transaktion verlief völlig anders. Nachdem es Becher gelungen war, den Konzern an sich zu bringen, durften 47 Mitglieder der Weiß-Familien Ungarn verlassen. Ein kleinerer Teil reiste in die Schweiz, ein größerer nach Portugal. Von dort aus fuhr die Familie in die USA. In Lissabon fertigte die amerikanische Botschaft ein vertrauliches Papier über die wahre Geschichte der Manfred-Weiß-Transaktion an. Botschaftsattaché Daniel Hanley hatte nach vielen Gesprächen mit den Mitgliedern der Familie dieses Dokument am 3. Juli 1945 verfaßt.

So hatte die Gestapo sofort nach der Besetzung Ungarns versucht, Dr. Chorin und die anderen Mitglieder der Weiß-Familie ausfindig zu machen. Chorin und sein Schwager, Baron Moricz Kornfeld, waren geflohen und hielten sich in der Abtei Zirc versteckt. Dort wurden sie kurze Zeit später entdeckt, von der Gestapo unter Schlägen und Folter verhört und anschließend ins Konzentrationslager Oberlanzendorf gebracht. Aus dem Hanley-Papier:

»Am 2. April wurden Baron Eugen Weiß und sein Sohn Georg durch die Gestapo verhaftet und in überfüllten Zellen gefangen gehalten. Die Suche nach Baron Alfons Weiß und anderen Mitgliedern der Familie blieb ohne Erfolg. Am 2. April wurde Eugen Weiß von der Gestapo aus der Haft abgeholt und zu seinem Haus gebracht, wo kurz vorher Kurt Becher, ein höherer Offizier (Obersturmbannführer) der Waffen-SS, angekommen war. Dieser erklärte ihm nun, er, Becher, sei durch den Reichsführer SS (Himmler) autorisiert, für die Waffen-SS in Ungarn Wirtschaftsfragen zu verhandeln. Becher erklärte, daß eine Freilassung und Ausreise für Baron Eugen Weiß und die anderen Mitglieder der Familie möglich seien, wenn eine befriedigende Lösung gefunden werden könne. Dabei erwähnte Becher sein Interesse am Manfred-Weiß-Konzern. Baron Eugen Weiß wies darauf hin, daß ein Teil der Eigner des Manfred-Weiß-Konzerns arisch wären, und verwies auf Dr. Billitz, einen Manager des Konzerns. Er selbst, Eugen Weiß, habe gewöhnlich keine finanziellen Transaktionen für den Konzern durchgeführt.«[8]

So also kam Dr. Billitz ins Haus, nachdem Eugen Weiß bereits aus der Haft dort vorgeführt worden war. Ihm gegenüber hatte sich Becher als der große Mann, der er ja auch in Ungarn war, präsentiert, der autorisiert war, ihm und seiner Familie die Ausreise aus dem deutschen Machtbereich in Aussicht zu stellen. Falls es zu einer »befriedigenden Lösung« käme. Becher machte deutlich, daß unter »befriedigende Lösung« die Übergabe des Konzerns an die SS, also an ihn, zu verstehen sei. Und Billitz kam nicht, um eine »ordnungsgemäße Inventarliste« aufzunehmen, sondern auf Befehl Bechers. Es war nicht Dr. Ferenc Chorin, der im Konzentrationslager Oberlanzendorf eingesperrt und somit nach Bechers Erinnerung »in Haft« war, der den Vorschlag machte, »Deutschland möge den Manfred-Weiß-Konzern übernehmen«.

Wieder ist ein Vorgriff nötig, um Bechers verschiedene Versionen zu hören, die er über den angeblichen Vorschlag Chorins zum besten gab. 1945 ist Becher von den Amerikanern, in deren Gefangenschaft er war, nach Budapest ausgeliehen worden, weil er dort Aussagen zur faschistischen ungarischen Regierung machen sollte, gegen die der Kriegsverbrecherprozeß vorbereitet wurde. Ausgeliehen wurde Becher als »amerikanisches Eigentum«, gegen Rückgabequittung. Von den Amerikanern wurde er auch im Januar 1946 wieder zurückgefordert. Die Ungarn konnten dagegen nichts unternehmen. Sie wußten genau, wen sie vor sich hatten und wieder zurückgeben mußten. Ihre späteren Auslieferungsanträge wurden nicht einmal beantwortet.

In seiner Aussage im November 1945 in Budapest wurde Becher etwas deutlicher über die Art, wie es »ihm gleichwohl gelang«, Kontakt zu Dr. Chorin herzustellen:

»In bezug auf die Manfred-Weiß-Transaktion möchte ich sagen, daß sie eine Idee von Dr. Chorin war. Auf Chorin lenkte Dr. Billitz, ein Direktor der Donau-Flugzeugwerke, meine Aufmerksamkeit. Dr. Billitz wollte wahrscheinlich Chorin protegieren, als er mich auf diesen aufmerksam machte, und zwar in dem Sinne, daß er hier auf dem ungarischen Markt ein gutinformierter Kaufmann sei, und wenn ich in Budapest Ergebnisse erreichen wollte, dies über Chorin am besten realisieren könne. Billitz war also der Vermittler zwischen Chorin und mir. In der Begleitung von Dr. Billitz befand sich Ferenc Máriássy, ein Prokurist der Manfred-Weiß-Fabrik, der bei dieser Vermittlung eine kleinere Rolle spielte als Billitz. Später hatte er einen Autounfall und nahm an den Verhandlungen nicht mehr teil. [...] Chorin befand sich in einem Sammellager in Wien, wo ich ihn einmal besuchte, nachdem mich Billitz auf ihn aufmerksam gemacht hatte. Dort sagte ich Chorin, daß man mich auf ihn als einen Menschen aufmerksam gemacht hatte, der nicht nur im Metallfach versiert sei, sondern ebenso im Leder- und Textilfach und allen anderen Fächern und der zu führenden Persönlichkeiten dieser Industriezweige entsprechende Verbindung habe. Chorin reagierte und sagte: ›Ja, ich bin der richtige Mann für Sie und stehe Ihnen auch gern zur Verfügung. Doch dazu müssen Sie mir die Möglichkeit verschaffen, aus dem Lager herauszukommen; so kann ich unmittelbare Verbindungen schaffen, durch die Sie die verschiedenen Industrieartikel beschaffen können. Die Leitung dieses Amtes übernehme ich.‹

Chorin versicherte mir auch, die ganze Angelegenheit diskret zu behandeln, niemand würde erfahren, daß er aus dem Lager herauskam und nach Hause gelangte. Er bat mich, ihn mitzunehmen. Ich hatte dazu keine Vollmacht, und es war mir nicht möglich, Chorin aus dem Lager herauszuholen. An höherer Stelle veranlaßte ich dann, daß Chorin aus dem Lager geholt wurde; ich sandte dazu einen meiner Leute hin. Ich hatte mich mit meinem Amt in den Villen der Familie Chorin, Weiß und Mauthner eingerichtet. In den Villen in der Andrássy út 114 bis 116 und in der Villa Lendvay utca. Danach traf Chorin in Budapest ein.«[9]

Man kann sich die Bereitwilligkeit des Seniorchefs der Familie vorstellen. Man hatte ihn in ein Konzentrationslager gesperrt, seine Mitgefangenen wurden gequält und ermordet, und für den alten Herrn bedurfte es nur geringer Phantasie, sich vorzustellen, wie lange er dort überleben würde. In dieser Situation erscheint der SS-Obersturmbannführer Becher, ausgestattet mit allen Insignien der Macht der jetzt Herrschenden. Er bietet dem alten Herrn ein Gentleman's Agreement an um den Preis seines und seiner Familie Leben und Freiheit. Wie hätte sich Chorin in seiner Angst nicht als der »richtige Mann« für Becher fühlen sollen? Es ging um Leben und Tod, und Chorin wußte das. Die Deutschen hatten seit Beginn der Okkupation keinen Zweifel daran aufkommen lassen. Das »Amt Eichmann« war ebenfalls in Budapest und hatte seine blutige Arbeit aufgenommen. Aus den nordöstlichen Provinzen Ungarns waren die Juden bereits nach Auschwitz deportiert worden.

Was hätte Ferenc Chorin anderes denken sollen, als daß Becher sehr wohl in der Lage sein würde, andere Saiten aufzuziehen als die der »friedlichen Verhandlung«?

Chorin wurde nach Budapest gebracht. Solange der Übergabevertrag nicht abgeschlossen war, wohnte er in seinem eigenen Haus in der Andrássy út. Unter Hausarrest, nicht als Hausherr.

Und nun begann in aller Heimlichkeit ein Tauziehen um den größten ungarischen Industriekonzern. Heimlich, denn die ungarische Regierung, Anteilseignerin der 49 Prozent jüdischen Kapitals, sollte nicht Wind von der Angelegenheit bekommen, bevor alles unter Dach und Fach wäre. Unter den eigenen Leuten hatten Becher & Co ebenfalls einen Konkurrenten ausgemacht: die Hermann-Göring-Werke, in denen alle übrigen gestohlenen und konfiszierten Betriebe aufgingen. Auch sie sollten den Manfred-Weiß-Konzern nicht bekommen, der sollte allein der SS gehören. Diskretion auch den eigenen Leuten gegenüber war also geboten. Noch nicht einmal Edmund Veesenmayer, der deutsche Gesandte in Ungarn, durfte davon wissen. Erst nachdem die Familie Weiß das Land verlassen hatte, wurde Veesenmayer von Winkelmann informiert und mußte sich dann mit den ungarischen Protesten auseinandersetzen. Warum auch Veesenmayer für Becher und Winkelmann nicht vertrauenswürdig genug war, von dieser Transaktion zu erfahren, bevor sie abgeschlossen war, ist unbekannt. Veesenmayer war sonst nämlich nicht zögerlich, wenn es darum ging, sich an ungarisch-jüdischem Vermögen zu bereichern.

So blieb zunächst alles streng geheim. Vor allem sollte die Transaktion so aussehen, als seien Verträge zwischen gleichberechtigten Partnern zustande gekommen. Becher, ein zäher und gerissener Verhandlungspartner, noch dazu exponierter Angehöriger der SS, schloß mit der Familie Weiß vier Verträge.

Der erste Vertrag: Die von Becher geleitete Gruppe kauft einem nichtjüdischen Mitglied der Familie einen kleinen Betrieb ab, die »Hausverwaltungs- und -verwertungs AG«.

Im zweiten Vertrag und den dazugehörenden Vereinbarungen übergeben die unterzeichnenden Familien sämtliche angeführte Aktien der Holding-Gesellschaft dieser »Hausverwaltungs- und -verwertungs AG« zur »vertraulichen Verwaltung«.

Im dritten Vertrag verpflichten sich die Deutschen, der Familie nach Ablauf von 25 Jahren das Gesamtvermögen zurückzugeben, falls die SS nicht von ihrem vertraglich zugesicherten Vorkaufsrecht Gebrauch gemacht haben würde.

Für die SS hat Kurt Becher die Verträge unterzeichnet. Alles sieht auf den ersten Blick wie ein Handel unter Geschäftsleuten aus.[10]

Allerdings heißt es im zweiten Vertrag unter dem Absatz V: »Während der Vertragsdauer erhält die Hausverwaltungs- und -verwertungs AG für ihre Tätigkeit als vertraulicher Vermögensverwalter fünf Prozent vom Umsatz der angeführten Gesellschaften.«[11] Vom Umsatz, nicht vom Gewinn. Der SS wäre ohne weitere Anstrengung der Konzern einfach zugefallen, denn die Verschuldung des Unternehmens wäre von Jahr zu Jahr gestiegen. Weitere Repressalien hätten sich damit erübrigt.

Der guten Ordnung halber erhielt SS-Obersturmbannführer Becher noch eine Generalvollmacht:

»Hiermit erklären Unterzeichnete, daß wir für die Dauer von 25 Jahren SS-Obersturmbannführer Kurt Becher zur Betreuung unserer vermögensrechtlichen Belange eine unwiderrufliche Vollmacht übertragen. Herrn Becher ermächtigen wir zur uneingeschränkten Vertretung vor Gerichten und Behörden, zur Übernahme von Vorladungen durch Gerichte und Behörden sowie sonstiger zugestellter Schriften. Diesen gegenüber soll er Rechtsmittel, unser mobiles und immobiles Vermögen – Bankforderungen und Hinterlegungen inbegriffen – in Anspruch nehmen und so darüber verfügen wie wir.

Wir ermächtigen SS-Obersturmbannführer Becher, diese uneingeschränkte Vollmacht Rechtsanwälten zu übertragen.

Diese uneingeschränkte Vollmacht besitzt nur für Ungarn Gültigkeit.

Budapest, 17. Mai 1944«[12]

Dann folgen die Unterschriften aller erwachsenen Mitglieder der Familien Weiß.

Der Schweizer Journalist Kurt Emmenegger hat Anfang der sechziger Jahre in der Schweizer Zeitschrift *Sie und Er* eine siebzehnteilige Serie über Bechers Aktivitäten in Ungarn geschrieben, die ebenfalls den Titel *Reichsführers gehorsamster Becher* trug. Emmenegger hat mit Zeugen aus Ungarn, die ihm damals zur Verfügung gestanden haben, dieses Treffen am 17. Mai 1944 rekonstruiert:

»Dr. Billitz übernimmt es, die zur Ausreise bestimmten Mitglieder der Manfred-Weiß-Familien zusammenzutrommeln, auch jene, die bisher in sicheren Verstecken untergebracht waren oder die von antijüdischen Maßnahmen Eichmanns nichts zu befürchten gehabt hätten, weil sie Arier sind. Hans von Mauthner, bis 1944 Direktor der Sigg Aluminium-Werke und im November 1946 vorübergehend nach Ungarn zurückgekehrt, schildert vor einer Art ungarischer Entnazifizierungskommission die Vorgänge. Seine Darstellung wird durch die Aussagen anderer Familienmitglieder untermauert:

›Am Morgen des 17. Mai 1944 hat mich Dr. Billitz angerufen. Ich wohnte damals im Hotel Ritz bei De Bavier und

Dr. Robert Schirmer. Ich wurde auf nachmittags vier Uhr in die Budakeszi út 79 bestellt. Wir waren alle sehr nervös, denn wir wußten zwar im Prinzip, worum es sich handelte, waren aber keineswegs sicher, ob die Sache wirklich gelingen würde. Wir wußten ja immerhin, daß bereits damals Hunderttausende von Juden in Ghettos zusammengetrieben waren. Unsere Nerven waren bis zum Zerreißen gespannt.‹

Man kann sich die Situation leicht vorstellen. Billitz hat nämlich betont, daß pro Kopf nur 50 Kilo Gepäck mitgenommen werden dürfen. Die einzelnen Familien begeben sich in die ziemlich weit außerhalb des Stadtzentrums gelegene Budakeszi út und finden die Sommerhäuser von schwer bewaffneten SS-Soldaten umstellt. Weder Dr. Chorin noch Dr. Billitz sind anwesend. Die SS-Wachen, meist ungarische Volksbundisten, sind zu den Millionären nicht sehr freundlich. Niemand darf das Haus verlassen. Und so bemächtigt sich der ungewiß Harrenden eine begreifliche Panik: das Schreckgespenst Auschwitz steht vor ihren Augen. […] Träge schleichen die Stunden dahin, unerträglich langsam. Chorin und Billitz sind noch immer nicht da. Es ist fast nichts zu essen im Haus. Die Kinder werden unruhiger und ängstlicher. Was ist los? Was wird geschehen?

Endlich, gegen Mitternacht, fahren ein paar Autos vor. SS-Obersturmbannführer Becher in seiner elegantesten Uniform tritt auf, gefolgt von den beiden deutschen Advokaten Dr. Wilhelm Schneider und Dr. Friedrich Zabransky. Auch Ferenc Chorin und Dr. Billitz sind mit Becher angekommen.

Becher hält eine kurze Ansprache. Man habe die und die Verträge geschlossen. Sobald die Unterschriften geleistet sind, werde man nach Wien wegfahren. Dann fordert Becher Dr. Schneider auf, die Verträge vorzulesen. Hören wir wieder Hans von Mauthner: ›Niemand hörte richtig zu. Dann forderte man uns auf, die Unterschriften unter die Dokumente zu setzen. Alle unterschrieben ohne Schwierigkeiten, da Becher versichert hatte, man werde unmittelbar nachher nach Wien wegfahren. Lediglich Frau Chorin machte Schwierigkeiten. Sie erklärte einfach, sie wolle die Verträge nicht unterschreiben, weil Familienangehörige als Geiseln zurückbehalten werden sollen und weil für deren Leben keine Garantie bestehe. Chorin, der ganz gebrochen und totenblaß war, nahm seine Frau beiseite und erklärte ihr: Wir haben keine Wahl! Wir müssen unterschreiben! Schließlich entschloß sich Frau Chorin zur Unterschrift, nicht zuletzt dank dem Eindruck der weinenden Kinder, die sich vor den bewaffneten SS-Soldaten fürchteten.‹

Diese Darstellung wird von Dr. Ferenc Borbely und seiner Frau Maria, geborene von Mauthner, vollumfänglich bestätigt, ja sogar eher noch verschärft. Sie erklärten, Frau Daisy Chorin habe sich nicht nur einfach geweigert, ihre Unterschrift zu leisten, sondern sie habe einen regelrechten Weinkrampf bekommen und habe von ihrem Mann und den übrigen Familienangehörigen nur mit größter Mühe beruhigt werden können. Schließlich habe Chorin zu ihr gesagt: ›Wir können nichts anderes machen. Wir sind ihnen restlos ausgeliefert.‹«[13]

Soweit Emmeneggers Rekonstruktion der Ereignisse in der Nacht vom 17. auf den 18. Mai 1944 in den Sommerhäusern der Familien Weiß.

Im Besitz der Unterschriften und der Vollmacht unterschrieb Kurt Becher schließlich den vierten Vertrag. In ihm wird vereinbart, daß die Familienmitglieder der Weiß-Familien ausreisen dürfen, teils in die Schweiz, teils nach Portugal. Die SS verpflichtet sich, der Familie 600 000 US Dollar und 250 000 Deutsche Reichsmark zu übergeben. Dafür will Becher fünf Geiseln aus der Familie im deutschen Einflußbereich zurückhalten, damit er sich des Schweigens der Familie über die Transaktion sicher sein kann.[14]

Die Familien reisten noch in derselben Nacht nach Wien. Dort wurde auch Baron Moricz Kornfeld aus dem Konzentrationslager geholt und zu seiner Familie gebracht. Nun mußte auch er die Verträge unterschreiben.

Die Weiterreise von Wien gestaltete sich schwierig. Erst Ende Juni kamen die Familien in Portugal und der Schweiz an: Die Visa hatten gefehlt. Es gibt wenig Zweifel darüber, daß die Deutschen sie am Ende fälschten.[15]

Wie stark sich Becher an sein angebliches Gentleman's Agreement hielt, bewies er umgehend. Er brach den Vertrag. Statt der vereinbarten 600000 Dollar ließ er der Familie nur 170000 Dollar aushändigen. Angeblich fehlte der SS ein so hoher Devisenbetrag. Ein weiterer Schönheitsfehler in Bechers Bemühungen, den Raub nachträglich als legale Transaktion darzustellen. Becher ließ dann den Familien nach ihrer Ankunft im neutralen Ausland Kopien von drei Verträgen zustellen. Den vierten Vertrag erhielten sie nicht. Sollte Becher, entgegen allem, was man von ihm weiß, vielleicht befürchtet haben, daß seine Geiselnahme, um die Familien Weiß zum Schweigen zu erpressen, bekannt werden würde? Auf Diskretion, auch den Ungarn gegenüber, war Becher dringend angewiesen. Nach dem Kriege sieht er das natürlich völlig anders:

»Nach meiner Erinnerung war es der Wunsch von Dr. Chorin, daß Horthy erst von diesem Vertrage unterrichtet werden sollte, nachdem die Familiengruppe Ungarn verlassen hat. Ich kann mich nicht erinnern, ob von deutscher Seite ähnliche Wünsche bestanden haben. Ich weiß nur, daß die gesamte Transaktion von Dr. Chorin ausging. Nach meiner Erinnerung wurden die Verträge Mitte Mai unterzeichnet, und am gleichen Tage reiste die Familie aus Ungarn aus. Unverzüglich nach der Ausreise wurde meiner Erinnerung nach Veesenmayer durch Winkelmann unterrichtet.«[16]

Der deutsche Gesandte Edmund Veesenmayer wurde also ausgerechnet durch den Höheren SS- und Polizeiführer Winkelmann darüber unterrichtet, daß auf Wunsch von Dr. Ferenc Chorin der größte ungarische Industriekonzern an den Leiter des SS-Wirtschaftsstabes in Budapest Becher verkauft wurde.

Becher scheint sich sehr genau zu erinnern, sonst wäre es kaum erklärlich, wie präzise Daten er von den für ihn ungefährlichen Umständen im Kopf hat, die wirklich wichtigen Details aber wie gewöhnlich vernebeln kann. Becher wird nicht vergessen haben, welch ein Sturm der Entrüstung sogar bei der Quisling-Regierung Ungarn losbrach und in welche Verwirrung das deutsche Außenministerium geriet, als Veesenmayer den Außenminister Joachim von Ribbentrop unterrichtete.

Die Ungarn, allen voran Ministerpräsident Sztojay, begriffen sofort, daß mit diesem Coup der größte ungarische Industriekomplex der ungarischen Kontrolle entzogen worden war. Ungarn hielt zwar die 49 Prozent der jüdischen Anteile zur »treuhänderischen Verwaltung«, die Aktienmehrheit jedoch hatte Becher. Béla Imrédy, Minister ohne Portefeuille, aber für Wirtschaftskoordination zuständig, versuchte in vielen Besprechungen mit den Deutschen, die ungarische Herrschaft über den Konzern zu erlangen. Es mißlang. Am 13. Juni 1944 besuchte Imrédy den deutschen Gesandten und informierte ihn über Sztojays und seine Verärgerung über diesen Coup, der nach Auffassung der ungarischen Regierung die ungarische Souveränität verletzt hatte. Aber welche Souveränität? Die Deutschen hatten das Land überfallen, als sie fürchten mußten, Ungarn werde sich aus der Achse verabschieden. Sie waren bereits die wahren Herrscher Ungarns, und als solcher hatte sich Becher den Konzern für die SS angeeignet. So wurde der verärgerten ungarischen Regierung klar gemacht, daß die Deutschen den Manfred-Weiß-Konzern dringend benötigten, um die SS während des Krieges, aber auch danach mit Waffen auszustatten.

Veesenmayer intervenierte allerdings bei Ribbentrop. Er informierte seinen Chef über die Eigenmächtigkeit der SS, allen voran Becher. Rippentrop schickte den gesamten Vorgang einschließlich aller Schreiben und Depeschen an Hitler, aber nur, um zu seiner Überraschung zu erfahren, daß der »Führer« bereits durch Himmler informiert worden war. Es war nichts mehr zu ändern.[17]

Auch die »Hermann-Göring-Werke« sollten von der Manfred-Weiß-Transaktion nicht profitieren. Himmler befahl auf Bechers Vorschlag nur hohe SS- Leute in den Aufsichtsrat: den Chef des SS-Führungshauptamtes, SS-Obergruppenführer und Generalleutnant der Waffen-SS Hans Jüttner, den Chef des SS-Wirtschafts- und Verwaltungshauptamtes, SS-Obergruppenführer Oswald Pohl und den SS-Brigadeführer Baron von Schröder.

Jüttner, Bechers Chef in Berlin, sah sich allerdings genötigt, bei Himmler noch einmal nachzuhaken, damit die »Hermann-Göring-Werke« wirklich aus der Konzernspitze verbannt wurden. Am 15. Juni 1944 schreibt Jüttner an Himmler:

»Reichsführer!
Baron Schröder, Kranefuß und ich haben mit Becher die Besetzung des Aufsichtsrates und Vorstandes des Ungarn-Konzerns besprochen. Unsere Vorschläge wird Ihnen SS-Obersturmführer Becher vortragen.

Wie SS-Brigadeführer Baron Schröder erwähnte, sollen Sie mit dem Gedanken spielen, Pleiger in den Aufsichtsrat zu berufen.

Ich bitte Sie, Reichsführer, dies nicht zu tun.

Die Gründe hierfür liegen beileibe nicht in der Person Pleigers, den ich nicht minder schätze als Sie. Er hat seine Verdienste, weil er viel geleistet hat.

Pleiger ist und bleibt der Repräsentant des Hermann-Göring-Konzerns. Sein Auftreten bei uns wird deshalb zu einer schweren Belastung des Reichsführers SS und damit der Wirtschaft treibenden SS schlechthin.

Die Berufung Pleigers würde mithin zu einer politischen Angelegenheit von höchster Bedeutung. Ein Mißgriff gleich zu Anfang unserer öffentlichen wirschaftlichen Betätigung wäre gar nicht wieder gutzumachen.

Ich wäre Ihnen, Reichsführer, besonders dankbar, wenn Sie uns zunächst mit dem von uns vorgeschlagenen SS-reinen Gremium beginnen ließen.«

Himmler ließ sich überzeugen. Am 15. August 1944 schreibt er an den »lieben Jüttner«:

»Nachdem die Verhandlungen mit der ungarischen Regierung in großen Zügen ihren positiven Abschluß gefunden haben, soll in Kürze die Generalversammlung der Holding-Gesellschaft, die als Vereinigte Industrie-Werke (Manfred Weiß) Budapest AG firmieren soll, abgehalten werden. Ich habe Sie

138

mit in die Direktion (Aufsichtsrat) berufen. Sofort nach abgehaltener Generalversammlung ist es auf Vorschlag von SS-Obersturmbannführer Becher notwendig, daß Sie zusammen mit SS-Obergruppenführer Pohl und SS-Brigadeführer Baron Schröder möglichst bald zu den ersten grundlegenden Besprechungen nach Budapest fahren.«[18]

Bis sich das »SS-reine Gremium« auf einen Termin geeinigt hatte, stand die Rote Armee in Budapest.

Die Verhandlungen mit der ungarischen Regierung fanden vor allem darin ihren »positiven Abschluß«, daß Imrédy – er wurde 1946 in Ungarn als Kriegsverbrecher hingerichtet – schließlich resignierte: »Es stehen SS-Divisionen in Ungarn.«[19]

Die ungarische Souveränität, die sich die faschistische Marionettenregierung noch eingebildet hatte, existierte längst nicht mehr. Auch Kurt Becher hatte es ihr mit der Manfred-Weiß-Transaktion bewiesen. Dieser Coup mag der Grund für eine weitere Beförderung Bechers gewesen sein. Im Januar 1945 wurde er SS-Standartenführer. Etwa zur gleichen Zeit wartete auf ihn eine neue Ehrung: Himmler ernannte ihn zum »Reichssonderkommissar für sämtliche deutsche Konzentrationslager«.[20]

Die Manfred-Weiß-Transaktion war nur ein – wenn wohl auch das glänzendste – Beispiel dafür, daß die Deutschen Ungarn nach der Okkupation mit allem lebenden und toten Inventar als ihr Eigentum betrachteten. Dementsprechend haben sie sich bedient. Becher spielte in gewohnter Weise seinen Beitrag an diesem Raubzug herunter:

»Nach meiner Erinnerung sind im Zusammenhang mit der Wehrmacht und den zuständigen ungarischen Stellen zirka 20000 Pferde ausgehoben und unter die Bedarfsträger, Einheiten der Wehrmacht, der Waffen-SS und vielleicht auch der Polizei, aufgeteilt worden. Meine Bemühungen, Ausrüstungsgegenstände zu beschaffen, hatten nur einen geringen Erfolg. Einzelheiten sind mir insoweit nicht mehr in Erinnerung.«[21]

Nicht alle hatten ein so schlechtes Gedächtnis. Sie wußten, mit welcher Emsigkeit der Wirtschaftsstab des SS-Obersturmbannführers Becher das Land ausgeplündert hatte. In den achtziger Jahren lebte in Deutschland ein alter Herr, der frühere Präsident des königlich-ungarischen Außenhandels, Gyula von Szilvay. Er hat seine Erinnerungen dokumentiert. Politisch und ideologisch dachte Szilvay nicht viel anders als die damalige ungarische Regierung und die deutschen Besatzer, besonders, was die Behandlung der ungarischen Juden betraf. Als alten Patrioten hat es ihn aber sehr verbittert, daß der Becher-Stab das Land so hemmungslos ausgeräumt hat:

»Am 2. Januar 1944 wurde mein Amt, das königlich-ungarische Außenhandelsamt, erneut beauftragt, sich mit der Kontrolle des Judengesetzes zu befassen, selbstverständlich unter der Kontrolle der Ministerien. Am 5. April 1944 setzten wir uns mit dem SS-Wirtschaftsstab in Budapest, Andrássy út 114 bis 116, in Verbindung.

Nach den ungarischen Judengesetzen durften Juden keine Vermögen, keine Wertsachen mehr besitzen. Die Vermögen gehören, im Sinne Horthyscher Abmachung mit Hitler, dem ungarischen Staat. Diese Abmachungen werden durch den SS-Wirtschaftsstab stets ignoriert.«[22]

Als Beispiel führt Szilvay nun unter anderem die Manfred-Weiß-Transaktion an und fährt fort:

»Wie bereits erwähnt, wurde die Beschlagnahme der jüdischen Vermögen und ihr Abtransport nach Deutschland von allerhöchster Stelle, von dem in Budapest, Andrássy út 114–116 residierenden Wirtschaftsstab durchgeführt, und zwar zum Teil völlig selbständig, zum Teil aber auch unter Mitwirkung der Deutschen Gesandtschaft in Budapest.«

Bechers Stab ist Szilvay als »allerhöchste Stelle« in Budapest im Frühjahr und Sommer 1944 in Erinnerung. Für Szilvay spitzte es sich aber weiter zu, weil »sich die Lage noch verschlimmerte, als SS-Obersturmbannführer Kurt Becher am

23. Oktober 1944 zum Chef des Räumungsstabes ernannt wurde«.[23]

Er griff dann zur Selbsthilfe und verfolgte den Weg der jüdischen Vermögen, die nach seiner Überzeugung dem ungarischen Staat gehörten. Um sich einen Überblick zu verschaffen, postierte er an allen Grenzübergängen seine Leute, die dokumentieren mußten, was die Deutschen aus dem Land schafften. Er ließ 55 000 Eisenbahnwaggons zählen, die mit ungarischen Gütern über die Grenze rollten, sowie mindestens 79 Donauschleppkähne. Beladen waren sie mit allem, was Ungarn zu bieten hatte: mit Rohstoffen, Stahl, fertig- und halbfertig produzierten Waren, Lebensmitteln und Medikamenten. Auf den 79 Donauschiffen befanden sich nach Szilvays Statistik Waren aus 514 ungarischen Fabriken und 2 900 Werkzeugmaschinen. Außerdem machte er »605 000 Pferde, Rinder, Schweine usw.« aus.[24]

Becher, soweit er überhaupt einräumte, ab Oktober als Chef des Räumungsstabes tätig gewesen und an der Plünderung des Landes beteiligt gewesen zu sein, hat selbstverständlich andere Erinnerungen und durchweg edle Motive. Von den ostungarischen Provinzen bis Westungarn habe er die Güter vor der näherrückenden russischen Front »sichergestellt«. Diese »Sicherstellung« endete in Bayern, wo sich die Spur des ungarischen Raubgutes verlor.

Szilvay ging der Sache weiter nach. Mit seinem Stab reiste er noch vor Kriegsende nach Bayern. Dort recherchierte er bis 1947 »auf eigene Verantwortung, aber mit Wissen der Amerikaner« ergebnislos.[25]

Auch der Judenmörder Adolf Eichmann registrierte, daß Becher nahm, was er kriegen konnte. In seinem argentinischen Versteck hat er Mitte der fünfziger Jahre dem holländischen ehemaligen SS-Mann Sassen seine Erinnerungen auf Tonband gesprochen. Daraus entstand später das Buch »Ich, Adolf Eichmann«[26]. Damals hatte Eichmann für Becher durchaus noch freundschaftliche Gefühle, was sich während seines Prozesses in Jerusalem jedoch gründlich änderte. In Argentinien erinnerte er sich: »Ich stand jedoch zu Becher in einem recht guten Verhältnis, keiner machte dem anderen das

Leben sauer. [...] Ich weiß noch, daß Standartenführer Becher damals sehr viel wertvolles Material, Silbersachen und dergleichen, aus Ungarn wegführte; wohin, weiß ich nicht.«[27]

Mancher »Bechersche Dreh«, wie Eichmann sich ausdrückt, gefiel ihm jedoch nicht. Eichmann hatte in Budapest einen Freund gefunden, den Staatssekretär László Endre[28], einen ebenso fanatischen Antisemiten wie er selbst. Von einem Besuch auf dem elterlichen Landgut von Endre hält er in seinen Erinnerungen fest: »Ich kam dann zu einem zweiten Hof, der der Kontrolle des Standartenführers Becher unterstand. Früher war es wohl ein Gestüt gewesen, denn Becher hatte dort als Pferdesachverständigen einen Hauptsturmführer, der sich durch einen Diener mit weißen Handschuhen das Mittagessen servieren ließ.«[29] Das mißfiel Adolf Eichmann, dem Sohn aus dem Volke, und er wies den Diener an, die weißen Handschuhe auszuziehen. Eine feine Lebensart, die allerdings auch Becher nicht in die Wiege gelegt worden war, hat Eichmann stets mit Mißtrauen betrachtet. Mit Freude nahm er hingegen von Becher einen Schwimmwagen als Geschenk entgegen, mit dem er sich stolz in Budapest chauffieren ließ.[30]

Becher bemühte sich immer, seine Beziehungen zu Eichmann als streng dienstlich darzustellen. In seiner Aussage zum Eichmann-Prozeß beschreibt er ihn als »einen überzeugten Nationalsozialisten und fanatischen Antisemiten«. Eine der wenigen wahren Aussagen, die Becher jemals machte.

Kapitel IX

Zehntausend Lastwagen

Nachdem die Manfred-Weiß-Transaktion so erfolgreich abgeschlossen war, begann Becher mit jenen Aktivitäten, die sich in seiner Rückschau zur »Rettung von Tausenden von Juden« verklärt haben. Im Sommer 1944 war ihm – so behauptet er – erstmals eröffnet worden, daß den Juden Schlimmes geschehe. »Von jüdischer Seite« habe man ihm angedeutet, daß nicht alle Juden im Osten zum Arbeitseinsatz kämen, sondern daß »einige auch vernichtet wurden«. Da sei er sofort zur Tat geschritten und habe Eichmann zur Rede gestellt und ihn gefragt, ob das etwa wahr sei. Eichmann, so betont Becher, »bestritt [das] energisch« und beruhigte ihn, die Juden kämen zum Arbeitseinsatz.[1]

Es ist nun wenig glaubhaft, daß des Reichsführers gehorsamster Becher derart ahnungslos über das Schicksal der Juden war. Er verkehrte mit Himmler ebenso vertraut, wie er es am Anfang seiner Karriere mit Fegelein getan hatte. Wenig glaubhaft auch, weil er selbst nach Aussagen des Brigadeschreibers im Sommer und Herbst 1941 »derartige Befehle« diktiert hatte, die sich mit der Ermordung der Juden in den Pripjetsümpfen befaßt haben.

Mitte 1944 stand die Rote Armee in Rumänien unweit der ungarischen Grenze. Die westlichen Alliierten hatten bereits die Normandie durchquert. Im Januar 1943 war die 6. Armee in Stalingrad vernichtend geschlagen worden. Kurt Becher aber war keineswegs davon überzeugt, daß der Krieg verloren sei. Er sei »mal optimistisch, mal pessimistisch« über den Ausgang des Krieges gewesen. Erst »nach und nach« habe er den Glauben an den Endsieg verloren.[2]

Im Zuge dieser langsam wachsenden Erkenntnis beteiligte

er sich- wie auch sein hochzuverehrender Reichsführer – an den sogenannten Rettungsaktionen. Nicht allein Becher wollte nach dem Krieg ein paar »gerettete« Juden präsentieren, auch Himmler bemühte sich, mit den in seinem Machtbereich verbliebenen Juden als Geiseln Kontakt zu den westlichen Alliierten herzustellen. Sein geschickter Unterhändler Becher sollte ihm dabei helfen.

In Budapest hatte sich 1943 eine Organisation etabliert, die den hebräischen Namen Vaadah Esra veHazalah (Hilfs- und Rettungskomitee) trug, kurz Vaadah. Diese Organisation sollte eine Schlüsselrolle in den Verhandlungen mit der SS, allen voran Becher und Eichmann, spielen.

Die Vaadah war schon vor der deutschen Okkupation ausgezeichnet über das Schicksal der europäischen Juden informiert. Sie hielt Kontakt mit dem Judenrat von Bratislava, mit den Führern der jüdisch-polnischen Untergrundorganisationen, mit Repräsentanten jüdischer Organisationen im Ausland, in Palästina, der Türkei und der Schweiz. Sie gab in Budapest periodisch Memoranden, Dokumente und Augenzeugenberichte über die Vernichtung der Juden im von Deutschland besetzten Europa heraus. Einer der Empfänger dieser Memoranden war Saly Mayer in der Schweiz. Mayer war der Repräsentant des American Joint Distribution Committee, einer jüdisch-amerikanischen Hilfsorganisation, kurz Joint genannt. Die Vaadah hatte in Budapest aber auch Kontakte zu ungarischen und deutschen Agenten des deutschen Geheimdienstes.

Die Führer der Vaadah gehörten in Budapest zu den bestinformierten Leuten. Sie hatten nicht nur detaillierte Kenntnis über die »Endlösung der Judenfrage«, sondern auch über die militärische und politische Lage sowohl in den von Deutschland besetzten als auch in den freien Ländern Europas. So war die deutsche Besetzung Ungarns für die Führung der Vaadah keine Überraschung. Bereits fünf Tage vor dem deutschen Einmarsch war sie durch einen ungarischen Agenten des deutschen Geheimdienstes gewarnt worden. Zur Führung der Vaadah gehörten 1944 folgende Männer: Otto Komoly (Präsident); Dr. Reszö (Rudolf) Kasztner, Geschäftsführer; Dov

Weiss (Sekretär); Mosche Rosenberg, Siegfried Roth, Uziel Lichtenberg, Josko Baumer, Joel Brand, Dr. Moshe Schweiger und Samuel Springmann. Diese Männer repräsentierten die meisten zionistischen Parteien und Organisationen, die es zu dieser Zeit in Ungarn gab. Entsprechend viele Standpunkte und Blickwinkel der einzelnen Mitglieder der Führung gab es. Homogen war die Vaadah beim Einmarsch der Deutschen nicht. Die Zusammenarbeit der Mitglieder war nicht selten durch scharfe persönliche Konflikte der einzelnen gekennzeichnet.[3]

Die Verantwortung für die einzelnen Ressorts war in der Vaadah aufgeteilt. Den schwierigsten Part hatten Rudolf Kasztner und Joel Brand: die direkte Verhandlung mit der SS. Zu dieser Gruppe gehörten auch die Ehefrau von Brand, Hansi, und ein gewisser André Biss, ein Cousin Kasztners.

Braham beschreibt Kasztner als den den anderen eindeutig Überlegenen an Wissen, Bildung und Erfahrung in der Politik. Kasztner wurde 1906 in Kolozsvár geboren. Er war Rechtsanwalt und schrieb gelegentlich für die jüdische Zeitung *Uj Kelet* in Kolozsvár. 1940 kam er nach Budapest. Von Zeitgenossen wird er als »idealistischer, aber opportunistischer« Politiker beschrieben: »Er war ein diktatorisches und neidisches Naturell, der sich mit dem Erfolg anderer schlecht abfinden konnte. Kasztner riß die Verhandlungen mit der SS vollends an sich.«[4] Kontakt mit dem Judenrat und dessen Vorsitzenden, dem orthodoxen Philip von Freudiger und dem liberalen Hofrat Samu Stern, scheint er nur dann aufgenommen zu haben, wenn Geld gesammelt werden mußte, um die immer unverschämteren Forderungen der SS zu erfüllen. Kasztners Freund Joel Brand beschreibt ihn als einen Mann, mit dem es nicht leicht zu arbeiten war. Auf manche Leute habe er sogar gewirkt wie »der Prototyp des snobistischen Intellektuellen mit Mängeln im sozialen Verhalten«. In den Verhandlungen mit Eichmanns Sondereinsatzkommando und Becher bewies er jedoch Mut und Tüchtigkeit.[5]

Joel Brand war 1907 in Naszód in Transsylvanien geboren, als dieser Teil Rumäniens noch unter ungarischer Verwaltung war. Er hatte sich schon früh in zionistischen Organisationen betätigt und war in Weimar der kommunistischen Partei beigetreten. Bald gehörte er zum Vorstand der KPD in Thüringen. In dieser Eigenschaft machte er zahlreiche Reisen ins europäische und außereuropäische Ausland. Nach dem »Anschluß« Österreichs an das »Reich« und die Niederlage Polens begann Brand, sich in der Flüchtlingsarbeit zu engagieren. Er beschaffte gefälschte Papiere und Geld und ließ Flüchtlinge über die Grenze schleusen. In Budapest gehörte er der Vaadah-Führung als einziges Mitglied ohne Legitimation durch eine Organisation an.

In der ersten Phase der deutschen Okkupation weigerten sich die ungarischen Behörden, mit der Vaadah Kontakt zu halten. Die ungarischen Kollaborateure verwiesen darauf, daß es nunmehr die Deutschen seien, unter deren Verantwortlichkeit die »Judenfrage« falle. So sah die Vaadah ihre Chance darin, mit den wirklichen Machthabern im Lande, den Deutschen, zu verhandeln.[6]

Das Sondereinsatzkommando Eichmann hatte in Budapest nicht mehr als 200 SS-Leute. Eine solch kleine Truppe hätte die »Endlösung« in Ungarn nicht allein bewältigen können. Das brauchte sie auch nicht; die Ungarn halfen tatkräftig mit. Die Gestapo registrierte in der ersten Woche nach der Okkupation verwundert mehr als 30 000 Denunziationen, die ungarische Bürger gegen ihre jüdischen Nachbarn tätigten. Ein solcher Erfolg war den Deutschen in keinem der besetzten Länder so prompt beschieden worden.

Auch Eichmann bestätigte in seinen Memoiren, daß ohne die Hilfe der ungarischen Polizei weder die Ghettoisierung noch die Deportationen der jüdischen Bevölkerung zu realisieren gewesen wären. Über zwei Agenten des deutschen Geheimdienstes ließ nun die Vaadah beim Sonderstab Eichmann anfragen, ob die SS bereit sei, mit der illegalen Vaadah über Milderung der antijüdischen Maßnahmen zu verhandeln.

In den Sonderstab hatte Eichmann schon im März bei seinem Eintreffen seine engsten Kumpane berufen, die überall in Europa große Erfahrung in der »Endlösung« gesammelt hatten: Alois Brunner aus der Slowakei, Dieter Wisliceny aus Griechenland, Franz Abromeit aus Jugoslawien, Theodor

Dannecker aus Paris, Siegfried Seidl als ehemaligen Kommandanten von Theresienstadt und Hermann Krumey, der in Budapest Eichmanns Vertreter wurde. Aus Berlin hatte er Rolf Günther, seinen dortigen ersten Stellvertreter, Franz Novak und seinen Rechtsberater Otto Hunsche mitgebracht. So waren die meisten der alten »Eichmann-Männer« in der Zentralstelle für jüdische Auswanderung in Wien 1938 wieder beisammen. Alle hatten auf ihrem Weg durch Europa eine Blutspur des Massenmordes an den Juden hinterlassen. Das Angebot der Vaadah wurde in Eichmanns Dienststelle geprüft, und Eichmanns enger Freund Dieter Wisliceny[7] befürwortete die Verhandlungen mit dem Hilfs- und Rettungskomitee. Wisliceny war der Deportationsspezialist in Eichmanns Stab. Er hatte die griechischen Juden von Saloniki nach Auschwitz deportieren lassen, den Mord an den slowakischen Juden durch ihre Deportation vorbereitet und danach auch die ungarischen Juden mit Ausnahme derjenigen aus Budapest nach Auschwitz transportieren lassen.

Zum Glück für die Vaadah war Wisliceny wie nicht wenige der Deutschen in Budapest durch und durch korrupt. In Bratislava hatte Wisliceny vom Jüdischen Hilfskomitee schon 1942 einmal 50 000 Dollar dafür entgegengenommen, daß er die Deportationen um wenige Tage verschob.[8] Die Vaadah zahlte zunächst 20 000 Dollar, um Wisliceny und einige andere SS-Leuten überhaupt treffen zu dürfen. Jeder der Anwesenden dieser Zusammenkunft erhielt ohne weitere Umstände sofort tausend Dollar.[9] Wieder einmal sah die SS eine schöne Gelegenheit, die »Endlösung« voranzutreiben und zugleich die Juden bis zum letzten Pengö auszuplündern. Ein US-Dollar betrug nach damaligem offiziellen Kurs 4,65 Pengö. Die Aussicht auf fette Beute mag die Deutschen auch dazu bewogen haben, ihre Verbindung zur Führung der Vaadah vor ihren ungarischen Freunden geheimzuhalten.

Der erste Kontakt der Vaadah mit dem Sonderkommando Eichmann fand am 5. April 1944 statt, an dem Tag, von dem an die ungarischen Juden den gelben Stern tragen mußten. Den Verhandlungsführern der Vaadah wurde erklärt, es sei nicht zu vermeiden, daß Juden in Ungarn fortan durch den gelben Stern gekennzeichnet würden. Gegen die Zahlung einer Summe von zwei Millionen Dollar können jedoch die Ghettoisierung und die Vorbereitung zur Deportation in den ostungarischen Provinzen aufgehalten werden. Wie man den Unterhändlern Brand und Kasztner eröffnete, würden diese zwei Millionen Dollar als guter Wille und Beweis der finanziellen Liquidität der zionistischen Bewegung von der SS akzeptiert. 200 000 Dollar sollten in kürzester Zeit in Pengö abgeliefert werden. Wisliceny legte fest, daß der Pengö nicht zum offiziellen Kurs, sondern zum Schwarzmarktkurs von 30 bis 40 Pengö pro Dollar gerechnet werden sollte. Die 6,5 Millionen Pengö mußten nun schnellstens beschafft werden.

Kasztner erschien deshalb bei Samu Stern, einem der beiden Leiter des Budapester Judenrates, der es auf sich nahm, das Geld von den Budapester Juden zu besorgen. Die erste Rate, drei Millionen Pengö, wurden Otto Hunsche und Hermann Krumey, beide enge Mitarbeiter Eichmanns, übergeben.[10] Eine solch immense Summe von 6,5 Millionen Pengö war nicht leicht zu beschaffen, noch dazu in allerkürzester Zeit. Immerhin hatten die meisten Juden ihr Vermögen dem Staat zur »treuhänderischen Verwaltung« überlassen müssen. Samu Stern gelang es deshalb nur, insgesamt 5,5 Millionen Pengö zu beschaffen. Die zweite Rate des »guten Willens« und der »finanziellen Liquidität« wurde den Herren Krumey und Hunsche am 21. April 1944 übergeben.

Wegen ihrer Aktivitäten in Ungarn wurden Otto Hunsche im August 1969 zu einer Freiheitsstrafe von zwölf Jahren und Krumey zu einer lebenslangen Zuchthausstrafe verurteilt. In beiden Verfahren war Becher Zeuge.

Selbstverständlich dachten weder Eichmann noch Wisliceny daran, die Vorbereitung zu den Deportationen zu stoppen. Entgegen allen Versprechungen der SS waren nicht nur die Juden Ungarns in Ghettos getrieben worden, es rollten auch bereits die ersten Züge aus den ungarischen Ostprovinzen nach Auschwitz. Begonnen haben die Deportationen in Karpato-Ruthenien, und Eichmann hatte als Fachmann seinen Freund Wisliceny zur Überwachung hingeschickt.[11]

Für Kasztner, so stellt es Eichmann in seinen Erinnerungen

dar, hatte er sogar eine gewisse Sympathie. Sie seien zwar Gegner gewesen, aber unter ihnen galt »das Manneswort«. Mehrfach betonte er, die Zionisten hätten die »gleichen Ideale wie die SS«. In diesem Licht sah er auch Kasztner, der »von seinem Chef Chaim Weizmann« Order hatte wie er, Eichmann, von seinem Chef. Eichmann behauptete, Kasztner habe ihn immer wieder gedrängt, »junge, zeugungsfähige Juden« ausreisen zu lassen, denn: »Die alten Leute und die assimilatorischen Juden, die der zionistischen Bewegung nicht nahestehen, schenke ich Ihnen, die interessieren mich nicht.«[12] Ob das nun stimmt, sei dahingestellt. Kasztner jedenfalls ist nach dem Krieg durch seine erfolgreichen Bemühungen, Becher vor einer Anklage in Nürnberg zu bewahren, in Israel in erhebliches Zwielicht geraten. Sogar Hermann Krumey, der Helfer Eichmanns, soll von Kasztner mit einem »Persilschein« ausgestattet worden sein, in dem er diesem »guten Willen« bescheinigte.

Die Anstrengungen der Vaadah und des Judenrates von Budapest konzentrierten sich nach der Okkupation verstärkt darauf, Juden zu retten. Dabei bemühte sich der Judenrat, auch Leuten zu helfen, die nicht der zionistischen Bewegung nahestanden. So ist es historisch verbürgt, und daran erinnerte sich auch Eichmann.

Das Datum von Kurt Bechers Eintritt in diese Verhandlungen ist nicht bekannt. Er selbst behauptet, dies sei erst Anfang Mai 1944 geschehen. Und wieder einmal beruft er sich auf Dr. Billitz:

»Kurze Zeit nachdem ich von Himmler die grundsätzliche Zustimmung zu dem Abschluß des Treuhandvertrages bezüglich des Manfred-Weiß-Konzerns erhalten hatte, trat Dr. Billitz an mich heran mit der Bitte, ich möchte mich bei Himmler für die Rettung jüdischer Menschen einsetzen. Das ist nach meiner Erinnerung Anfang Mai 1944 gewesen.«[13]

Zu dieser Zeit scheint Himmler schon einen Plan gehabt zu haben, in dem des Reichsführers gehorsamster Becher eine bedeutende Rolle spielen sollte. Wer ihn ausgeheckt hat, ob es Himmler war oder Becher, darüber ist auch Eichmann nicht informiert. Von Himmler kam aber eine abschließende

Weisung, man möge versuchen, Juden gegen kriegswichtiges Material bei den Westalliierten einzutauschen. Damit begann Eichmanns Stern zu sinken und Bechers weiter zu steigen.

Der Reichsführer SS hatte, möglicherweise nach der Niederlage der 6. Armee bei Stalingrad, wohl begriffen, daß der Niedergang des »Tausendjährigen Reiches« nicht mehr aufzuhalten war. Verschiedene Indizien sprechen dafür, daß Himmler unbedingt mit den westlichen Alliierten ins Gespräch kommen wollte. Für die ersten Kontaktaufnahmen, die Himmler – erfolglos – anstrebte, schienen ihm die Juden das geeignete Faustpfand zu sein. Er rechnete damit, daß durch kleine humanitäre Gesten die amerikanisch-jüdischen Organisationen Druck auf Roosevelt ausüben würden, mit ihm zu verhandeln. »Blut gegen Ware«, das war seine Devise. So mußte Himmler wohl nicht erst mühsam von Becher überzeugt werden, daß sich Menschen gegen Devisen und kriegswichtiges Material verkaufen ließen.

Zunächst setzte Himmler eine Pro-Kopf-Rate von tausend Dollar auf jeden Juden aus, der vielleicht ausgetauscht werden könnte. Schließlich aber landete die SS einen besonderen Coup. Gegen die Lieferung von zehntausend Lastwagen mit Winterausrüstung boten sie an, daß eine Million Juden den deutschen Machtbereich verlassen dürften. Aus diesem Geschäft ist nichts geworden. Damit begann aber die Mission von Joel Brand, der nach Kasztner der zweite Unterhändler der Vaadah mit der SS war.

Gideon Hausner, Israels ehemaliger Generalstaatsanwalt und Ankläger Eichmanns in Jerusalem, hat ein Buch geschrieben mit dem Titel *Die Vernichtung der Juden*. Dort beschreibt er eine Szene, die Joel Brand im Eichmann-Prozeß bezeugt hat. Sie ereignete sich am 25. April 1944 in Eichmanns Büro im Hotel Majestic auf dem Schwabenberg in Budapest. Hinter Eichmann, so Joel Brand, habe Becher in Zivilkleidung gestanden. Becher hingegen will erst »durch Dr. Billitz« im Mai gebeten worden sein, sich in die Verhandlungen einzuschalten.

Brands Schilderung: »›Sie wissen, wer ich bin‹, brüllte Eichmann mich an. […] ›Ich habe Aktionen in Europa, in

Polen, in der Tschechoslowakei durchgeführt; jetzt ist Ungarn an der Reihe. Sie gehören der Joint und der Jewish Agency an. Blut gegen Ware. Was wollen Sie haben: fruchtbare Frauen, arbeitsfähige Männer, Kinder, alte Leute? Reden Sie!‹«[14]

Ware war nicht aufzutreiben, nur Geld, und das mit größter Mühe. So entschied sich die Vaadah nach langen Diskussionen mit Zustimmung der SS, Joel Brand ins neutrale Ausland zu schicken. Er sollte dort mit jüdischen Organisationen verhandeln, die den westlichen Alliierten die Forderung Himmlers überbringen sollten: zehntausend Lastwagen mit Winterausrüstung gegen das Leben von einer Million Juden. Durch Becher und Eichmann hatte Himmler versichern lassen, daß diese Lastwagen »nur an der Ostfront« eingesetzt werden sollten.

Man entschied sich dafür, Brand nach Istanbul zu schicken, damit er dort zunächst mit den Vaadah-Führern verhandele. Die SS gab ihm noch einen Begleiter mit, einen sinistren Menschen namens Gross, der als Agent für die Nazis arbeitete. Er begleitete Brand zunächst nach Wien, von wo es weiter nach Istanbul gehen sollte. Bis Wien war auch Hermann Krumey dabei.

Brand und Gross trafen am 18. Mai in Istanbul ein, wo sie verhaftet, aber bald wieder freigelassen wurden. Brand erhielt schließlich die Erlaubnis, nach Palästina weiterzureisen. Kurz nach Überschreitung der syrischen Grenze wurde er in Aleppo erneut verhaftet, diesmal von den Briten. Sie erlaubten ihm immerhin am 11. Juni 1944 eine lange Unterredung mit Moshe Shertok, dem Leiter der politischen Abteilung der Jewish Agency for Palestine. Dieser mußte ihm auch eröffnen, daß er gezwungen werde, nach Kairo weiterzureisen. Shertoks Gespräche mit den Briten über eine Weiterreise Brands nach Palästina waren nicht erfolgreich. Joel Brand war verzweifelt:

»Wißt ihr, was ihr tut? Das ist doch einfach Mord! Das ist Massenmord! Wenn ich nicht zurückgehe, werden unsere besten Leute geschlachtet! Meine Frau! Meine Mutter! Meine Kinder kommen als erstes dran. Ihr müßt mich zurücklassen.

Ich bin als Parlamentär gekommen. Ich habe eine Botschaft überbracht. Ihr könnt annehmen oder nicht, aber ihr habt kein Recht, den Abgesandten festzuhalten. […] Ich bin hier der Abgesandte einer Million zum Tode verurteilter Menschen!«[15]

Danach wurde der unglückliche Joel Brand trotz flehentlicher Bitten von den Briten nach Kairo gebracht, wo er als »unerwünschter Ausländer« interniert blieb. Er war nun Gefangener.

Moshe Shertok, später als Moshe Sharett in Israel Premierminister, versuchte gemeinsam mit Chaim Weizman in London bei Außenminister Eden zu intervenieren. Am 6. Juli sprachen sie dort vor, nachdem sie den Staatssekretär am 30. Juni bereits umfassend informiert hatten. Die beiden jüdischen Führer baten den britischen Außenminister, »Deutschland eine Mitteilung zukommen zu lassen, daß ein geeignetes Gremium sich für ein Treffen bereit halte, um die Rettung der Juden zu erörtern«. Eden äußerte seine »tiefe Sympathie« und lehnte ab. Es sollte nichts geschehen, was so aussah, »als würden wir mit dem Feind verhandeln«.[16]

Der britische Geheimdienst hatte ihn und Gross schon in Istanbul beschattet und war zu der Überzeugung gelangt, es könne sich bei Joel Brand nur um einen Nazi-Spion handeln. Bis Oktober blieb Brand in englischer Internierung in Kairo.[17] Seine Bitten konnten die Engländer, die Mandatsherren von Palästina, nicht erweichen. Ob Außenminister Eden und Premier Churchill nicht nur befürchteten, man würde ihnen »Verhandlungen mit dem Feind« unterstellen, sondern vielmehr Angst davor hatten, daß tatsächlich »eine Million Juden« hätten ausreisen dürfen, die womöglich nach Palästina gewollt hätten? Die britische Regierung war, wie andere Regierungen in der freien Welt auch, zu der Zeit bereits umfassend über den Holocaust am jüdischen Volk informiert. Premierminister Winston Churchill hatte an seinen Außenminister geschrieben:

»Es besteht kein Zweifel daran, daß dies wahrscheinlich das größte und schrecklichste Verbrechen darstellt, das jemals in der Weltgeschichte begangen wurde, und es wurde ausgeführt mit wissenschaftlichen Mitteln von nominell zivilisierten Menschen im Namen eines großen Staates und eines der führenden Völker Europas.«[18]

Während Joel Brand in Kairo in britischer Internierung blieb, wurde die Lage der Vaadah in Budapest immer verzweifelter. Eichmann hatte seine vorübergehende Zurückhaltung bei weiteren Deportationen von einer positiven Nachricht Brands über die Lieferungen von Lastwagen abhängig gemacht. Die Budapester Juden boten an, was aufzutreiben war: Geld, Schmuck und Gold. Eichmann hatte durchblicken lassen, daß man 600 Juden eventuell ausreisen lassen wollte, als Geste guten Willens. Durch zähe Verhandlungen erreichte es die Vaadah, daß aus 600 fast 1700 Menschen wurden. Kurt Becher behauptete später gern und falsch, diese 1684 Menschen, die über Bergen-Belsen in die Schweiz ausreisen durften – unter ihnen Kasztners Familie –, habe allein er gerettet, aus rein menschlichen Motiven. Becher hatte mit den Verhandlungsführern der Vaadah zäh um Geld oder Leben gefeilscht. Der Wert eines Menschen war mit tausend Dollar festgelegt worden. So schleppten Mitglieder der Verhandlungskommission einen Koffer mit Geld in verschiedenen Währungen, Gold und Schmuck ins Hotel Majestic auf den Schwabenberg, wo nicht nur Eichmann residierte, sondern auch die Dienststelle des SD, geleitet von Otto Klages. Dort deponierten die Vaadah-Leute den Koffer; denn keinesfalls durften ihn die Ungarn finden, die den Juden seit langem verboten hatten, Geld in größeren Mengen und Wertgegenstände zu besitzen. Tagelang errechnete eine Kommission, bestehend aus SS-Leuten und Vaadah-Mitgliedern, den Wert des Inhalts. Becher hatte seinem Mitarbeiter Grüson die Weisung erteilt, den Schwarzmarktkurs des Pengö zugrunde zu legen. So fielen die Angaben beider Seiten dieser Kommission über den Wert sehr verschieden aus. Die Vaadah-Mitglieder, unter ihnen der Cousin Kasztners, André Biss, und ein Juwelier errechneten 7,2 Millionen Schweizer Franken. Grüson kam auf eine Summe von nur 3,2 Millionen Schweizer Franken. Gegen Übergabe dieses Geldes wurde den 1684 Menschen die Ausreise in die Schweiz erlaubt[19], nicht durch Bechers selbstlose Rettungsaktionen, auch wenn er es selbstverständlich ganz anders darstellte:

»Als ich, von Dr. Billitz gedrängt, um einen Termin bei Himmler nachsuchte, den ich durch die Vermittlung von Winkelmann erhielt, wußte ich von Dr. Billitz, erfuhr ich von Dr. Billitz, daß ein Vorschlag, Lastwagen gegen Freilassung jüdischer Menschen im Gespräch war. Himmler äußerte sich nicht, ob er von diesem Vorschlag Kenntnis hatte oder von wem er stammte. Himmler erklärte mir jedoch nach meiner Erinnerung wörtlich: ›Holen Sie von den Juden raus, was rauszuholen ist. Versprechen Sie ihnen, was sie fordern. Was davon eingehalten wird, das werden wir sehen!‹ Ich widersprach und erklärte ausdrücklich, daß mit den Juden getroffene Vereinbarungen unter allen Umständen eingehalten werden müßten. Ich erinnere mich, daß Himmler bezüglich einer Verrechnungsquote schließlich einen Betrag von eintausend Dollar festsetzte. Ich erinnere mich, daß seinerzeit Beträge in verschiedener Höhe im Gespräch waren, und ich halte es für denkbar, daß Herr Dr. Kasztner über die Einzelheiten womöglich besser als ich unterrichtet war.«[20]

Kaum vorstellbar, daß ausgerechnet des Reichsführers gehorsamster Becher seinem hochzuverehrenden Reichsführer widersprochen hat und ausdrücklich auf die Einhaltung von Vereinbarungen gegenüber Juden gepocht hat. Eichmann schildert Bechers angebliche Sorge um die Juden in anderem Licht:

»Ohne nähere Veranlassung steigerte sich Becher in eine künstliche Wut und brüllte Dr. Kasztner an: ›Wenn Sie mir bis zum Soundsovielten nicht (irgendeine Dollarsumme) besorgen, werde ich meinem Kameraden Eichmann sagen, daß er zehntausend Juden zu vergasen hat!‹ Da erkannte ich in Becher den Schauspieler. Er wußte ganz genau, daß weder Eichmann noch die Sipo jemanden vergasten. Er wußte ganz genau, daß eine Einzelperson darüber gar nicht entschieden konnte. Und er wußte weiter, daß das eine geheime Reichssache war und das Wort nicht ausgesprochen werden durfte. Übrigens spielte er diese Theaterszene zu einer Zeit, als schon der Kuhhandel – eine Million Juden gegen zehntausend Lastwagen – im Gange war und deswegen in Auschwitz auf Befehl des Reichsführers die Vernichtungsmaßnahmen eingestellt waren.«[21]

Soweit also Eichmann, den es sehr geärgert haben muß, daß Becher »dieses Wort« in Gegenwart von Kasztner so ungeniert gebrauchte. Ein weiterer Beweis, daß Becher nicht erst im Sommer 1944 zum ersten Male davon gehört hat, was den Juden nach ihrer Deportation bevorstand.

Durch die Vermittlung von Rudolf Kasztner bekam Becher sogar selbst Verbindung mit Saly Mayer, dem Joint-Repräsentanten in der Schweiz. In die Schweiz allerdings durfte Becher nicht reisen. Verständlicherweise legten die Eidgenossen keinen Wert darauf, einen so hohen SS-Offizier in ihrem Land zu empfangen. So fand die Begegnung zwischen Becher und Mayer am 21. August 1944 auf der Brücke zwischen St. Margarethen und Höchst statt, die Österreich und die Schweiz miteinander verbindet. Kurt Emmenegger rekonstruierte in seiner Artikelserie das Treffen: »Als Becher am 21. August 1944 an der Schweizer Grenze in St. Margarethen – Höchst mit Saly Mayer zusammentrifft, erklärt er diesem unverblümt, die Budapester Juden seien alle zur Deportation bestimmt. Ihr weiteres Schicksal hänge von den Opfern ab, die das Judentum der Welt und die Alliierten für sie zu bringen bereit wären.«

Am selben Tag reiste ein erster Zug mit 318 Juden in die Schweiz ein. In seinem Rapport an Himmler über das Treffen mit Mayer wird Becher sie »300 Stück« nennen. Diese Leute ließ Himmler ausreisen, um die Ernsthaftigkeit seines »Verhandlungswillens« zu beweisen.

Das Gespräch zwischen Becher und Mayer scheint nicht vollends zur Zufriedenheit Bechers verlaufen zu sein. Saly Mayer wußte nicht, wie er Bechers Forderungen erfüllen sollte.

155

In einem geheimen Fernschreiben unterrichtete Becher den Reichsführer am 25. 8. 1944:

»Hochzuverehrender Reichsführer!

1) Die andere Seite hatte an den Ernst unseres Verhandlungswillens nicht geglaubt. Sie meinte, wir wollten ihr Einverständnis nur zu propagandistischen Zwecken nutzen.

2) Durch die eingehenden Besprechungen und dadurch, daß im gleichen Moment bedingungslos 300 Stück über die Grenze rollten, wurde diese Auffassung korrigiert.

3) Der grundlegende Durchführungswille ist von der anderen Seite präzise erklärt worden und durch die Auffassung erhärtet, daß es niemanden geben wird, der zu dieser einmaligen Möglichkeit ein klares ›Nein‹ sagen wird.

4) Die praktische Erfüllung nur durch Lieferung von LKW hält die andere Seite jedoch für undurchführbar, da selbst bei bestem Willen die amerikanische Regierung sich nicht so weit bloßstellen kann und es andererseits wegen der Größe des Objektes nur mit Zustimmung höchster Stellen geht.

5) Schlage vor, daß wir außer LKW diejenigen Engpaßartikel fordern, die durch die zwischenstaatlichen Verträge von den neutralen Ländern wie Schweden, Schweiz, Portugal bezogen wurden, deren Lieferung aber durch die Intervention der Alliierten successive ausfallen wie zum Beispiel Chrom, Nickel, Kugellager, Meßgeräte, Werkzeugmaschinen, Wolfram, Aluminium etc.

6) Deswegen vereinbarte ich mit anderer Seite:

a) die Einholung von Genehmigungen und Abdeckung durch die höchste amerikanische Stelle zur grundsätzlichen Durchführung

b) Zusage der amerikanischen Regierung, daß den neutralen Ländern die Lieferung obiger Waren genehmigt wird

c) Höhe des zur Abwicklung bereitzustellenden Devisenbetrages

d) Aufstellung eines Rahmenlieferungsprogramms

e) Angabe sofort lieferbarer Waren

7) Habe zur Bearbeitung vorstehender Punkte Zeitspanne bis zum 4. September eingeräumt, fliege am 4. 9. nochmals zur persönlichen Verhandlung nach Friedrichshafen.

8) Dann kann über die Effectuierung des Auftrages endgültig gemeldet werden.

9) Gegenseite erklärte, daß, wenn jetzt noch weitere Evakuierungen ins Reich erfolgen, Verhandlungen an ausschlaggebender Stelle nicht als ernst betrachtet würden und deshalb erfolglos seien. Inzwischen ist Reichsführers diesbezüglicher Befehl hier eingegangen.

10) Bitte gehorsamst um Genehmigung zur Fortführung im gemeldeten Sinne.

Reichsführers gehorsamster Becher, SS-Obersturmbannführer.«[22]

Himmler schickte seinem Vertrauten Becher am 26. August ein dringendes Fernschreiben und genehmigte die Fortführung im gemeldeten Sinne.

Bechers Fernschreiben, auch wenn ihm das später bei seinen Vernebelungsaktionen gar nicht recht gewesen sein kann, beweist, daß er und niemand anders es war, der Himmler beraten hat, wie sich der Menschenhandel effektiv ausschlachten ließe, selbst wenn die Lastwagen mit Winterausrüstung nicht zu beschaffen wären. Und natürlich kannte Becher die übliche Umschreibung »Evakuierung ins Reich« für die Deportation in die Vernichtungslager. Was Becher mit Saly Mayer, dem er zwei Wochen einräumte, um seine Forderungen zu erfüllen, versuchte, ist Erpressung und Kidnapping. Menschen, die sich in der Hand der Deutschen befinden, wird man vielleicht nicht ermorden, wenn für sie Lösegeld in geforderter Höhe gezahlt wird. Mit dieser Art der angeblichen Rettung war Becher nicht allein. Auch Walter Schellenberg, Abwehrchef der SS, will an diesem Deal zum Schutze jüdischen Lebens beteiligt gewesen sein. Sogar der Chef des SS-Führungshauptamtes, Hans Jüttner, zögerte nicht, sich als Retter darzustellen, und auch die Familie Fegelein hat nach dem Kriege jemanden präsentiert, den sie angeblich vor dem Tode bewahrt hat.

Becher war also nicht der einzige, der sich in steter Sorge um Leben und Wohlbefinden der Juden befunden haben will, als das Ende der Nazi-Herrschaft in Sicht war. Aber es ist wohl keinem hohen SS-Führer so perfekt gelungen, sich das Image eines Retters zu verpassen und das so laut und immer wieder aller Welt zu verkünden.

Geld und Wertsachen will Becher nur zur Rettung der Juden verwendet haben. Und daß die von ihm so bezeichneten »300 Stück« am Tag seiner Verhandlungen in der Schweiz ankamen und die übrigen später über Bergen-Belsen nachreisen durften, war selbstverständlich allein sein Verdienst:

»Als Himmler die Ausreise von circa 1700 Personen genehmigt hatte – nach meiner Erinnerung im Juni oder Juli 1944 – und die von dem jüdischen Komitee bestimmten Personen bereits in den Raum von Wien in Marsch gesetzt werden sollten, hörte ich von Dr. Kasztner, daß Eichmann Anweisung gegeben hatte, den Transport nach Bergen-Belsen in Marsch zu setzen. Ich habe auf Wunsch von Dr. Kasztner mit Eichmann gesprochen, und dieser hat mir nach meiner Erinnerung etwa erklärt: ›Jawohl, der Transport geht aus technischen Gründen nach Bergen-Belsen.‹ Auf meine Frage, warum nach Bergen-Belsen und nicht in die Schweiz, erklärte er mir: ›Die Leute sollen erst in Richtung Bergen-Belsen.‹ Auf meine Frage, wann der Transport weitergehe, erklärte Eichmann: ›Sobald dies befohlen wird.‹ Er setzte hinzu, daß es letztes Endes in seiner Hand läge, wann der Transport rolle; denn es gäbe genügend Argumente auch gegenüber Himmler dafür, daß der Transport nicht abginge. Zum Beispiel könne Flecktyphus ausgebrochen sein. Der Transport könne ja auch unterwegs durch feindliche Bombenangriffe vernichtet worden sein.

Ich habe mich wegen dieses Transports erneut mit Himmler in Verbindung gesetzt und schließlich erreicht, daß der Transport wirklich in die Schweiz ging. Eichmann hat mir mehrfach erklärt, daß selbst Befehle von Himmler von ihm nur ausgeführt würden, wenn Gruppenführer Müller, sein Chef, diese Befehle bestätige.«[23]

Und an anderer Stelle:

»Ich habe mich persönlich gegenüber dem jüdischen Komitee auf Grund der Zusage von Himmler an mich verpflichtet, für die Ankunft dieser Menschen in der Schweiz zu sorgen. Ich habe wiederholt bei Himmler insistiert, daß dieser Transport weitergehen müßte. Himmler hat mir trotzdem zunächst nur zugesagt, daß im August 500 Personen ausreisen könnten. Ich weiß, daß Himmler diesen Befehl gegeben hat. Trotzdem kam nur ein Transport mit 318 Menschen im August über die Schweizer Grenze. Ende Oktober hat mir Himmler schließlich zugesagt, daß nunmehr die restlichen Personen abreisen könnten. Ich habe diese Erklärung verbindlich Herrn Präsidenten Mayer und Herrn McLelland abgegeben. Tatsächlich ist dieser Transport mit Sicherheit nur in die Schweiz abgegangen, weil ich mich ununterbrochen dafür eingesetzt habe.«[24]

Und was war mit der Menge Geld, Gold und Schmuck, die für diesen Transport an die SS bezahlt worden war, im Wert von zwei Millionen Dollar? Nicht hinterher, sondern bereits Monate zuvor, im Sommer 1944. Im November 1944, als das »Tausendjährige Reich« in den letzten Zügen lag, als die meisten ungarischen Juden tot waren und nur noch die aus Budapest um ihr Leben bangten, da hat Becher tatsächlich mit Roswell McClelland in Bern verhandelt: über die Verbesserung der Haftbedingungen in den Lagern. Roswell McClelland war Repräsentant des War Refugee Board, das Roosevelt 1942 eingerichtet hatte. Ergebnisse hat das Gespräch außer für Becher nicht gebracht. Der konnte sich nach dem Krieg brüsten, daß er »mit Roosevelts persönlichem Flüchtlingsbeauftragten« verhandelt habe. Den Amerikanern war das hinterher peinlich genug. Während amerikanische Soldaten im Kampf gegen Nazi-Deutschland fielen, hat McClelland mit Becher »verhandelt«, anstatt ihn verhaften zu lassen.

Die Bemühungen Himmlers, in den allerletzten Monaten nun die Juden für Geld oder Waren verkaufen zu wollen, müssen Eichmann sehr verunsichert haben. Plötzlich galten die

Regeln nicht mehr, nach denen bislang gespielt wurde: das Kriegsziel, Europa »judenrein« zu machen. Plötzlich sah sich sogar der »Reichsführer SS« als Friedensbringer, dessen Faustpfand für diese neue Marschrichtung die wenigen überlebenden Juden waren, die sich noch dazu möglicherweise verkaufen ließen. Mit der von Becher behaupteten Rettung hatte das nichts zu tun. So hat sich sogar Himmler mit dem Schweizer Alt-Bundespräsidenten Dr. Jean Marie Musy getroffen. Musy hatte, nach dem Gespräch zwischen Saly Mayer und Becher, einen Brief an Himmler geschrieben:

»An Seine Exzellenz Himmler, Reichsführer,
gleich nach meiner Rückkehr bin ich mit den Vertretern der ›Union of Orthodox Rabbis of the United States of America and Canada‹ in Verbindung getreten. Gleich darauf haben schon zahlreiche Besprechungen stattgefunden, und mehrere Schritte sind unternommen worden, um die Befreiung der Juden, die sich in Deutschland befinden, zu erlangen. Bis jetzt ist das Resultat folgendes:

1. Die ›Union‹ hat wissen lassen, daß die amerikanischen Behörden die Überweisung von Geldern bewilligt hat, für die Befreiung der Juden, die in Deutschland und in besetzten Gebieten zurückgehalten werden.

2. Zu diesem Zweck sind schon 20 Millionen Schweizer Franken zur Verfügung gestellt.

3. Die ›Union‹ hat ferner das Nötige getan, um die Bewilligung für die Ausfuhr von Waren zu erhalten, welche als Kompensation verlangt werden können.

Es ist natürlich nicht leicht in der gegenwärtigen Lage, Waren in großer Menge ausfindig zu machen. Wir erwarten die Liste der Waren, die in Betracht kämen, da die Angelegenheit dringend ist.

Weil ich persönlich vermute, daß Arzneimittel wünschenswert sind als Kompensationsware, habe ich mich erkundigt, ob und wo solche Waren vorhanden sind. Es wäre möglich, bei einer großen Firma Cibazol zu finden. Eine gewisse Menge ist davon schon vorhanden und im Laufe von vier Monaten wäre diese Firma in der Lage, für zehn Millionen Cibazol zur Verfügung zu stellen. Die Ausfuhrbewilligung muß natürlich zuerst erhalten werden. Hier sind auch die notwendigen Schritte unternommen worden. Eine andere große Firma könnte auch gewisse Mengen Arzneiwaren und Stärkungsmittel zur Verfügung stellen.

4. Das Nötige ist schon getan, damit, sobald die Befreiung der Juden bestätigt ist, sie nach Amerika Einreisebewilligung erhalten.«[25]

Im Anschluß bat Musy Himmler um ein Treffen. Dies kam am 15. Januar 1945 zustande. Himmler fertigte daraufhin einen Gesprächsvermerk an:

»Ich hatte am Montag, den 15. 1. 1945, mit dem Präsidenten Dr. Jean Marie Musy in Wildbad eine Zusammenkunft. Er sprach mich offenbar im Auftrag der Amerikaner darauf an, ob man nicht in der Judenfrage eine großzügige Lösung finden könne. Er selbst bot sich dafür an. Über meine Mitteilung, daß im Auftrage der Joint ein Jude Sally Meier in der Schweiz einen Beauftragten von mir, SS-Obersturmbannführer Becher, mit einem Amerikaner McLelland zusammengebracht hat, war er überrascht. Nach längerem Gespräch verblieben wir bei folgenden Punkten:

1) Er will erst einmal feststellen, welchen Auftrag Sally Meier hat und wer ist derjenige, mit dem die amerikanische Regierung wirklich in Verbindung ist. Ist es ein Rabbiner-Jude, oder ist es die Joint?

2) Ich habe ihm erneut meinen Standpunkt präzisiert. Die Juden sind bei uns zur Arbeit eingesetzt, selbstverständlich auch in schweren Arbeiten, wie Straßenbau, Kanalbau, Bergwerksbetrieben, und haben eine hohe Sterblichkeit. Seitdem die Besprechungen über eine Verbesserung des Loses der Juden laufen, sind sie in normalen Arbeiten eingesetzt, müssen jedoch selbstverständlich wie jeder Deutsche, in der Rüstung arbeiten. Unser Standpunkt in der Judenfrage ist: Es interessiert uns in keiner Weise, was Amerika und England für eine Stellung gegenüber den Juden einnehmen. Klar ist lediglich, daß wir sie in Deutschland und im deutschen Lebensbe-

reich aus den jahrzehntelangen Erfahrungen aus dem Weltkrieg nicht haben wollen und uns hier auf keinerlei Diskus-
sion einlassen. Wenn Amerika sie nehmen will, begrüßen wir
das. Ausgeschlossen muß sein und Garantie dafür gegeben
werden, daß Juden, die wir über die Schweiz herauslassen,
niemals nach Palästina abgeschoben werden. Wir wissen, daß
die Araber die Juden ebenso ablehnen, wie wir Deutschen es
tun, und geben uns zu einer solchen Unanständigkeit, diesem
armen, von den Juden gequälten Volke neue Juden hinzu-
schicken, nicht her.

Wirtschaftlich stellen wir uns auf den Standpunkt, wie
Amerika es tut: Genauso wie jeder Einwanderer in die Verei-
nigten Staaten tausend Dollar hinterlegen muß, muß jeder
Auswanderer aus dem deutschen Machtbereich ebenfalls
1000 Dollar hinterlegen. Geld, auch in Devisen, interessiert
uns nicht. Wir wünschen, daß für das in der Schweiz zu erle-
gende Geld eine den Gesetzen der Neutralität entsprechende
Warenlieferung erfolgt, da uns das Geld nicht interessiert, und
zwar interessieren uns auch die angebotenen Arzneimittel wie
Cibazol nicht, da wir das selbst herstellen. Für uns interessant
habe ich angegeben Traktoren, Lastautos und Werkzeugmaschinen.

Präsident Musy machte sich sofort auf die Reise und wollte
baldigst zurückkommen. Er betonte immer wieder, daß diese
Judenfrage selbst geradezu eine Nebensache wäre, denn die
Hauptsache wäre, daß dadurch eine größere Entwicklung ein-
geleitet werden könnte.«[26]

Aufgrund der Bemühungen von Jean Marie Musy wurden
1200 Juden aus Theresienstadt im Februar 1945 in die
Schweiz gebracht.[27]

Das Versprechen, Juden aus den von Deutschland besetzten
Ländern nicht nach Palästina ausreisen zu lassen, hatten die
Nazis schon früher einem Freund Hitlers gemacht: Amin el
Husseini, dem Mufti von Jerusalem.[28]

Als sich Himmler mit Musy in Wildbad traf, gab es in
Auschwitz keine Vergasungen mehr. Auschwitz war aufgegeben worden, und diejenigen Häftlinge, die sich noch mit

eigener Kraft schleppen konnten, wurden auf Todesmärsche gen Westen geschickt, auf denen Zehntausende starben. Am 27. Januar 1945 befreite die Rote Armee Auschwitz. Das Deutsche Reich befand sich in Auflösung. Aber Becher und McClelland verhandelten über Haftbedingungen und Himmler und Musy über die Ausreise von Juden gegen umfangreiche Warenlieferungen.

Kapitel X

Das Geschäft des Rettens

Die Deportationen aus Ungarn begannen Anfang Mai 1944. Anfang Juli waren die meisten ungarischen Juden tot. 500000 waren innerhalb von zwei Monaten in Auschwitz ermordet worden, die meisten in den Gaskammern. Sehr wenige haben in Arbeitskommandos Auschwitz überlebt. Die Juden von Budapest lebten und mußten fürchten, daß sie jeden Tag an die Reihe kommen könnten.

Für die »Ungarnaktion« war der Lagerkommandant von Auschwitz, Rudolf Höß, angewiesen worden, die Kapazität der Krematorien zu erhöhen. Er ließ die Eisenbahngleise verlängern, so daß die Züge wenige Meter vor den Krematorien halten konnten. In Birkenau arbeitete die Todesmaschinerie auf Hochtouren. 6000 bis 12000 Menschen wurden täglich vergast und verbrannt. Anfang Mai hatte es in Wien eigens eine zweitägige »Reichsbahnkonferenz« gegeben. Der Transport der ungarischen Juden sollte mit deutscher Gründlichkeit und Organisation bewältigt werden.

Anfang Juli hörten die Transporte aus Ungarn auf. Die Weltöffentlichkeit war inzwischen durch die Arbeit der Zionisten besser über die ungarische Tragödie informiert als über irgendeine andere Phase der »Endlösung«. Das ungarische Staatsoberhaupt, Reichsverweser Admiral Miklós Horthy, sah sich einer Flut internationaler Proteste ausgesetzt. Schweden, die Schweiz, Portugal und sogar das faschistische Spanien unter Franco waren dazu übergegangen, in Budapest »Schutzpässe« für die Juden auszustellen, die den Inhaber als Abkömmling der jeweiligen Nationalität auswiesen, dessen Einwanderung in eines dieser Länder unmittelbar bevorstehe. Es wurden besondere Häuser für die Inhaber dieser Pässe eingerichtet, in denen zeitweise rund 35 000 Menschen Schutz und Unterkunft fanden. Im Ghetto von Budapest lebten zu jener Zeit etwa 160 000 Juden.

Der junge schwedische Diplomat Raoul Wallenberg rettete unzähligen Menschen das Leben, indem er Lebensmittel und Schutzpässe besorgte und immer wieder mutig eingriff, wenn Gefahr drohte. Er wurde nach dem Einmarsch der Roten Armee in Budapest verhaftet und verschleppt. Er gilt seitdem als verschollen. Während der Kreml behauptete, er sei 1947 an Herzversagen gestorben, gibt es bis heute Menschen, die ihn noch in den siebziger Jahren in einem Gulag gesehen haben wollen.

Der amerikanische Präsident Franklin D. Roosevelt drohte Horthy in einem Ultimatum, daß »Ungarns Schicksal nicht wie das irgendeiner anderen zivilisierten Nation sein wird, [...] wenn die Deportationen nicht sofort aufhören«.[1] Nun sah sich Horthy von allen Seiten bedrängt und ordnete den sofortigen Stopp der Deportationen an. Er verlangte sogar, selbstverständlich ohne Erfolg, den Abzug des Eichmann-Sonderkommandos aus Budapest. Ein besonders schwerer Luftangriff auf Budapest am 2. Juli mag der amerikanischen Drohung Nachdruck verliehen haben. Eichmann dachte zunächst gar nicht daran, die Anordnung zum Stopp der Deportationen zu befolgen. Noch Mitte Juli ließ er aus dem nahe Budapest gelegenen Konzentrationslager Kistarcsa 1 000 und aus dem in der Budapester Innenstadt gelegenen Rabbiner-Seminar 500 Juden ins Budapester Gefängnis bringen und sie gemeinsam nach Auschwitz deportieren.[2] Das war der letzte Transport, der Ungarn verließ. Das Morden in Europa hörte jedoch auch damit noch lange nicht auf.

Damit die jüdischen Funktionäre der Vaadah Horthy nicht informieren konnten, hielt Otto Hunsche sie in Eichmanns Dienststelle so lange unter einem Vorwand fest, bis der Transport abgegangen war und ungarisches Gebiet verlassen hatte. Kurt Becher, um noch einmal daran zu erinnern, will erst im August gewußt haben, daß die Deportationen in Todeslagern endeten. Als nur noch die Juden von Budapest lebten, traf sich Becher Ende August mit Saly Mayer.

Am 14. Oktober 1944 endlich entschied sich der unentschlossene und wankelmütige Miklós Horthy zu verkünden, daß Ungarn nunmehr endgültig aus dem Krieg ausscheide. Dieser zweite Versuch, sich von Deutschland zu trennen, hatte verheerende Folgen, auch für Horthy persönlich. Die Nazis entführten seinen Sohn und brachten ihn ins Konzentrationslager Mauthausen. Dem Reichsverweser stellten sie das Ultimatum, innerhalb von 24 Stunden eine neue Regierung einzusetzen. So kam Ferenc Szálasi, der Führer der Nyilas (Pfeilkreuzler), der nationalsozialistischen Partei Ungarns, an die Macht. Der Terror, den sie auf die Juden im Budapester Ghetto ausübten, wurde noch blutiger und unerträglicher. Deportationen nach Auschwitz waren nicht mehr möglich: Auschwitz wurde angesichts des Näherrückens der Roten Armee demontiert. Zu diesem Zeitpunkt stand sie in Rumänien, etwa 150 Kilometer von Budapest entfernt.

In beispiellosem Exzeß versuchten nun die Szálasi-Anhänger, das Ghetto auszurotten. Es wird von grauenhaften Szenen am Donau-Ufer berichtet, wo sich Pfeilkreuzler-Kommandos einen Spaß daraus machten, Menschen, die sich in einer langen Reihe hatten aufstellen müssen, zwangen, von den Brücken ins eiskalte Wasser zu springen. Auf diejenigen, die sprangen, veranstalteten die Pfeilkreuzler ein Zielschießen. Diejenigen, die sich weigerten, wurden an Ort und Stelle erschossen.

Deutsche und Pfeilkreuzler hatten die Hoffnung nicht aufgegeben, die Budapester Juden doch noch in den Tod zu schicken, auch wenn Deportationen nach Auschwitz nicht mehr möglich waren. Sie verloren keine Zeit, der wenigen noch verbliebenen ungarischen Juden habhaft zu werden. Zwischen dem Reichsbevollmächtigten Edmund Veesenmayer und dem neuen ungarischen Innenminister Gabor Vajna wurde deshalb schon am 18. Oktober vereinbart, den Deutschen 50 000 Juden aus dem Budapester Ghetto zu überlassen, die angeblich für »Schanzarbeiten« vorgesehen waren. Dafür waren Männer zwischen 16 und 60 Jahren und Frauen unter 40 Jahren vorgesehen, die an der österreichischen Grenze einen Schutzwall gegen die näher rückende Rote Armee bauen sollten. Schon am Morgen des 20. Oktober lief die Verhaftungswelle an. Bis zum Einbruch der Nacht waren 22 000 Männer zwischen 16 und 60 Jahren zusammengetrieben worden, in den folgenden Tagen kamen die Frauen dazu. Bis zum 26. Oktober waren 25 000 Männer und 10 000 Frauen verhaftet worden. Schließlich wurde kein Unterschied mehr gemacht, wie alt, wie jung, wie gesund oder krank, wie geschützt oder ungeschützt jemand war. Ende Oktober begannen die Todesmärsche zur 150 Kilometer entfernten österreichischen Grenze.[3] Über Kilometer hin zogen die Elendsschlangen auf den Landstraßen in Richtung österreichische Grenze, alte Leute, kleine Kinder, erwachsene junge Männer und Frauen, Schwangere und Kranke. Bewacht wurden sie von Pfeilkreuzlern, die sie mit äußerster Brutalität vorantrieben. Wer das Marschtempo nicht einhalten konnte, wurde erschossen.

Den Todesmärschen fuhr Raoul Wallenberg immer wieder hinterher, brachte Lebensmittel, versuchte, Menschen aus den Märschen zu befreien. Er legte den Begleitmannschaften schwedische Schutzpässe vor und behauptete, die Inhaber wären schwedischer Staatsangehörigkeit und würden demnächst nach Schweden ausreisen.

In seinem Buch *Die Vernichtung der Juden* zitiert Gideon Hausner Aviva Fleischmann, die als junges Mädchen diesen Todesmarsch mitmachen mußte:

»Es war die zweite Hälfte November mit heftigem Regen und Kälte, besonders während der Nacht. Von den Kleidern, die wir mitgenommen hatten, mußten wir viele wegwerfen, sie waren uns zu schwer. Wir schleppten uns ja selbst mit den letzten Kräften, was sollten wir da noch mit der Kleidung tun? [...] Man brachte uns ins Ghetto nach Györ. Das war damals schon leer. Dort gab es nur noch Dutzende von sterbenden Leuten. Wir blieben dort einige Tage. [...]

Dann waren wir 102 und marschierten zur Grenze. Wir fragten uns, was mit denjenigen geschehen würde, die dort im Ghetto mutterseelenallein und kraftlos zurückblieben, die schon nicht mehr reagierten, wenn wir mit ihnen sprachen. Wir baten noch, sie sollten mit uns kommen, aber sie hörten uns nicht mehr. Wir kamen dann nach Hegyeshalom. [...]

Am Morgen mußten wir antreten. Wir wurden abgezählt, dann brachte man uns zur österreichischen Grenze. Wir standen an der Grenze vom Morgengrauen bis in die späte Nacht und froren. Es gab kein Essen. Schließlich wurde eine Schranke geöffnet, und man brachte uns weiter. […] Später kamen wir zu einem Städtchen namens Lichtenwörth. Man brachte uns zu einem Ziegelbau, der wie eine Fabrik aussah. Die Räume waren groß, die Fenster zerbrochen. Das war ein Sonderlager. Man nannte es Flecktyphus-Vernichtungslager. Wir waren in Quarantäne. Es durfte niemand versuchen hinauszugehen, damit sich Krankheiten nicht ausbreiten sollten. Der Boden war aus Beton, darauf wurde Stroh geschüttet, das war voller Läuse. Nach einigen Tagen haben wir das Stroh selbst hinausgeworfen und legten uns auf den Boden, das war besser. […] Die Leute lagen den ganzen Tag herum, es ging mit ihrer Kraft zu Ende. Am Abend brachte man uns große Eimer. Da sollte Suppe drin sein, aber es war nur eine Sorte Wasser. Dreimal in der Woche erhielten wir ein Stück Brot.

Wir hatten drei schwangere Frauen. Als sie gebären sollten, brachte der Lagerführer eine große Laterne, ein große Lampe, die starkes Licht gab. Er stellte den Scheinwerfer gegenüber den kreißenden Frauen auf und sagte, jetzt möchte er sehen, wie ein Kind geboren wird. Die Säuglinge lebten nicht länger als eine oder anderthalb Stunden. Es genügte der Stich einer Laus, und schon waren sie tot.«[4]

Ein Vertreter des Roten Kreuzes berichtete:

»Wo immer wir hinkamen, entlang der ganzen Landstraße, waren wir Zeuge grauenhafter Szenen. Die Deportierten marschierten in endlosen Reihen, zerlumpt und zerfetzt, verhungert und erschöpft, unter ihnen auch alte Leute, die sich kaum weiterschleppen konnten. Die Gendarmen trieben sie mit Gewehrkolben, Gummiknüppeln und Peitschen an. Sie mußten am Tag dreißig Kilometer zurücklegen.

Wir nahmen vierhundert Meter Schmalfilm für den Nuntius auf: jede einzelne Aufnahme bezeugt das grauenhafte Leiden und die schreckliche Behandlung, die diesen Gruppen von

Juden aus der Hauptstadt zugefügt wurden, die entsprechend einer Verordnung Szálasis den Deutschen als ›Leihjuden‹ übergeben wurden.«[5]

Das Grauen bei diesen Todesmärschen war sogar einigen SS-Leuten zuviel. Hans Jüttner, der Chef des SS-Führungshauptamtes, beschwerte sich beim Höheren SS- und Polizeiführer Otto Winkelmann und sandte schließlich an Himmler einen kritischen Bericht. Auch Walter Schellenberg, Chef der Auslandsabwehr des Reichssicherheitshauptamtes, will protestiert haben.

Vertreter der neutralen Länder und der päpstliche Nuntius protestierten offiziell bei Szálasi. Der rechtfertigte sich, diese Leute seien den Deutschen überlassene »Leihjuden«, und brach die Todesmärsche nicht ab, sondern ordnete an, daß die Frauen fahren durften.

Wer dieses Morden auf den Straßen durch sein entschlossenes Eingreifen beendet haben will, war erneut Kurt Becher:

»Ich kann aus eigener Kenntnis nicht sagen, wer die Fußmärsche eines Teils der jüdischen Bevölkerung von Budapest zur österreichischen Grenze im Herbst 1944 angeordnet hat. Ich weiß auch nichts über die Verhandlungen zwischen der ungarischen Regierung und Veesenmayer, die diese Frage zum Gegenstand hatten.

Auf meinen Fahrten zwischen Wien und Budapest habe ich diese Fußmärsche persönlich gesehen. Sie waren von ungarischen Polizisten oder ungarischen Honved-Soldaten bewacht.

Ich sprach von ›Fußmärschen‹, weil sich der Fußmarsch der jüdischen Bevölkerung von Budapest über mehrere Wochen hinzog. Nach meinen Beobachtungen begann er in den letzten Oktobertagen und dauerte bis etwa 20. oder 25. November 1944.

Den Beginn des Fußmarsches kenne ich allerdings nicht aus eigener Beobachtung, denn ich befand mich zu jener Zeit nicht in Budapest, aber ich hörte davon. […] General Jüttner war über den Fußmarsch empört. Ich hatte Gelegenheit, ihn, bevor er von Wien nach Budapest fuhr, über die katastrophalen Maßnahmen aufmerksam zu machen, und ich habe ihn später auch darüber unterrichtet, als ich bereits zusammen mit General Winkelmann bei Himmler vorstellig geworden war. General Jüttner, beeindruckt von dem selbst Gesehenen, hatte in Budapest sowohl mit General Winkelmann wie auch mit einem Untergebenen von Eichmann im Beisein von Winkelmann und mir gesprochen und seine Empörung zum Ausdruck gebracht. Nach meiner Erinnerung hat der Untergebene von Eichmann sich darauf berufen, lediglich Befehle auszuführen. [...]

Nach meiner Erinnerung wurde mit dem Fußmarsch Ende Oktober 1944 begonnen. Der Fußmarsch wurde damit begründet, daß diese Menschen einen Schutzwall an der österreichischen Grenze errichten müßten. Deswegen wurde über Altersgrenzen von für diesen Zweck einsatzfähigen Männern gesprochen.

Gelegentlich meiner Besprechungen in der Schweiz mit dem Beauftragten Präsident Roosevelts für Flüchtlingsfragen, Herrn McLelland, und mit Herrn Saly Mayer habe ich diesen Herren zugesagt, unverzüglich bei Himmler vorstellig zu werden, diesen Fußmarsch abzustellen, unter allen Umständen aber, wenn dieses Ziel nicht erreichbar wäre, dafür einzutreten, daß nur Menschen in Marsch gesetzt würden, die altersmäßig und körperlich in der Lage sind, Schanzarbeiten auszuführen.

Bei meiner Rückkehr aus der Schweiz Anfang November habe ich auf der Straße von Wien nach Budapest grauenhafte Elendsmärsche gesehen. Ich habe hierüber sofort General Winkelmann unterrichtet und zusammen mit Winkelmann einen ausführlichen, meiner Erinnerung nach fernschriftlichen Bericht an Himmler gegeben mit der Bitte, die Einstellung des Marsches zu befehlen.

Ich weiß nicht, ob der erbetene Befehl sofort ergangen ist. Tatsächlich ist der Fußmarsch jedoch weitergegangen; denn einige Tage danach habe ich die Märsche erneut auf der Straße von Budapest nach Wien gesehen.

Ich bin alsdann zu Himmler gefahren und habe um die Einstellung des Fußmarsches gekämpft. Himmler hat daraufhin den Fußmarsch verboten.

170

Nach meiner Erinnerung war der Zustand der Menschen auf dem Fußmarsch außerordentlich schlecht. Nach meiner Erinnerung waren sowohl Kinder von zehn Jahren als auch alte Leute vielleicht von 65 Jahren beiderlei Geschlechts unter den Marschierenden.

Nach meiner Erinnerung war jedenfalls teilweise – ich bin dreimal auf der Straße gefahren – schlechtes Wetter.«[6]

Ob es Becher war oder ob es die Aussicht auf eine erste Rate von fünf Millionen Schweizer Franken war, die Himmler bewog, die Märsche zu verbieten, darüber gibt es unterschiedliche Ansichten. Himmler befahl jedenfalls beide, Becher und Eichmann, zu sich. Angeblich hatte Becher Himmler gebeten, Eichmann eine Kriegsauszeichnung zu verleihen, damit dieser besänftigt würde in seiner Wut über Bechers unermüdliche Versuche, Juden zu retten. Das ist weniger wahrscheinlich als die Annahme, Eichmann könne mit seinen Versuchen, die Juden Budapests um jeden Preis der »Endlösung« auszuliefern, die Blut-gegen-Ware-Verhandlungen stören. Der Inhalt des Gespräches bei Himmler ist allein durch Becher überliefert:

»Das Gespräch zwischen Himmler, Eichmann und mir fand meiner Erinnerung nach in einem Befehlswagen im Schwarzwald statt. Himmler hat mit Eichmann, ich möchte sagen, im guten und im bösen gesprochen. Ich erinnere mich in diesem Zusammenhang eines Ausspruchs Himmlers, in dem er Eichmann anschrie, etwa wie folgt: ›Wenn Sie bisher Juden ausrotteten, so müssen Sie, wenn ich es befehle, wie in diesem Falle, jetzt Judenpfleger sein. Ich erinnere Sie, daß nicht Gruppenführer Müller und Sie, sondern ich das Reichssicherheitshauptamt gegründet habe und daß ich es befehle. Wenn Sie es nicht können, müssen Sie es sagen!‹«[7]

Vorsicht ist auch hier bei Bechers Erinnerung angebracht. Sollte Himmler in seinem Zornesausbruch entgangen sein, daß nicht er »1933 das Reichssicherheitshauptamt gegründet« hatte? Das hatte erst 1939 Reinhard Heydrich, allerdings mit Himmlers Billigung, getan.

171

Eichmann konnte sich in Jerusalem an den Zornesausbruch Himmlers nicht erinnern.

Daß zu dieser Zeit in Himmlers Politik eine Wende stattgefunden hat, in der die Juden nun als Faustpfand gelten sollen, ist unbestritten. Diese Entwicklung ist nicht nur von Eichmann mit großer Empörung aufgenommen worden. Auch Ernst Kaltenbrunner, Chef des Reichssicherheitshauptamtes und Nachfolger Heydrichs[8], hat sich in Nürnberg sehr mißbilligend über Himmler und Becher geäußert. Die beiden hätten das »schlimmste Verbrechen« begangen, nämlich Juden gegen Geld verschachern zu wollen, was dem »Ansehen des Deutschen Reiches« sehr geschadet hätte. Deshalb habe er, Kaltenbrunner, mit Hitler darüber gesprochen. Der sei darüber sehr erbost gewesen, und Himmler sei in seinem Ansehen beim Führer tief gesunken.[9]

Angesichts des Terrors der Pfeilkreuzler war die Vaadah in einer verzweifelten Situation. Kasztner war in der Schweiz bei Saly Mayer. An seiner Stelle führte sein Cousin André Biss die Gruppe an. Er versuchte, bei den Deutschen zu intervenieren, damit das Morden im Ghetto ein Ende nähme. Ohne weiteres wollte Becher aber nicht mit der Pfeilkreuzler-Regierung verhandeln. Er gab zu »bedenken«, daß er sich immerhin gegenüber den ungarischen Nationalsozialisten und Eichmann »exponieren« müsse. Und das wollte er ohne Gegenleistung nicht tun. Kasztner hatte sich aus der Schweiz bei der Vaadah mit schlechten Nachrichten gemeldet: Das Geld, das avisiert worden war, war noch nicht verfügbar.

Biss kam in seiner Verzweiflung auf die Idee, über einen Zwischenhändler aus der Slowakei wenigstens einige wenige Lastwagen zu beschaffen. Das waren dreißig LKW, die faktisch bereits den Deutschen gehörten, nämlich der Wehrmacht. Die Juden wollten sie kaufen und dann an Becher liefern. Die Beschaffung des Geldes für diesen Kauf, rund 200000 Schweizer Franken, oblag André Biss. Es war fast hoffnungslos, noch eine solch große Summe zu beschaffen. Dennoch gelang es ihm, 187884 Schweizer Franken zusammenzubringen und an den Zwischenhändler auszuzahlen, der sich daraufhin mit Becher in Verbindung setzte.[10] Es war aber schon zu spät. Am 27. Dezember 1944 hatten sich die hohen deutschen SS-Offiziere »zurückgezogen«. Sie waren Hals über Kopf geflüchtet.

In der Nacht vom 17. auf den 18. Januar 1945 marschierte die Rote Armee in Pest auf dem südlichen Donau-Ufer ein. Buda wurde wenige Wochen später befreit. Am 13. Februar 1945 war Ungarn vollständig in sowjetischer Hand.

Becher war längst über alle Berge. Mit Wirkung vom 1. Januar 1945 war er wieder befördert worden, zum SS-Standartenführer (Major). Er war nach seinen Erinnerungen zu anderen Rettungen unterwegs. Einen Monat vor der deutschen Kapitulation wurde ihm außerdem von seinem hochzuverehrenden Reichsführer noch eine besondere Ehre zuteil: Am 9. April 1945 wurde er »Reichssonderkommissar für sämtliche deutsche Konzentrationslager«.[11] Eichmann wurde entmachtet und vom Amt für »Judenangelegenheiten« zum bedeutungslosen Amt für Kirchenbekämpfung versetzt, für das er weder Voraussetzungen noch Erfahrungen mitbrachte.

In seinem neuen Amt als Reichssonderkommissar will Becher wieder besonders segensreich gewirkt haben – seinen Titel verschweigt er lieber:

»Im April 1945 war ich darum bemüht, daß die Insassen von Konzentrationslagern nicht noch durch Kampfhandlungen vernichtet würden. Ich hatte dazu eine Vollmacht von Himmler für das Konzentrationslager Bergen-Belsen. Aus taktischen Gründen schien es mir zweckmäßig, Eichmann wissen zu lassen, daß ich von Himmler diese Vollmacht hatte, um ihn vor eventuellen Maßnahmen abzuschrecken. Deswegen ging ich, bevor ich mit Kasztner nach Bergen-Belsen fuhr, in Eichmanns Dienststelle hier in Berlin. Ich erklärte Eichmann, daß ich zusammen mit Dr. Kasztner nach Bergen-Belsen fahre und anschließend nach Neuengamme. Hier brach Eichmann in einen Wutanfall aus, daß ich ›diesen Lumpen Kasztner‹ in ein Konzentrationslager führen wollte, ganz abgesehen davon, daß er auch nicht damit einverstanden wäre, daß ich Eintritt in ein Konzentrationslager hätte. Eichmann erklärte mir rundheraus, daß er und Gruppenführer Müller dies nicht zulassen würden und es darüber hinaus unerwünscht sei, Kasztner mitzunehmen. Ich fuhr gleichwohl mit Kasztner nach Bergen-Belsen.«[12]

So setzte sich der mutige Herr Becher gegen den zuvor von Himmler komplett entmachteten Eichmann durch. Am 10. April, fünf Tage vor der Befreiung des Lagers durch die Briten, fuhr Becher mit Kasztner nach Bergen-Belsen. Gerald Reitlinger[13] schreibt, daß Kasztner mit einer SS-Uniform bekleidet war. Nach diesem Besuch in Bergen-Belsen will Becher Himmler dazu bewogen haben, das Lager kampflos und ohne die Gefangenen im letzten Moment umzubringen, den Briten zu überlassen.

Am 5. Mai 1945 erschien Becher, vermutlich ausgestattet mit der Würde seines neuen Amtes, im Konzentrationslager Mauthausen bei Wien. Gegen den wütenden Protest von Lagerkommandant Franz Ziereis nahm er einen Juden mit aus dem Lager.[14] Endlich eine Rettung, die sich auch beweisen ließ. Ganz so selbstlos, wie Becher es in seiner Rückschau gern sehen möchte, war sie jedoch nicht.

Im Konzentrationslager Mauthausen befand sich nämlich Dr. Moshe Schweiger, ein Mann aus der Führung der Vaadah. Am 3. April 1944, kurz nach der deutschen Okkupation, war er verhaftet und ins Lager gebracht worden. Er war ein Freund Rudolf Kasztners, und mit diesem Umstand begründete auch Becher Schweigers Befreiung. »Sie sind«, so hat er dem schwachen, ausgemergelten Mann gesagt, »mein Geschenk für Dr. Kasztner.« Becher nahm Schweiger mit in die Berge nach Weißenbach, wo er sich mit seinem Stab versteckt hielt. Er war auf der Flucht vor den Amerikanern.

Simon Wiesenthal weiß, daß Becher den von der Zeit im Todeslager gezeichneten Schweiger »wie ein rohes Ei« behandelt hat. Kein Wunder. Schweiger war Bechers Lebensversicherung und Alibi. Er hat Schweiger zu essen gegeben, ihn gekleidet, respektvoll behandelt und sogar mit seinem Titel angesprochen.

Nach wenigen Tagen ließ er sich von Schweiger einen Brief schreiben, den er den Amerikanern bei seiner Festnahme am

12. Mai 1945 präsentierte. Schweiger schrieb dem SS-Standartenführer, was dieser so dringend brauchte:

»An alle militärischen und zivilen Behörden der alliierten Besatzungsmächte und an alle Organe des Internationalen Roten Kreuzes.

Unterfertiger ist Mitglied des Council of Jewish Agency for Palestine, Vorsitzender Lord Melchett, London, und des Zentralkomitees der Zionistisch-Sozialistischen Weltvereinigung ›Ichud Poale Zion Hitachdut‹, Zentrale Tel Aviv, Palestine.

Ich bestätige hiermit, daß Herr Kurt Becher sich seit langer Zeit für die Erhaltung und Rettung von vorwiegend jüdischen Personen eingesetzt hat. Er und seine Mitarbeiter waren Initiatoren dieser Arbeit, und sie haben unter rücksichtslosem persönlichen Einsatz die wirkliche Rettungsarbeit durchgeführt. Herr Becher steht in dieser Arbeit speziell mit ›Joint‹, Beauftragter Saly Mayer, St. Gallen, Schweiz, und mit der Jewish Agency, Beauftragter Dr. Rudolf Kasztner, per Adresse Saly Mayer, St. Gallen, Schweiz, in dauernder Verbindung. Auch ist über diese Arbeit der persönliche Beauftragte für Flüchtlingsfragen des verstorbenen Präsidenten der USA, Roosevelt, Dr. McLelland, zur Zeit bei der amerikanischen Gesandtschaft in Bern, ständig informiert.

Da die ›Joint‹ und die Jewish Agency ein tiefes Interesse an der weiteren ständigen Verbindung mit Becher und seinen nachstehend genannten Herren hat, bitte ich folgenden Personen

1. Herr Kurt Becher, geb. 12. 9. 1909 in Hamburg
2. Herr Karl Grabau, geb. 10. 10. 1911 in Hamburg
3. Herr Josef Weber, geb. 25. 9. 1911 in Bodenbach/Elbe
   sowie deren Kraftfahrern
1. Herr Kurt Helfer, geb. 1. 11. 1919 in Rielasingen/Baden
2. Herr Emil Wolff, geb. 18. 9. 1909 in Sternbeck/Krs. Oberbarnim

den weiteren Aufenthalt an ihrem augenblicklichen Aufenthaltsort Weißenbach zu ermöglichen.

Für den Fall einer Wohnungsveränderung wird gebeten, beim Bürgermeister in Bad Ischl den neuen Standort für mich oder meinen Beauftragten bekanntzugeben. Sämtliche Herren

sind Reservisten der Waffen-SS. Herr Kurt Becher legiti-
mierte sich außerdem mit Reisepaß Nr. 11842-44, die anderen Herren mit ihrem Soldbuch.

Alle nötigen Informationen können zunächst bei folgenden
Persönlichkeiten eingeholt werden:
1. Herrn McLelland bei der Gesandtschaft der USA in Bern
2. Herrn Saly Mayer, St. Gallen, Täufergasse 6
3. Herrn Rudolf Kasztner, St. Gallen, per Adresse Saly
   Mayer, St. Gallen, Täufergasse 6.

Ich bedanke mich im voraus für die erteilte Unterstützung.
Dr. Moshe Schweiger, e. h. Mitglied der Council of Jewish
Agency und des Zentralkomitees der Zionistisch-Sozialisti-
schen Weltvereinigung ›Ichud‹.«[15]

Dieser Brief, den Moshe Schweiger in der Zeit vom 5. bis
12. Mai, dem Tage Bechers Verhaftung, schrieb, weist nun
einige Merkwürdigkeiten auf. Dr. Schweiger ist bereits am
3. April 1944 verhaftet und nach Mauthausen gebracht worden. So konnte er aus eigener Kenntnis nichts, aber auch gar
nichts von Bechers Aktivitäten und seinem angeblichen
»rücksichtslosen persönlichen Einsatz für die Erhaltung und
Rettung vorwiegend jüdischer Personen« wissen. Dasselbe
gilt für das Treffen von Becher mit Saly Mayer auf der Brücke
in St. Margarethen und jenes mit Roswell McClelland in der
Schweiz. Und was sollte er von den »Herren« in Bechers Begleitung und sogar ihren Fahrern wissen können? Nichts.

Man darf vermuten, daß ihm Becher diesen Brief diktiert
hat, weil er zu Recht jeden Tag mit seiner Verhaftung durch
die Amerikaner rechnen mußte. Auf das Diktat Bechers deutet
auch ein anderes Indiz hin: Wie dieser in allen seinen schrift-
lichen Aussagen, schrieb auch Dr. Schweiger den Namen
Roswell McClelland falsch. Bechers Befürchtungen gehen
vor allem aus dem Wort »Wohnungsveränderung« hervor,
womit nur die Wohnungsveränderung in ein alliiertes Kriegsgefangenenlager gemeint gewesen sein kann.

Kurt Becher übergab dann Moshe Schweiger noch Geld,
Gold und Schmuck, ein Schatz, der »dem jüdischen Volk
gehörte«. Schweiger hat dieses Vermögen, das die Amerika-

176

ner als »Becher-Treasure I, II und III« aktenkundig gemacht haben, später dem Joint übergeben.

Am 12. Mai 1945 war es soweit. Becher wurde von den Amerikanern in Haft genommen. Er hatte sich gut präpariert, um seiner Gefangenschaft ohne allzugroße Panik entgegensehen zu können: Er hatte ein paar »gerettete« Juden, vor allem Dr. Moshe Schweiger, zu präsentieren. Er hatte den Brief Schweigers und war sich sicher, daß auch Kaztner bereit sein würde, für ihn auszusagen. Und er hatte das erpreßte Vermögen der Juden von Budapest in angeblich voller Höhe zurückerstattet.

Nun wurde es höchste Zeit für seine eigene Rettung. Dabei half ihm sein Freund Kasztner so entschlossen, daß er selbst in Israel in erhebliche Schwierigkeiten geriet und schließlich mit seinem Leben dafür bezahlte.

In dem amerikanischen Kriegsgefangenenlager Deggendorf machte Becher den ersten Versuch, sich aus dem unwürdigen Zustand der Gefangenschaft zu befreien. Zugang zum Lager hatten vor allem die Angehörigen des CIC, des Geheimdienstes der US-Army. Ein damals 23jähriger junger CIC-Soldat deutscher Abstammung hatte einige Male registriert, daß in der Nähe des Lagertores ein »außerordentlich eleganter SS-Offizier« mit ihm ins Gespräch zu kommen suchte. Der Soldat schenkte ihm wenig Beachtung, denn die meisten Gefangenen wollten gern mit den Repräsentanten der Sieger ins Gespräch kommen. Im Lager waren nämlich, das war dem Soldaten nicht verborgen geblieben, überhaupt nur Unschuldige interniert, heimliche Widerstandskämpfer gegen die Nazi-Diktatur, die wenigstens innerlich immer »dagegen« gewesen sein wollten. Jeder hatte seine Geschichte, und deshalb fiel der elegante SS-Offizier auch nicht besonders auf in seinem dringenden Bemühen, Kontakt mit den CIC-Angehörigen zu bekommen.

Der SS-Offizier, es war Kurt Becher, hielt sich nicht mit langen Geschichten seiner heimlichen Gegnerschaft zum Nazi-Regime auf. Er versprach dem Soldaten 200000 Schweizer Franken, wenn dieser ihn aus dem Lager holen würde. Der Soldat besprach sich mit seinem Vorgesetzten, und sie suchten

Kurt Becher gemeinsam im Lager auf. Die Namen, die ihnen Becher nannte, machten sie nachdenklich: Roswell McClelland und den Schweizer Vertreter des Joint, Saly Mayer. Auf eigene Verantwortung brachten sie den Standartenführer aus dem Lager, quartierten ihn in einer Villa in Deggendorf unweit des Kriegsgefangenenlagers ein und setzten ihn an eine Schreibmaschine. Dort verfaßte Becher die erste Version der Geschichte seiner unermüdlichen Judenrettungen, seiner vielen Verhandlungen mit Roswell McClelland, den er tatsächlich nur einmal am 4. November 1944 in der Schweiz getroffen hatte, und seiner ständigen Kontakte mit Saly Mayer.

Für die beiden Amerikaner klang Bechers Geschichte wie ein Märchen aus Tausendundeiner Nacht: Ein SS-Standartenoffizier, der nur selbstlos geholfen haben will, um das Schicksal der Unglücklichen zu wenden. Sie beschlossen, der Sache nachzugehen. Das Geld, so hatte Becher ihnen gesagt, würden sie von Saly Mayer in seinem Auftrag erhalten. Sie sollten an der Schweizer Grenze in St. Margarethen-Höchst nach einem Schweizer Grenzbeamten mit einem flammend roten Bart und dem Spitznamen »Mustaccio« fragen.

Als die beiden Soldaten in ihrem Jeep an der Grenze ankamen, gab es diesen »Mustaccio« wirklich, und er konnte sich noch gut daran erinnern, Mayer und Becher zwei Stühle auf die Brücke im Niemandsland gestellt zu haben, damit die beiden bei ihrem Gespräch am 21. August 1944 nicht im Stehen verhandeln mußten. Diesen Grenzbeamten baten die beiden nun, Saly Mayer in St. Gallen anrufen zu dürfen. Sie hatten wenig Hoffnung, als amerikanische Soldaten ohne Visum in die neutrale Schweiz einreisen zu dürfen. Um so überraschter waren sie, als Saly Mayer ihnen sagte, sie mögen warten, man werde sie abholen. Tatsächlich erschien kurze Zeit später ein Schweizer Militärwagen, der sie nach St. Gallen eskortierte. Dort eröffnete ihnen Saly Mayer, er habe von dem Becherschen Geld nichts mehr. Niemals habe er gedacht, daß jemand Geld, das einem so hohen Nazi gehörte, zurückfordern könne. Die beiden glaubten ihm. »Heute«, so meinte der ehemalige CIC-Angehörige, »denke ich anders darüber, er hat uns wahrscheinlich geleimt.«

Die beiden Soldaten kamen nicht zu der versprochenen Summe und Becher nicht aus der Gefangenschaft. Die Amerikaner wurden an unterschiedliche Stellen versetzt, dem 23jährigen wurde von seinem Colonel mit der Drohung, er werde andernfalls vor ein Kriegsgericht kommen, das Versprechen abgenommen, über die Sache Becher zu schweigen. Das mag mit Bechers Behauptung zusammengehangen haben, er habe »ständigen Kontakt« mit Roswell McClelland gehabt.

Der Versuch Bechers, durch Bestechung freizukommen, war fehlgeschlagen.[16] Er wurde von Lager zu Lager gebracht, bis er schließlich in Oberursel im Taunus eintraf. CIC-Captain dieses Lagers war Richard A. Gutman, der Becher mehrfach verhört hat, auch später in Nürnberg. Von Oberursel aus wurde Becher zu seinem Entsetzen zunächst einmal nach Ungarn gebracht. In Budapest wurde der Kriegsverbrecher-Prozeß gegen die Szálasi-Regierung und deren Helfer vorbereitet. Der amerikanische Begleiter auf diesem Flug war ein amerikanischer Offizier ungarischer Herkunft, Martin Himler, der später von Bechers begreiflicher Panik berichtete, als dieser merkte, daß der Flug gen Osten ging. Aber Becher hatte keinen Grund zur Panik. Er wurde nur ausgeliehen als american property, als amerikanisches Eigentum, gegen Rückgabequittung. Am 14. November 1945 sagte Becher in Budapest aus. Er behauptete, wie später immer wieder, auch als das Gegenteil längst bewiesen war, daß Ferenc Chorin ihm den Manfred-Weiß-Konzern angeboten, ja regelrecht aufgedrängt habe. Die Fragen der ungarischen Vernehmungsbeamten nach seiner Funktion ab dem 23. Oktober 1944, nämlich »Chef des Räumungsstabes«, beantwortete Becher damit, er habe Waren aus Ungarn »regulär ausgeführt«, um sie vor der näherrückenden sowjetischen Front in Sicherheit zu bringen.

Im Januar 1946 forderten die Amerikaner Kurt Becher zurück. Die Ungarn hätten ihn gern behalten; denn sie sahen in ihm einen Kriegsverbrecher. Es gab aber keine legale Möglichkeit, ihn den Amerikanern zu verweigern. So stellte das ungarische Justizministerium einen formellen Auslieferungsantrag an die Amerikaner, dem sie den Text des Haftbefehls vom 26. September 1945 zugrunde legten:

»Als deutscher Staatsbürger und Oberstleutnant der Waffen-SS befaßte er sich in Ungarn auf Anweisung der deutschen Reichsregierung vom 19. März 1944 mit dem Aufkauf von Pferden und anderen Beschaffungen für die SS. Im Frühling und Sommer desselben Jahres nahm er als Leiter des oben erwähnten deutschen Beschaffungsorgans etwa 20 000 bis 21 000 Pferde für die deutschen Kräfte in Anspruch, davon wurden 17 000 bis 18 000 Pferde für das 2. Husarenregiment der SS, das in Ungarn aufgestellt war, beansprucht, während der Verdächtige die übrigen Pferde nach Deutschland transportierte.«[17]

Nicht allein dies warfen ihm die Ungarn vor; sie beschuldigten ihn des Raubes von ungarischen Gütern im Gesamtwert von rund drei Milliarden Dollar.[18]

Die Empfänger dieses Auslieferungsersuchens antworteten nicht einmal. Becher mußte nicht fürchten, sich vor einem ungarischen Gericht verantworten zu müssen. Die Amerikaner planten offenbar, ihn selbst vor das Internationale Militärtribunal in Nürnberg zu bringen. Nach seiner Rückkehr aus Ungarn im Januar 1946 wurde er ins Gefängnis nach Nürnberg gebracht, wo die Vorbereitungen zu den Kriegsverbrecherprozessen in vollem Gange waren.

Zwar hatte Becher immer heftig beteuert, er sei das Gegenteil eines Verbrechers, nämlich ein Humanist, der auf eigene beträchtliche Gefahr jüdische Menschen gerettet hatte. Beweisen konnte er das allerdings nicht. Wegen seiner Aufdringlichkeit, mit der er jedem gegenüber, der es wissen wollte oder auch nicht wissen wollte, sich seiner Rettungen gebrüstet hatte, hatte sich Becher bei Häftlingen und Aufsehern den Namen »Juden-Becher« gemacht.

Bis August 1947 mußte er mit einer Anklage rechnen. Walter Rapp, von 1946 bis 1948 Chef der Ermittlungsabteilung des amerikanischen Hauptanklägers Telford Taylor: »Bis zu diesem Zeitpunkt war noch keine endgültige Entscheidung getroffen worden über Bechers Schicksal, und es war sehr gut möglich, daß er von uns vor Gericht gestellt worden wäre wie andere auch, die während des Krieges ähnliche Stellungen bekleidet haben.«[19]

Aber Becher hatte inzwischen Besuch bekommen. Ein Besuch, der seinem Schicksal eine radikale Wende geben sollte: Rudolf Kasztner war in Nürnberg eingetroffen. Er durfte Becher besuchen, aber nicht nur zum Vergnügen. Kasztner war während der Vernehmungen durch den amerikanischen Beamten Curt Ponger anwesend, und er durfte mitfragen. So dauerte es nicht lange, bis es Kasztner war, der Becher vernahm.

Das Protokoll vom 7. Juli 1947, zwischen 14.30 und 17 Uhr, verzeichnet die Ereignisse:

PONGER: Sie haben vor einiger Zeit einen Brief geschrieben, der den Inhalt hatte, was mit Dr. Kasztner los sei?

BECHER: Ja, nachdem Sie mir seinen Besuch avisiert haben.

PONGER: Was versprechen Sie sich von dem Besuch Dr. Kasztners?

BECHER: Ich verspreche mir das, daß er als der Mann, der damals meine Arbeit gesehen hat beziehungsweise derjenige ist, mit dem ich am engsten zusammengearbeitet habe, die Dinge hier zum Ausdruck bringt und daß sich in meiner Lage endlich einmal eine Entwicklung zeigt. Ich bin jetzt zehn Monate hier in Nürnberg und bin praktisch kaum vernommen worden, und wissen Sie, ein Mann, der immerhin meines Erachtens gemacht hat, was kaum ein Deutscher vorzuweisen hat – ich habe bisher in den Vernehmungen und Protokollen nie gesehen, daß ein Mann derartiges geschafft hat wie ich –, dem muß doch mal geholfen werden. Daß Dr. Kasztner in dieser Sache eine ganz entscheidende Rolle gespielt hat, er war sozusagen mein Partner, trotzdem ich SS-Führer war, ist klar, und ich möchte annehmen, daß Dr. Kasztner der Wahrheit die Ehre gibt und das sagt, was wahr ist.[20]

In der sechsten Frage des Protokolls spannt Ponger den verärgerten Becher nun nicht länger auf die Folter:

PONGER: Wie rasch möchten Sie Dr. Kasztner sprechen? Er ist hier im Hause, also ungefähr in fünf Minuten?

BECHER: Das ist allerdings toll.

Kasztner und Becher begrüßen sich, und nun übernimmt Kasztner die weitere Vernehmung:

KASZTNER: Sie sehen gut aus.

BECHER: Ich habe mich sehr zusammengenommen und habe versucht, alles an mir ablaufen zu lassen.

KASZTNER: Ich glaube, es ist die Sache zu schaffen.

BECHER: Wie geht es Dr. Schweiger?

KASZTNER: Er ist schon weg nach Palästina.

BECHER: Sie werden ihm bald folgen?

KASZTNER: Wahrscheinlich in einigen Monaten. Er hat mir ganz ausführlich erzählt über seinen Auszug aus Mauthausen und wie man sich um ihn gesorgt hat. Er hat auch zusammen mit mir eine Erklärung unterschrieben. Was aus dieser Erklärung wird, muß abgewartet werden. Ich möchte jetzt einiges mit Ihnen aus der Vergangenheit durchsprechen. Ich möchte sagen, Dinge besprechen, die Sie damals nicht in der Lage waren zu besprechen. Ich möchte Sie bitten, sich zusammenzunehmen und Ihr Gedächtnis laufen zu lassen.

BECHER: Ich denke, daß ich die Materie noch einigermaßen beherrsche.

KASZTNER: Zunächst möchte ich von Ihnen hören, wie die Sache in Budapest begonnen wurde. Vielleicht werden Sie sich erinnern, die Initiative ist von uns ausgegangen. Einmal Wisliceny, dann Eichmann, und was ist dann später geschehen?[21]

Es folgt dann ein langes, sich gegenseitiges Erinnern über die Kontaktaufnahme zwischen Vaadah und Becher. Es wurde auch über die Manfred-Weiß-Transaktion gesprochen, und es herrschte ein Plauderton wie zwischen alten Freunden, die sich lange nicht gesehen haben, gehindert durch widrige Umstände. Was ja auch stimmte. Nun nahm Kasztner zielstrebig in Angriff, »die Sache zu schaffen«:

KASZTNER: Stichwort Budapest: Die Frage des Budapester Ghettos wurde verschiedentlich ausgelegt. Ich möchte ohne

äußeren Einfluß Ihre Story darüber hören, dann werde ich
einige Fragen an Sie stellen.

BECHER: Herr Dr. Kasztner, den Begriff Budapester Ghetto
– da müssen Sie mich kurz auf den Weg bringen. Meinen
Sie damit die Columbusstraße?

KASZTNER: Wollen Sie sich bitte zuerst sammeln, denn es
ist ein wichtiges Kapitel.[22]

Becher hat offenkundig keine Ahnung, worauf Kasztner hinaus will. So wird dieser vorsichtig deutlicher:

KASZTNER: Der Fußmarsch ist abgeschlossen. Es war eine
bestimmte Zahl von Juden in Budapest. Ich nehme an, daß
es kein Zufall war, daß diese am Leben geblieben sind. –
Nun, die Frage ist, diese Menschen haben den Pfeilkreuzlern ihr Leben zu verdanken?

BECHER: Bestimmt nicht.

KASZTNER: Erinnern Sie sich, daß Mitte Dezember die
pfeilkreuzlerische Regierung den Beschluß gefaßt hat, die
in Budapest gebliebenen und im Ghetto lebenden Juden
auszuschalten? Ist diese Frage nicht zu Ihnen gekommen?

BECHER: Mir schwant etwas, aber ich kann heute darüber
noch keine präzise Antwort geben.[23]

Becher schwant noch gar nichts. Er bemerkt nicht einmal, wie
Kasztner unter den Augen des amerikanischen Ermittlungsbeamten Ponger vorsichtig versucht, ihm eine weitere ungeahnte Möglichkeit zu verschaffen. Becher soll nämlich behaupten können, er allein habe die Juden im Ghetto von
Budapest vor den Mörderbanden Szálasis gerettet. So wenig
schwant ihm, daß ihm auch zu Beginn des nächsten Gespräches mit Kasztner am 10. Juli 1947 nicht klar ist, welch
scharfe Klinge zu seiner Verteidigung Kasztner ihm an die
Hand zu geben versucht.

KASZTNER: Herr Becher, ich möchte unser letztes Gespräch
fortsetzen. Sie werden sich noch erinnern, wo wir abbrechen mußten. Es war die Rede vom Budapester Ghetto.

BECHER: Herr Dr. Kasztner, Sie werden verstehen, daß ich unter dem Eindruck, Sie nach langer Zeit wiederzusehen, ziemlich beeindruckt war und bin. Sie werden deshalb verstehen, daß ich einfach physisch nicht in der Lage bin, Ihnen jeweils die Dinge so klar zu beantworten in einer Vernehmung, wenn wir unter anderen Umständen über die Dinge sprechen würden. Ich habe nun zwei Tage Zeit gehabt, über die Dinge nachzudenken, und ich glaube, ich kann Ihnen einiges sagen, was Sie wissen wollen, wenn ich auch sagen darf, daß ich an eben dieser Art der Vernehmung ...

KASZTNER: Darüber wollen wir uns nicht aufhalten.

BECHER: Ich bitte zu berücksichtigen, daß, bevor Budapest eingeschlossen wurde, mein Aufgabengebiet vom Gesichtspunkt der Ungarn, der Schwerpunkt auf dem Manfred-Weiß-Konzern lag und daß schließlich viele einzelne Interventionen nur ein Teilgebiet meiner Sorge um die Fortsetzung meiner großen Linie in der Judenangelegenheit waren. Sie werden deshalb verstehen, daß ich mich nicht an jedes Detail erinnern kann. Für mich gab es eine große Linie, und da müssen Sie mir gestatten nachzudenken. Ich bitte, mir diese Fragen zu stellen.

KASZTNER: Ich gehe nicht ein auf das, was Sie sagten, nur um Zeit zu sparen.

BECHER: Die Frage des Budapester Ghettos sehe ich wie folgt: Sie erinnern sich unserer Erörterung Anfang November in Zürich und St. Gallen und im Schnellzug, und ich möchte anregen, daß Herr Eichmann den letzten Versuch machte, den Befehl Himmlers, der zweifelsohne durch Sie und mich erwirkt worden ist, zu durchbrechen, versuchte, durch Herrn Veesenmayer bei der ungarischen Regierung in engster Zusammenarbeit mit den Pfeilkreuzlern die Deportation der Juden fortzusetzen nach Wien. Daß dies kein Arbeitseinsatz der Schutzstaffel (SS) war, ging daraus hervor, daß er Frauen und Kinder unter 15, ja 13 Jahren und Greise mitnahm. Wir waren uns darüber einig, daß ich zunächst unmittelbar erwirkte, daß diese Altersgrenzen geändert wurden.[24]

184

Das Vorspiel zu Bechers unverfrorenster Behauptung, er allein sei der Retter der Juden im Ghetto von Budapest, dauerte an. Immer noch in Unwissenheit, was Kasztner ihm eigentlich in den Mund legen wollte. So erinnerte er Kasztner zunächst einmal daran, daß er es war, der durch seine Intervention bei Himmler die Einstellung der Todesmärsche bewirkt haben will. Dann folgten weitere Beteuerungen Bechers, daß er unermüdlich tätig war in der »großen Linie der Judenangelegenheit«. Und schließlich kam er auf die von Kasztner suggerierte Beantwortung der Frage zurück, wenn auch noch nicht so klar, wie Kasztner es sich wünschte:

BECHER: Herr Eichmann wollte damals die letzten hundertfünfzigtausend Juden aus Ungarn herausbringen. Ich weiß auch, daß er mir gesagt hat, ich habe die Zusage von fünfzigtausend, die Durchführung ist meine Sache. Er hat mich verhöhnt. Sie kennen seine sarkastische Art. So ist das Ghetto von Budapest entstanden, wenn man es Ghetto nennen wollte. Ich kannte es mehr unter dem Namen einer Zusammengruppierung. Als ich bei Himmler war, hat mich Lüben einmal angerufen und mich darauf aufmerksam gemacht, daß Herr Eichmann zusammen mit den Pfeilkreuzlern andere Dinge im Spiele hatte. Ich kann mich auf den Wortlaut nicht mehr besinnen, aber ich darf Ihnen sagen, auf der Leitung Budapest – Führerhauptquartier konnte Herr Lüben auch keinen Klartext sprechen. Lüben hielt es aber für notwendig, mich im Führerhauptquartier anzurufen.[25]

Becher redete und redete und redete. Kasztner wird wahrscheinlich wie auf Kohlen gesessen haben; denn noch immer hatte Becher nicht verstanden, worauf Kasztners Frage zielte. Schließlich insistierte Kasztner ganz offen und stellte noch einmal wörtlich die gleiche Frage:

KASZTNER: Der Fußmarsch war abgeschlossen; es war eine bestimmte Anzahl von Juden in Budapest. Ich nehme an, daß es kein Zufall war, daß diese Menschen am Leben geblieben sind. Nun, die Frage ist, diese Menschen haben den Pfeilkreuzlern ihr Leben zu verdanken?

BECHER: Bestimmt nicht.

KASZTNER: Erinnern Sie sich nicht, daß Mitte Dezember die pfeilkreuzlerische Regierung den Beschluß gefaßt hat, die in Budapest gebliebenen und im Ghetto lebenden Juden auszuschalten? Ist diese Frage nicht zu Ihnen gekommen?

BECHER: Mir schwant etwas, aber ich kann heute darüber noch keine präzise Antwort geben.

KASZTNER: Sie müssen sich das notieren und darauf zurückkommen.

BECHER: Da ist irgend etwas gewesen.

KASZTNER: Im allgemeinen lag es nicht in der Praxis der deutschen Behörden, vor allen Dingen des Eichmann-Stabes, eine solche Anzahl Juden zu hinterlassen.

BECHER: Ja.

KASZTNER: Es ist anzunehmen, daß da irgendeine deutsche Intervention folgen sollte.

BECHER: Ja. Herr Dr. Kasztner, ich habe damals, als Himmler diesen Funkspruch von General Pfeiffer-Willenbruch erhielt – die Anfrage von Pfeiffer-Willenbruch war, was mit den Juden geschehen sollte –, da habe ich Himmler sofort gesagt, selbstverständlich darf den Juden nichts geschehen.

KASZTNER: Das sagten Sie mir seinerzeit.[26]

Endlich hatte Becher verstanden. In allerletzter peinlicher Minute ist ihm eingefallen, daß selbstverständlich er, Becher, dafür gesorgt hat, daß den »Juden nichts mehr geschehen durfte«.

Die Menschen im Budapester Ghetto verdanken also ihr Leben einzig und allein dem ehemaligen SS-Standartenführer, wenn es diesem auch – ganz gegen seine sonstige Gewohnheit – erst zwei Jahre nach Kriegsende eingefallen ist.

Dr. Rudolf Kasztner hat noch mehr für Becher getan. Er gab dem Internationalen Militärtribunal in Nürnberg am 4. August 1947 eine eidesstattliche Versicherung, in der es unter anderem heißt:

»Es kann kein Zweifel darüber bestehen, daß Becher zu den sehr wenigen SS-Führern gehörte, die den Mut hatten, sich dem Programm der Vernichtung der Juden zu widersetzen und menschliches Leben zu retten. [...] Ich habe nicht einen Moment an den guten Absichten Bechers gezweifelt. [...] Falls sein Fall durch alliierte oder deutsche Autoritäten beurteilt wird, verdient Kurt Becher nach meiner Überzeugung die größtmögliche Rücksicht. [...]

Ich mache diese Angaben nicht allein in meinem Namen, sondern auch im Auftrage der Jewish Agency und des Jüdischen Weltkongresses.«[27]

Dann unterschrieb Kasztner nicht allein mit seinem Namen, sondern setzte pompös noch zwei Funktionen hinzu: Früherer Vorsitzender der Zionistischen Organisation in Ungarn 1943 bis 1945 und Repräsentant des Joint Distribution Committee in Budapest.

Es sollte sich bald herausstellen, daß weder die Jewish Agency noch der Jüdische Weltkongreß Kasztner autorisiert hatten, Becher zu schützen. Kasztner schrieb außerdem, und das hat er später in Israel zunächst geleugnet und dann heftig bedauert, am 26. Juni 1948 dem ersten israelischen Minister für Finanzen nach der Gründung des neuen Staates, Elieser Kaplan, einen Brief. In diesem versicherte er, Becher sei aus dem Gefängnis in Nürnberg allein durch seine, Kasztners, Bemühungen freigelassen worden. Das bestätigte später auch Walter Rapp. Am 6. Februar 1957 bekräftigte er in einer Stellungnahme zum Kasztner-Prozeß ausdrücklich, daß »Bechers endgültige Befreiung aus Nürnberg allein auf Kasztners Bitten und durch seine eidesstattliche Versicherung« zustande gekommen sei.

So durfte Becher seine Zelle verlassen und kam in den offenen Flügel für Zeugen. Als unbescholtener Zeuge wurde er noch für den Prozeß gegen Edmund Veesenmayer gebraucht.

Kapitel XI

Ein Kriegsverbrecher in seiner wirklichen und schrecklichsten Bedeutung

Natürlich erhielt Becher noch andere Versicherungen, daß er nie dort war, wo Verbrechen verübt wurden. Aber das waren die üblichen, gegenseitigen Beteuerungen hoher SS-Führer im Magill-Prozeß in Braunschweig und im Ermittlungsverfahren gegen Lombard in München. Jeder bezeugte jedem, niemals an Plätzen des Verbrechens gewesen zu sein oder zumindest keine Erinnerung an die Tätigkeit des jeweils anderen zu haben.

Allein Kasztners eidesstattliche Versicherung bewahrte Becher vor einer Verurteilung als Kriegsverbrecher in Nürnberg. Es mag durchaus möglich sein, daß Kasztner persönlich nie mit den Abgründen Bechers konfrontiert war. Warum auch? Becher hatte Mitte 1944 bis 1945 den Gipfel seiner steilen Karriere erreicht. Der große Raub des Manfred-Weiß-Konzerns war erfolgreich abgeschlossen. Er besaß die Macht eines hohen SS-Führers. Es konnte für niemanden, schon gar nicht für einen Juden im besetzten Budapest, zweifelhaft sein, wen er vor sich hatte. Warum also hätte Becher sich wie Eichmann aufführen sollen? Er war vollauf damit beschäftigt, an seinem Alibi zu arbeiten. Da war ihm der Kontakt mit Kasztner und der Vaadah nur allzu recht. Hannah Arendt hat das Zusammenspiel von Eichmann und Becher in dem Handel Blut gegen Ware untersucht:

»Als das Austauschprojekt mit dem vorhersehbaren Fehlschlag geendet hatte, war mittlerweile überall bekannt, daß Himmler trotz seines ewigen Schwankens, das von seiner berechtigten physischen Angst vor Hitler herrührte, den Abbruch der ganzen ›Endlösung‹ beschlossen hatte – ohne Rücksicht auf Geschäfte, ohne Rücksicht auf militärische Notwendigkeiten und ohne daß irgend etwas herauskommen konnte außer den bekannten Illusionen, die er sich für seine zukünftige Rolle als Friedensbringer für Deutschland zusammengeleimt hatte.

Erst damals bildete sich so etwas wie ein ›gemäßigter Flügel‹ in der SS, der teils aus Leuten bestand, die so dumm waren zu glauben, daß ein Mörder nur nachzuweisen braucht, er habe nicht so viele Menschen getötet, wie er hätte töten können, um ein prachtvolles Alibi zu besitzen, teils aus den Schlauen, die eine Rückkehr zu den ›normalen Verhältnissen‹ voraussahen, in denen Geld und gute Beziehungen wieder an oberster Stelle rangieren würden.«[1]

Zu diesem »gemäßigten Flügel« in den letzten Monaten des »Tausendjährigen Reiches« zählte Arendt Becher, aber nicht Eichmann, der diesen wohlerzogenen »Herren« aus gutbürgerlichen Kreisen zu primitiv war und der seinerseits bis zum Schluß heftige Abneigung gegen diese Gruppe um Becher hegte, die er »Händler und Schacherer« nannte.[2]

1948 war Becher ein freier Mann. Zunächst ging er nach Hamburg zurück, konnte sich dort aber nach Zeugenaussagen finanziell kaum über Wasser halten, bis er eines Tages über erhebliche Summen Geldes verfügte.[3] Woher die stammten, ist bis heute ungeklärt. Vermutungen gibt es viele, Beweise keine. Danach ließ sich Becher in Bremen nieder.

Rudolf Kasztner aber ging in den neugegründeten Staat Israel, arbeitete zunächst als Journalist und wurde dann Pressesprecher des Versorgungsministeriums. Er wollte Knesseth-Abgeordneter für die Mapai-Partei der Sozialdemokraten werden. Seine Aussichten standen nicht schlecht, als sein Traum jäh zerstört und er Mittelpunkt eines großen Skandals wurde, der sich über einige Jahre hinzog: Er wurde öffentlich beschuldigt, mit den Nazis kollaboriert und das ungarische Judentum verraten zu haben, um seine eigene Familie und seine eigene Haut zu retten.[4] Vor allem aber wurde ihm vorgeworfen, mit Becher paktiert zu haben. Diese Vorwürfe stammten von einem israelischen Journalisten, einem alten Herrn, der berüchtigt dafür war, Dossiers über Personen des öffentlichen Lebens zu sammeln und schwülstige und theatralische Pamphlete über sie zu versenden. Sein Name war Malkiel Grünwald. Im August 1952 schrieb er über Kasztner:

»Für wen und auf wessen Kosten sind Sie 1946 – heimlich, wie ein Dieb in der Nacht – nach Nürnberg gefahren, um beim Prozeß gegen die größten Kriegsverbrecher aller Zeiten und als Zeuge der Verteidigung für SS-Obersturmbannführer Kurt Becher auszusagen, diesen Mörder, Dieb und Blutsauger, der unsere Brüder in Ungarn ausgebeutet hat? [...] Warum haben Sie Becher vor dem Strang gerettet, den er verdient hat?«[5]

Dann beschuldigte Grünwald Kasztner, der eigenen Rettung und der seiner Familie und Freunde wegen – tatsächlich waren in dem über Bergen-Belsen geleiteten Zug der 1684 Menschen 52 Familienangehörige Kasztners – die ungarischen Juden über den Zweck der Deportationen getäuscht und sich an ihrem Vermögen bereichert zu haben. Der Skandal war perfekt.

Kasztner zeigte Grünwald wegen Verleumdung an. Es kam zu einem Prozeß. Am 1. Januar 1954 begann die Hauptverhandlung gegen Grünwald. Sein Verteidiger war Schmuel Tamir, der spätere Justizminister Israels. Richter war Benjamin Halevy, später einer der Richter im Prozeß gegen Adolf Eichmann. 60 Zeugen beider Seiten waren aufgeboten worden, 3000 Blatt Akten enthielten in sechs Sprachen ihre Aussagen. Schließlich verkündete Halevy am 22. Juni 1955 das Urteil: Freispruch für Grünwald vom Vorwurf der Verleumdung in drei von vier Punkten. Für den vierten wurde eine symbolische Strafe von einer Lira verhängt. Die Verlesung der Urteilsbegründung dauerte einen ganzen Tag.[6] Das Gericht sah keine Verleumdung darin, daß Grünwald behauptet hatte, Kasztner habe mit den Nazis kollaboriert, zur »Ausrottung der ungarischen Juden beigetragen« sowie den Kriegsverbrecher Becher nach dem Kriege vor Strafe bewahrt.

Becher, so der Richter in seiner 274 Seiten umfassenden Urteilsbegründung, habe der SS angehört, deren Ziel es war, Juden zu vernichten. Becher habe nie etwas ohne Himmlers direkten Befehl oder auch nur seinen persönlichen Rat getan.

Becher als Leiter des Wirtschaftsstabes in Ungarn habe aus den Juden bei jeder sich bietenden Gelegenheit Geld »herausgequetscht« und die Früchte der Erpressung anderer persönlich genossen. Er war, so der Richter, gleich schuldig mit denen, die die Ausrottung der Juden direkt betrieben haben. Becher sei ein Kriegsverbrecher gewesen und Kasztner habe das gewußt. Falls Becher irgend etwas für Juden getan habe, so das Jerusalemer Gericht, dann, um sich ein Alibi zu verschaffen, das für seine eigene Rettung günstig sein würde. Aber auch Kasztner habe nach einem Alibi gesucht. Wenn Himmler, Becher und Kasztner wirklich Juden retten wollten, dann hätten sie in den Todeslagern viele finden können.

In seiner Zeugenaussage hatte Kasztner betont, er habe die Sicherheit der Schweiz verlassen und sei nach Deutschland zurückgekehrt, um weiter Juden zu retten. Diese Aussage, so sagte der Richter in der Urteilsbegründung, nehme er nur mit allergrößter Zurückhaltung auf. Die Geschichte von Dr. Moshe Schweiger habe dem Gericht unter anderem als Beweis dafür gegolten, wie eifrig Becher an seinem Alibi gearbeitet habe. Im Todeslager Mauthausen, in dem es eine »Spezialität« war, Häftlinge durch Benzininjektionen zu ermorden, sei er erschienen, um allein Schweiger aus dieser Hölle zu befreien. Andere Häftlingsschicksale hätten ihn überhaupt nicht interessiert. Schweiger habe er dann bis zu seiner Verhaftung durch die Amerikaner aufgenommen. Das sei ein wohlüberlegter Schachzug Bechers gewesen, um sich nach dem Kriege als Judenretter zu präsentieren.

Kasztner habe außerdem vor dem Jerusalemer Gericht bestritten, daß er in Nürnberg zugunsten Bechers Zeugnis abgelegt habe, seine einzige Intervention sei die in gutem Glauben abgegebene eidesstattliche Versicherung gewesen. Diese Behauptung sei durch die im Prozeß vorgelegten Beweise widerlegt worden. Vielmehr habe sich herausgestellt, daß Kasztner völlig unberechtigt seine Versicherung auch noch im Namen der Jewish Agency und des Jüdischen Weltkongresses abgegeben habe. Beide Organisationen, so habe der Prozeß erbracht, hätten Kasztner nicht im mindesten dazu autorisiert. Allerdings habe es bei seiner erfolgreichen Befreiung Bechers eine ausschlaggebende Rolle gespielt, daß sich Kasztner auch noch auf die beiden großen jüdischen Organisationen berufen habe, um seinen Worten mehr Gewicht zu verleihen.

Benjamin Halevy wurde sogar noch deutlicher. Kasztner habe sehr wohl gewußt, daß Becher niemals eine mutige Haltung zugunsten der Juden eingenommen habe. Dennoch habe Kasztner behauptet, daß er Bechers gute Absichten niemals bezweifelt habe, obgleich er wußte, daß Becher Himmlers williges Werkzeug war. Die Schlußfolgerung des Urteils: Kasztner habe »seine Seele dem Teufel verkauft«, als er wider besseres Wissen den Kriegsverbrecher Becher befreite. Von einer Beleidigung durch Grünwald in diesem Punkt könne also nicht die Rede sein.[7]

Für unbeweisbar hingegen hielt das Gericht die Behauptung, daß Kasztner zusammen mit Becher Geld und Wertsachen gestohlen hätte, die den ungarischen Juden gehörten, um sich gemeinsam daran zu bereichern.

Justizminister Pinchas Rosen legte noch am Tag der Urteilsverkündung Berufung beim Obersten Gerichtshof ein. Für die Mapai, die regierungstragende Partei, war es eine Katastrophe, daß ein solch exponierter Mapai-Mann wie Kasztner, der noch dazu für ein Abgeordnetenmandat in der Knesseth vorgesehen war, ungestraft als Nazikollaborateur bezeichnet werden durfte.

Zweieinhalb Jahre später war der Oberste Gerichtshof zu einer Entscheidung gelangt. Im Januar 1958 verkündete er das Urteil. Vier der fünf Richter stimmten für die Berufung und entlasteten Kasztner von den meisten Vorwürfen. Einig jedoch war sich der gesamte Gerichtshof in der Beurteilung von Kurt Becher. Einer der fünf Richter war Moshe Silberg. Er vertrat eine abweichende Meinung und schloß sich in vollem Umfang dem Urteil der Vorinstanz durch Richter Benjamin Halevy an.

Er schrieb: »Jeder, der Becher nachträglich half oder ihn vor dem Galgen bewahrte, zeigte dadurch, daß die Taten jenes üblen Kriminellen in seinen Augen doch nicht ganz so widerwärtig und grausam waren.«[8] Und an anderer Stelle: »Wichtig sind die folgenden Tatsachen:

a) daß Becher, Chef des Wirtschaftsstabes der Waffen-SS und einer der Hauptgehilfen Himmlers, ein Kriegsverbrecher war, und zwar nicht nur in seiner technischen Bedeutung des Wortes, sondern in seiner wirklichen und schrecklichsten Bedeutung. [...] Die Vernichtung machte die Erpressung wirksamer.«[9]

Und Schneur Salman Schesin, ein anderer Richter des Gremiums, bemerkte über Becher:

»Dieser schlaue Nazi hat, wie bekannt, noch vor dem vollständigen Zusammenbruch der deutschen Armee für sich ein starkes Alibi vorbereitet. Im Augenblick der Agonie des Dritten Reiches begann er für seine Haut zu sorgen, und alle seine Bestrebungen galten seit dieser Zeit der Schaffung von Beweisen und der Sammlung von Bestätigungen über die von ihm angeblich geübten Rettungstaten. [...] Allein die letzten Taten Bechers – von ihm vollbracht, nachdem er zur Erkenntnis gelangt war, daß keine Hoffnung mehr auf einen siegreichen Ausgang des Krieges bestand – vermögen unter keinen Umständen für seine vorausgegangenen Sünden zu sühnen.«[10]

Kasztner lebte nicht mehr, als am 19. Januar 1958 das Urteil seiner weitgehenden Rehabilitation – mit Ausnahme seines Eintretens für Becher – verkündet wurde. Am Abend des 3. März 1957 wurde er vor seiner Haustür in Tel Aviv von einem jungen Mann angehalten, der ihn fragte, ob er Dr. Kasztner sei. Als Kasztner dies bejahte, schoß der Mann dreimal auf ihn. Einige Tage später starb er an seinen Verletzungen.

Schon wenige Stunden nach dem Attentat verhaftete die Polizei drei junge Männer. Keiner von ihnen stammte aus Ungarn. Es wurde damals gemunkelt, daß der Shin Bet, der Inlandsgeheimdienst Israels, seine Hand im Spiel gehabt habe. Alle drei wurden zu lebenslanger Haft verurteilt, aber drei Jahre später gegen den Willen von Kasztners Witwe, aber mit Billigung seiner Tochter begnadigt und freigelassen.[11]

Im Laufe der Jahrzehnte hat sich das Bild Rudolf Kasztners in Israel immer wieder gewandelt. Bis zum heutigen Tag ist die Meinung über ihn nicht einhellig. Es scheint jedoch, daß vor allem jüngere israelische Historiker ihn nicht mehr ausschließlich als Verräter sehen. So entsteht mehr und mehr das Bild eines Mannes, der Züge eines größenwahnsinnigen, aber tragischen Helden gewinnt. Eines Mannes, der glaubte, die SS bezwingen zu können; der sich tief eingelassen hat und seine »Seele dem Teufel verkauft hat«, der aber ohne jeden Selbstzweifel überzeugt war, das Richtige zu tun.

Im Zusammenhang mit diesen beiden Prozessen gegen Malkiel Grünwald, die in Wahrheit Kasztner-Prozesse waren, kam Becher das erste Mal in Israel in die Schlagzeilen. Das zweite Mal im Eichmann-Prozeß. Am 11. Mai 1960 war Eichmann in einem Vorort von Buenos Aires, wo er unter dem Namen Ricardo Klement lebte, von israelischen Geheimdienstangehörigen festgenommen und neun Tage später aus Argentinien nach Israel gebracht worden. Dort wurde er der Verbrechen gegen das jüdische Volk, der Verbrechen gegen die Menschlichkeit und anderer Kriegsverbrechen angeklagt. Sein Gnadengesuch wurde am 31. Mai 1962 vom israelischen Staatspräsidenten verworfen. Eichmann wurde gehängt, sein Leichnam verbrannt und die Asche über dem Meer verstreut.

Mit Eichmann geriet Becher ins Zwielicht, aber auch Kasztners Name wurde wieder laut. Noch immer war das ungarisch-israelische Lager über die Person Kasztner tief gespalten. Während er für die einen als Held galt, der Juden gerettet hat, betrachteten ihn die anderen als einen Beschwichtiger, der in vollständiger Kenntnis des Schreckens zum Mord an 500 000 ungarischen Juden geschwiegen hat, um einige wenige befreien zu können. In seinem Buch *Die Vernichtung der Juden* beschreibt Eichmanns damaliger Ankläger Gideon Hausner erschütternde Szenen aus dem Gerichtssaal in Jerusalem:

»Es gab Augenblicke großer Spannung. Während der Aussage von Philip von Freudiger, eines der Führer der orthodoxen Gemeinde in Budapest, brüllte ihm ein Zuschauer auf ungarisch zu: ›Ihr habt uns beschwichtigt, damit wir nicht davonlaufen, während ihr eure Familien gerettet habt!‹

Die Tragödie der in einer Falle gefangenen jüdischen Führer im besetzten Europa trat in seiner ganzen Nacktheit zutage. Was hätte Freudiger tun sollen? Wie konnte er wissen, daß alles verloren war und daß die herkömmlichen Mittel und Wege, um das Judentum vor Verfolgung am Leben zu erhalten, diesmal nicht funktionieren würden? Ist es nicht eine verständliche menschliche Schwäche, daß man sich um seine eigene Familie kümmerte? Wer kann sagen, er hätte den Weitblick haben müssen, alle Hoffnungen aufzugeben und die Juden mit dem Ruf: ›Rette sich, wer kann!‹ zu warnen. Hätte das denn geholfen?«[12]

Der frühere Generalstaatsanwalt Israels warf damit die zentrale Frage der Beurteilung einer möglichen Schuld der Führer der Vaadah, auch Kasztners, auf. Er zitierte einen anderen Zeugen aus dem Eichmann-Prozeß, der in der ungarischen Provinz gelebt und den Güterwaggon nach Auschwitz hatte besteigen müssen:

»Hätte ich gewußt, was Auschwitz ist, hätte mich keine Macht der Erde dazu gebracht, in diesen Zug zu steigen. Aber es gab auch keine Macht der Erde, die mich dazu hätte bringen können, an die Existenz eines Auschwitz zu glauben. Sogar als ich schon im Lager war und ein polnischer Jude bei unserer Ankunft auf uns zukam und auf die hohen Schornsteine deutete und sagte, da würden wir bald alle hinauffahren, war ich überzeugt, daß dieser Mensch wahnsinnig sei. [...] Außerdem hätte niemand den Warnungen Glauben geschenkt, selbst wenn sie von Kasztner gekommen wären.«[13]

Es war Hausners Angeklagter Adolf Eichmann, der Kasztner diesen »Weitblick« zugetraut hat. In seinem Versteck in Argentinien bewundert Eichmann in seiner verquasten Weise den Zionistenführer Kasztner, der »seine Befehle von seinem Chef Chaim Weizman« erhalten habe, wie Eichmann die von seinem. Mit seiner Sympathie für Kasztner belastete er ihn ungewollt schwer. Lange bevor der Grünwald-Prozeß in Sicht war, geschweige denn sein eigener. Kasztner, so schrieb Eichmann, habe ihm oft versichert, er könne »die alten Leute, die assimilatorischen Juden und die Juden, die dem Zionismus nicht nahestehen, haben«. Er wolle junge, begeisterte Zionisten aus dem Land bringen. Eichmann phantasierte auch darüber, wie er Kollaborateure beurteilen würde, wenn er Jude wäre – eine Vorstellung, das vergißt er nicht zu erwähnen, die ihm nur unvollständig gelingt. Dann stände, so schrieb der Mörder des jüdischen Volkes, auf dem ersten Platz seiner Liste wohl Dr. Kasztner.[14] Die Mitglieder des Judenrates und Führer der jüdischen Gemeinde in Budapest, so räumte Eichmann ein, hätten aber versucht, Menschen ungeachtet ihrer politischen Meinung zu retten. Das sei ihnen nicht gelungen, da habe er schon aufgepaßt.

Zu Eichmanns Prozeß in Jerusalem hat die Verteidigung elf Entlastungszeugen benannt. Einer davon war Becher, den Robert Servatius, Eichmanns Verteidiger, hören wollte. Aber Eichmann wurde von niemandem entlastet. Bechers Aussage wurde nicht in den Prozeß eingeführt und nicht verwendet.

Becher hatte vom Gericht freies Geleit gefordert. Wie hätte er das erhalten sollen, als »Kriegsverbrecher in seiner wirklichen und schrecklichsten Bedeutung«, als den ihn der Oberste Gerichtshof beurteilt hatte?[15] Deshalb fuhr Becher nicht nach Israel; er machte seine Aussagen in Bremen vor einem Ermittlungsrichter des Amtsgerichts. Die Aussage Bechers war unbrauchbar. Sie kam nämlich auf eine Weise zustande, die für Gericht und Staatsanwaltschaft in Jerusalem inakzeptabel und unverständlich war. Becher waren die 61 Fragen, die die Anklage und die Verteidigung gemeinsam erarbeitet hatten, vorher schriftlich ausgehändigt worden. Am 14. Juni 1961 hatte Becher die Unterlagen erhalten, konnte sich mit seinen Anwälten in aller Ruhe überlegen, was er wie sagen wollte, und wurde dann am 20. und 21. Juni 1961 vom Richter mündlich vernommen. Bei dieser Vernehmung waren der Vertreter der israelischen Staatsanwaltschaft, Erwin Shimron, und der der Verteidigung, Dieter Wechtenbruch, anwesend.

Wie konnte es zu diesem unverzeihlichen Fehler des Bremer Amtsgerichts kommen« Der Richter hatte eine Praxis angewendet, die besonders in Rechtshilfeersuchen üblich ist.

Ein Zeuge, der nicht als Beschuldigter gilt, wird zuvor mit dem Gegenstand seiner Vernehmung vertraut gemacht, um ihm die Möglichkeit zu geben, sich genau zu erinnern. Bei Becher hat diese Praxis das Gegenteil bewirkt: Er konnte in aller Ruhe überlegen, was er nicht sagen wollte und woran er sich besser nicht erinnern konnte. In diesem Fall war die sonst geübte Praxis reine Ironie. Der Eichmann-Prozeß betraf die Bundesrepublik Deutschland in höchstem Maß. Im Anschluß kamen endlich auch einige Kriegsverbrecher-Prozesse in Deutschland in Gang, beispielsweise jener gegen Krumey und Hunsche, um nur einen zu nennen.

Der Vorermittlungsrichter, der Becher vernahm, war kein alter Nazi, der den ehemaligen SS-Standartenführer decken wollte. Es war ein junger Assessor, der schon kurze Zeit später, aber eben zu spät bemerkte, daß für die Vernehmung Bechers das übliche Vorgehen nicht geeignet war. Zumindest wäre es angeraten gewesen, den Obersten israelischen Gerichtshof über die in Deutschland übliche Praxis der Zeugenvernehmung zu informieren.

In seiner Aussage zum Eichmann-Prozeß hat Becher vieles verdreht und das meiste geschönt. Er hat seine eigenen vermeintlichen Ruhmestaten hervorgehoben und seine Kenntnis und Beteiligung an Verbrechen verschwiegen. Daß er aber ohne jede Einschränkung seinen Eid abgelegt hätte, das war von Becher nicht zu erwarten. Dazu war er viel zu gerissen. In weinerlichem Selbstmitleid öffnete er sich erst einmal ein Hintertürchen, bevor er die Hand hob:

»Ich habe meine Aussagen im gestrigen und heutigen Termin nach bestem Wissen und Gewissen gemacht, und zwar so, wie sie mir heute in Erinnerung sind. Es ist aber zu bedenken, daß die Vorgänge 17 Jahre zurückliegen und weiter, daß ich in meiner dreijährigen Internierung und auch in späteren Jahren sehr viele Vernehmungen habe über mich ergehen lassen müssen, in denen mir zahlreiche Aussagen anderer vorgehalten worden sind. Es ist infolgedessen nicht ausgeschlossen, daß mich mein Erinnerungsvermögen zu dem einen oder anderen Punkt täuscht.«[16]

Danach leistete Becher den Eid und konnte mit gutem Gewissen alles beschwören.

Eichmann, so wird berichtet, war empört über den Inhalt von Bechers Aussage. Immerhin war der ehemalige Standartenführer zu Eichmanns Entlastung von der Verteidigung als Zeuge benannt worden. Von der erhofften Entlastung konnte nicht die Rede sein, was nicht ganz unverständlich ist: Wer rühmt sich schon gern seines guten Verhältnisses zu Adolf Eichmann?

Noch in Jerusalem hatte Eichmann betont, das Verhältnis zwischen ihm und Becher sei »an sich gut« gewesen, »trotzdem man sachlich manchmal divergierte«. So war Bechers Aussage für Eichmann ein schwerer Schlag:

»Es ist ein verlogener Bericht, mehr kann ich dazu nicht sagen. Verlogener Bericht eines Menschen, der sich irgendwie aus der Affäre ziehen will. Ich versteh's ja, daß er sich aus der Affäre ziehen will, das ist ja auch sein Recht. Aber man darf das nicht auf seine Art und Weise machen. Seiner Intelligenz hätte ich zugetraut, daß er das in einer anderen Form macht, die wahrheitsgetreuer ist. Und wahrscheinlich deswegen, weil er so impertinent lügt, hat er als letzten Punkt mich als Oberlügner hingestellt, damit seine Lügen nur ja besser geglaubt werden.«[17]

Tatsächlich hatte Becher Eichmann schon zu einem sehr frühen Zeitpunkt als Lügner bezeichnet. Zwar war Eichmann zu diesem Zeitpunkt verschwunden, aber man konnte nicht wissen, ob er noch lebte und wo und ob er eines Tages wieder auftauchen würde. So hatte Becher am 7. Juli 1947 in Nürnberg vorsichtshalber ausgesagt: »Das Verhältnis zu Eichmann war immer ein sehr schwieriges. Ich glaube, ich habe nie in meinem Leben einen Menschen getroffen, der so überzeugend lügen konnte wie Eichmann. Er erzählte Ihnen eine Story, die war so wahrheitsgetreu, daß sie nicht glauben konnten, daß sie nicht stimmt.«[18]

Beide haben an den gegenseitigen Beschuldigungen »Lügner!« und »Oberlügner!« nicht gespart. Noch bevor Becher in

198

Bremen vernommen wurde, hatte Eichmann in einem polizeilichen Verhör zur Vorbereitung des Prozesses gegen ihn eine erstaunliche Aussage über sein erstes Zusammentreffen mit Becher gemacht:

»Hier im Hotel Astoria besuchte mich sogleich in den allerersten Tagen Becher, den ich bis dahin nicht gekannt habe. Er machte mich mit seinem Auftrag bekannt, den er vom Reichsführer SS hatte und drängte in der Folgezeit auf sofortigen Beginn der Evakuierung, da er sonst seinen Reichsführer-SS-Befehl nicht durchführen könne. [...] Die laufende Bechersche Erklärung und Drängelei bestand darin, daß er seinen Reichsführer-SS-Befehl nur in einer – ich weiß den Wortlaut nicht mehr, aber das war sein ständiges Motto – in einer Art überhitzten Atmosphäre zur Durchführung bringen könne. Er wollte die Evakuierungsmaßnahmen gewissermaßen im Ruck-Zuck-Verfahren angegangen wissen, und dies sei im übrigen auch der Wille des Reichsführers SS.«[19]

Mit dieser Aussage Eichmanns wurde Becher in Bremen konfrontiert. Natürlich wies er sie weit von sich:

»Mir ist durch den Vertreter des Herrn Generalstaatsanwalt in Jerusalem die Einlassung des Angeklagten, enthalten im Dokument der Staatsanwaltschaft Nr. 3290 bis 3305, Tonband IV der polizeilichen Aussage des Angeklagten, vorgelesen worden. Soweit ich in diesen Aussagen zitiert wurde und meine Tätigkeit beschrieben worden ist, erkläre ich, daß sie in keinem Falle der Wahrheit entsprechen. Ich habe weder Einfluß auf die Durchführung der Deportationen gehabt; es ist bewiesen, daß ich Einfluß gegen Deportationen in vielen Fällen genommen habe und in einzelnen Fällen auch Erfolg gehabt habe. Mein Auftrag des SS-Führungshauptamtes und die von mir durchgeführte Manfred-Weiß-Aktion stand mit Eichmann überhaupt nicht in Zusammenhang. Ich habe, wie vorstehend ausgesagt, erst etwa in der ersten Hälfte Mai auf Veranlassung der jüdischen Führung versucht, Einfluß bei Himmler zugunsten der Juden zu bekommen. Meine vorstehenden Ausführungen werden unter anderem auch aus der Erklärung, die Dr. Rudolf Kasztner abgegeben hat, gestützt.«[20]

Eichmann blieb nicht nur bei seinen Behauptungen. Er bekräftigte sie am 5. Juli 1961, dem 86. Prozeßtag, noch:

»Zum anderen kam die Tatsache, daß mir dieser Sonderbeauftragte in der Folgezeit fast täglich im Genick saß und hier in einer unerhört drängenden Form die Evakuierung beschleunigen wollte, um hier ein Deportationsklima zu schaffen, ein nervöses Klima, weil, wie er sagte, er den Reichsführer-Befehl eleganter und schneller durchdrücken konnte.«[21]

Sollte es tatsächlich so gewesen sein, daß Becher versucht hat, den Judenmörder Eichmann noch anzutreiben? Es kann kein Zweifel darüber bestehen, daß in einem Klima von Angst und täglicher Todesdrohung besser und einfacher Geld von den Juden zu erpressen war. Genau darauf hatten auch die israelischen Gerichte in erster und zweiter Instanz hingewiesen im Prozeß Grünwald gegen Kasztner. Für die Richter war Becher ein »Kriegsverbrecher in des Wortes schrecklichster Bedeutung«, der »persönlich die Früchte der Erpressung anderer genossen« hat.

Es ist aber auch möglich, daß Eichmann gelogen hat, um seinen Kopf zu retten. Möglich, aber nicht sehr wahrscheinlich. Er hatte nichts mehr zu verlieren, selbst eine für ihn günstige Aussage Bechers hätte ihn nicht vor dem Strang bewahren können. Bereits in der Hauptverhandlung hatte Eichmann freimütig erklärt, daß er auch seinen eigenen Vater nach Auschwitz geschickt haben würde, wenn man es ihm befohlen hätte. Außerdem hatte er Becher beschuldigt, bevor dieser seine Aussage in Bremen machte und Eichmann noch hoffen konnte, er werde etwas zu Eichmanns Entlastung aussagen. Rache kann also nicht Eichmanns Motiv gewesen sein. Es hat Eichmann aber sehr gekränkt, daß ein Mann wie Becher, der »so impertinent lügt«, noch im Januar 1945 SS-Standartenführer geworden ist – ein Rang, der Eichmann zu seinem großen Leidwesen versagt blieb.

200

Für Becher jedoch war es sehr wichtig, Eichmanns belastende Aussagen zu bestreiten. Er wollte vor allem sein mühsam aufgebautes Image vom tüchtigen Pferdeaufkäufer, vom harmlosen Reservisten der Waffen-SS wahren, der sich sofort seinen humanitären Ambitionen widmete, als er merkte (1944!), in welche Gesellschaft er geraten war. Dieses Image hat nicht nur im Grünwald-Prozeß, sondern auch im Eichmann-Prozeß ein paar Jahre später gelitten. Aber ernsthaft geschadet hat ihm weder das eine noch das andere Verfahren. Er mußte sich niemals für seine Taten wirklich verantworten.

Und wen hat er nun eigentlich gerettet, selbstlos und aus Menschlichkeit?

Den Familienverband der Weiß-Familie wird noch nicht einmal Becher zu den »Geretteten« zählen wollen. Diesen Leuten wurde im Austausch für das nackte Leben ein Milliardenkonzern weggenommen. Die lächerlich kleine vereinbarte Summe zahlte Becher ihnen ja noch nicht einmal voll aus; es stand ja der SS angeblich ein »so hoher Devisenbetrag nicht zur Verfügung«.

Die 1684 Menschen, die schließlich aus Ungarn über Bergen-Belsen in die Schweiz ausreisen durften, die waren der SS und vor allem Herrn Standartenführer Becher für sehr viel Geld abgekauft worden, für 1000 Dollar pro Kopf.

Die 1200 Menschen, die im Februar 1945 aus Theresienstadt in die Schweiz ausreisen durften, hat der Schweizer Alt-Bundespräsident Jean Marie Musy gerettet, als sogar schon Himmler viel daran lag, sich ein Alibi zu verschaffen.

Die Beendigung der Todesmärsche aus Budapest an die österreichische Grenze, die Becher allein bewerkstelligt haben will – waren wenigstens die sein Werk? Auf diese Meriten gibt es viele Anwärter: den Höheren SS- und Polizeiführer Otto Winkelmann, den SS-General und Leiter des SS-Führungshauptamtes Hans Jüttner und Walter Schellenberg aus dem Reichssicherheitshauptamt. Jüttner soll sehr erbost gewesen sein, daß Becher die einzige gute Tat, die Jüttner vorweisen wollte, nun auch noch für sich verbuchte.[22]

Die Rettung aller Menschen im Ghetto von Budapest ist Bechers frechste Behauptung. Sie ist ihm erst im Juli 1947 eingefallen, und zwar mit Kasztners Hilfe, das zeigen die Vernehmungsprotokolle in peinlichster Deutlichkeit.

Dr. Moshe Schweiger wurde von Becher aus Mauthausen gerettet. Um den Preis seiner sofortigen Versicherung, daß nicht nur Becher ein Retter der Budapester Juden war, sondern alle in seiner Begleitung befindlichen Personen, eingeschlossen die beiden Kraftfahrer.

Des Reichsführers gehorsamster Becher hat nichts getan, was Himmler nicht gewollt hat. Als die Vernichtungsmaschinerie in Auschwitz angehalten wurde, da waren es Himmlers kühne Träume, mit den Westalliierten verhandeln zu können. Als Alibizeugen für seine selbstlosen Rettungseinsätze hat sich Becher vor allem auf zwei Männer berufen: Dr. Rudolf Kasztner und Dr. Vilmos Billitz. Rudolf Kasztner ist durch seine Hilfe für Becher in erhebliches Zwielicht geraten, am Ende hat er für diese Hilfe mit seinem Leben bezahlt.

Auch Dr. Vilmos Billitz ist seit langem tot. Er starb noch vor dem Ende des Krieges in Wien, wohin ihn Bechers Leute eskortiert hatten. Unter mysteriösen Umständen starb er dort am Flecktyphus. Mysteriös deswegen, weil er der einzige Mensch in Wien zu dieser Zeit gewesen zu sein scheint, der dieser ansteckenden Seuche erlag.[23]

Es gibt noch einen Mann, der für Kurt Becher und seine Anständigkeit die Hand ins Feuer legte: André Biss, Kasztners Cousin, der nach dem Krieg nach Deutschland kam. In Kasztners Abwesenheit und nachdem Joel Brand in Kairo in britischer Gefangenschaft war, hielt er für die Vaadah Kontakt mit Becher. Biss hat in den ersten Wochen nach Ende des Krieges einen Bericht an Saly Mayer geschrieben. Dort wird Becher nicht als der Held dargestellt, als den er sich selber sah. Biss schrieb, er sei überaus »ängstlich und immer in Sorge, sich zu exponieren« gewesen.[24] Es ist aber nicht ausgeschlossen, daß Biss tatsächlich überzeugt war von dem, was Becher redete. Becher mag wirklich als einer der wenigen hohen SS-Führer einen anständigen Umgangston mit den Vaadah-Unterhändlern gehabt haben. So wurde beispielsweise im Grünwald-Prozeß 1957 erzählt, daß Bechers Ehefrau einmal für sie gekocht habe. Nun, die »Ehefrau« war es nicht, aber Becher mag durchaus mit seiner Konzilianz beeindruckt haben. Was und wie er mit Himmler über seine Budapester Verhandlungspartner sprach, das läßt sich nur ahnen, wenn man sich die »300 Stück« vergegenwärtigt, die »über die Grenze rollten«, die 318 Menschen, die den deutschen Machtbereich verlassen durften, als Becher sich mit Mayer traf.

Aber nicht die Zeit in Ungarn und deren Auswirkungen ist entscheidend für Bechers Karriere gewesen. Er kam bereits als Himmlers Vertrauter und Sonderbeauftragter im Range eines SS-Obersturmbannführers in Budapest an.

Im Verlaufe des zweiten Halbjahres 1944 bis zum Ende des Krieges bildete sich in der SS jene Struktur heraus, die Hannah Arendt den »gemäßigten Flügel« nannte, mit den Schlauen, die sehr wohl wußten, daß Geld, gute Verbindungen und vor allem ein Alibi ihnen nach dem Kriege nützlich sein würden. Bechers Strategie traf sich in diesem Punkt mit der Himmlers: Als es unübersehbar wurde, daß der »Endsieg« nicht mehr eintreten würde, war es angeraten, keine Juden mehr zu ermorden, sondern sie zu verkaufen und sich gleichzeitig als Humanisten zu präsentieren.

Bechers steile und schnelle Karriere in der SS war ein Produkt seines unbedingten Gehorsams und seiner Loyalität gegenüber seinem jeweiligen Vorgesetzten. Der Grundstein für diese Karriere wurde gelegt, als er im November 1939 nach Polen zur SS-Totenkopf-Reiterstandarte kam und sehr bald Zugführer des 3. Zuges der 1. Schwadron in Warschau wurde. So schnell, wie er Fegeleins Vertrauen erwarb, erwarb er später jenes von Himmler. Als er 1944 nach Ungarn kam, da hatte er neben seinen vielen Auszeichnungen aus einem Krieg, an dem er vor allem hinter der Front teilgenommen hatte – und das auch nur ein paar Monate –, schon im SS-Führungshauptamt seine Meriten erworben. Da hatte er 1942 bereits die Brüder Oppenheim zum Verkauf des Gestüts Schlenderhan gezwungen. Da war er schon jemand in der Waffen-SS.

Kapitel XII

Honig aus Ungarn,
Getreide aus aller Welt

Aus Nürnberg kam Becher 1948 als freier Mann. Die Spruch-
kammer hatte ihn, den SS-Standartenführer, als »Mit-
läufer« eingestuft[1], und er begab sich zunächst in seine
Heimatstadt Hamburg. Er kaufte sich dort in eine kleine
Firma, Albert Johann Meyer, ein, die er mit nach Bremen
brachte. Am 20. 1. 1949 hatte ihm die Behörde für Ernährung und Landwirtschaft in Hamburg die Genehmigung zum
Großhandel mit Getreide, Futter- und Düngemitteln sowie
Futterhülsenfrüchten und Saaten erteilt. Diesen Firmenman-
tel brauchte Becher dringend, denn unter eigenem Namen zu
handeln mag er sich zunächst nicht getraut haben. Noch war
die Bundesrepublik Deutschland nicht gegründet, noch
herrschten die alliierten Kontrollratsgesetze. Die Firma Albert
Johann Meyer diente ihm jahrelang, selbst als er seit den fünfziger Jahren längst eine Firma unter eigenem Namen betrieb,
zum Handel mit Ostblockländern, der Tschechoslowakei,
aber vor allem mit dem sozialistischen Ungarn, dem er über
Albert Johann Meyer Honig und Paprika abkaufte. Diskret,
denn im ungarischen Justizministerium lagen noch der Haft-
befehl und das Auslieferungsersuchen gegen ihn. Das Un-
garn-Geschäft entwickelte sich so prächtig, daß Becher
schließlich Teilhaber des ungarischen Monopolhandelsunter-
nehmens wurde, das bis in die späten achtziger Jahre weitge-
hend den Agrarhandel mit der Bundesrepublik bestimmte:
Monimpex (Bremen) GmbH. Barack Pálinka, Salami, Weine,
Paprika – an allem, was das Land an Lebensmitteln expor-
tierte, verdiente Becher mit. Diese Verbindung wurde zur Zeit
des Sozialismus in Ungarn streng geheimgehalten. Nur wenige Eingeweihte wußten, wer der bundesdeutsche Repräsen-

tant ungarischer Agrargüter war. Die ungarische Öffentlichkeit sollte nicht darauf stoßen, daß Becher als »Chef des Räumungsstabes« zur Zeit der Regierung Szálasi ab Oktober 1944 das Land um Güter im Wert von drei Milliarden Dollar beraubt hatte. Am 25. Juni 1949 meldete er beim Handelsregister des Amtsgerichts Bremen seine Firma Kurt A. Becher mit dem Geschäftszweck »Import und Großhandel mit Getreide, Futtermitteln, Gewürzen, Honig, Trockenfrüchten und Zucker« an. Diese Firma wurde bald in eine »Handelsgesellschaft mbH« umgewandelt und ab 3. Januar 1973 als »Kurt A. Becher GmbH & Co. KG« im Handelsregister des Bremer Amtsgerichts geführt. Kurt A. Becher war der einzige Kommanditist mit einer Einlage von damals 15 Millionen Mark. Persönlich haftende Gesellschafterin war die Handelsgesellschaft mbH, die ab diesem Zeitpunkt im Handelsregister mit erweitertem Geschäftszweck geführt wurde: »Betrieb von Einfuhr-, Ausfuhr- und Warenhandelsgeschäften sowie die Beteiligung an anderen Handels- und Schiffahrtsunternehmen«.[2]

Das Haus Becher bezeichnete sich stolz als »eine der bedeutendsten deutschen Firmen auf dem Import- und Exportsektor Getreide und Futtermittel« mit Niederlassungen zu Beginn der achtziger Jahre in Hamburg, Frankfurt, München, Berlin, Antwerpen, Paris, London, New York und São Paulo. In Holland gab es zu keiner Zeit eine Niederlassung. Die Holländer hatten dankend abgewinkt, als ihnen bekannt wurde, daß sich der ehemalige SS-Standartenführer aus dem Nachbarland mit einer Filiale in den Niederlanden niederlassen wollte.[3]

Über seine Holding »Kurt A. Becher GmbH & Co. KG« war er zusätzlich an etlichen Firmen beteiligt, die seinen Namen nicht trugen. So war er zum Beispiel Teilhaber an der Bremer Futtermittelfirma Plange.

Bereits seit 1951 hat Becher ausgerechnet mit dem Bankhaus Sal. Oppenheim & Cie. in Köln Geschäfte gemacht. Er stieg als Kurt A. Becher, aber auch zusammen mit der Firma Albert Johann Meyer in die Kölner Außenhandelsgesellschaft mbH ein. Dieser Gesellschaft gehörten als kleinere Teilhaber die Brüder Waldemar und Friedrich-Carl von Oppenheim sowie als größerer ein gewisser Franz Bscher an. Bscher war wie Becher SS-Mann gewesen, er hatte zeitweise Robert Pferdmenges und seine Familie auf dem Gut Lindenberg bewacht, wo Pferdmenges unter Hausarrest stand. Dort lernte Bscher die Tochter von Pferdmenges kennen. Die beiden heirateten. So war er der Schwiegersohn von Robert Pferdmenges, dem die Familie Oppenheim für sein anständiges Eintreten für sie und die Bank 1938 dankbar war. Über Bscher trat Becher zu den Oppenheims in Geschäftsbeziehungen.

In Bremen genoß Becher einen so guten Ruf bei seinen Kollegen, daß er 1981 Vorsitzender der Bremer Getreide- und Futtermittelbörse wurde. Sie betrauten ihn mit der gleichen Funktion im Bremer Verein der Getreide-Futtermittel-Importeure. Die Getreideanlage im Hafen von Bremen lief zum größten Teil für das Becher-Imperium.

Im Februar 1986 trat die amerikanische Agrarhandelsgesellschaft ConAgra Inc. aus Omaha, Nebraska, mit 35 Millionen Mark in die Kurt A. Becher GmbH & Co. KG als weitere Kommanditistin ein. Becher hatte schon zuvor seine vier Kinder und einen weiteren Kommanditisten aufgenommen, hielt aber den größten Anteil der »Becher-Gruppe« mit rund 20,1 Millionen Mark. Im Juli 1987 verkaufte Becher sein Unternehmen durch Übertragung seiner Anteile und der seiner Kinder in Höhe von 35 Millionen Mark an ConAgra Inc. Zu diesem Zeitpunkt war er fast 78 Jahre alt. Fortan wurde seine Firma Kurt A. Becher GmbH & Co. KG mit der neuen amerikanischen Eigentümerin, aber unter Bechers Namen weitergeführt.

Becher genoß in Bremen hohes gesellschaftliches Ansehen. Weder seine Vergangenheit noch der Umstand, daß das Haus Becher in den achtziger Jahren in ein großes, später niedergeschlagenes Ermittlungsverfahren wegen Subventionsbetrug zu Lasten der Europäischen Gemeinschaft verwickelt war, beschädigten seinen guten Ruf. Das war nicht immer so gewesen. Der legendäre Bremer Bürgermeister Wilhelm Kaisen wußte sehr wohl, wer und was Herr Becher war. Im Rathaus war Becher deshalb lange Jahre nicht willkommen. Der spätere Bremer Bürgermeister Hans Koschnick, dessen Eltern durch die Nazis verfolgt worden waren, hatte ebenfalls enorme Vorbehalte gegen Becher. Als sich jedoch aus Bonn ein neuer Botschafter der Volksrepublik Ungarn in Bremen zum Antrittsbesuch anmeldete, änderte sich die Lage für Becher. Das Senatsprotokoll des Bremer Rathauses richtete ein Essen aus, zu dem es Gäste laden wollte, die dem Botschafter gefielen. Auf der Liste der gewünschten Personen stand an erster Stelle Kurt Becher. Seitdem war ihm der Zutritt zum Rathaus nicht mehr verwehrt. Er war ein Großkaufmann, den der Senat zwar nicht hofierte, aber auch nicht weiter grundsätzlich ausgrenzte.

Ungeklärt bleibt die Frage, woher Becher das Kapital hatte, seine Firmen zu gründen, und wie er einen derartigen Reichtum anhäufen konnte. Im Mai 1995 behauptete Becher, er habe von Pferdmenges, den er durch seine »Tätigkeit im Amt VI« – daß es das SS-Führungshauptamt war, erwähnte er natürlich nicht – kennengelernt hatte, einen Anfangskredit erhalten. Mit Bechers eigenen Worten:

»Nach dem Ende meiner Internierung 1948 wandte ich mich an Pferdmenges. Ich wollte Getreidehändler werden, hatte aber kein Geld. Pferdmenges gab mir einen Anfangskredit von 50 000 DM, was damals viel Geld war. Dazu gab es väterliche Ratschläge. Pferdmenges riet mir, in Bremen zwei weitere Bankverbindungen aufzubauen. Nur auf den Kredit bei Oppenheim hin bekam ich zwei weitere Kredite von je 15 000 DM. Bald schon bekam ich Millionenkredite von Oppenheim, bald unbeschränkten Kredit, auch von meinen Bremer Banken.

Viele Getreidegeschäfte habe ich mit der Regierung gemacht, unter anderem Getreidelieferungen aus den USA, Brasilien, Argentinien und Schweden vermittelt. Das Schwierige war, an Ware heranzukommen, natürlich zu billigen Preisen. Der Verkauf war kein Problem. Zeitweise betrug mein Kreditrahmen 50 bis 60 Millionen Mark.«[4]

Von einem Kreditrahmen von 50 000 DM im Jahre 1948 »bald schon« in Millionenhöhe, »bald schon unbeschränkt« innerhalb kurzer Zeit ist eine stolze Leistung. Da mag ein historisches Datum 1949 mitgeholfen haben: Die Gründung der Bundesrepublik Deutschland. Ab diesem Zeitpunkt gab es keine Devisenbewirtschaftung mehr.

Kapitel XIII

Wegen Mordes (NSG)

Ende April 1982 erschien *Reichsführers gehorsamster Becher* im Konkret Literatur Verlag. Die Staatsanwaltschaft in Bremen leitete daraufhin am 28. Mai 1983 ein Ermittlungsverfahren gegen Becher wegen des Verdachts der Beteiligung an Massenmorden ein. Dabei stützte sie sich auf die Aussagen zweier Zeugen, des Brigadeschreibers S. und des Angehörigen der Radfahraufklärungsabteilung der SS-Kavallerie T. S. hatte gesagt:

»Mir selbst wurden erstmals Befehle diktiert, die sich inhaltlich mit Säuberungsaktionen befaßten, als wir später in Bobruisk, Rietschitza und Mosyr lagen. Soweit ich mich zurückerinnere, wurde den der Brigade unterstellten Regimentern befohlen, in einem angewiesenen Raum die jüdische Bevölkerung zu liquidieren. In der Hauptsache wurden mir diese Befehle von dem ehemaligen Ia diktiert. An einige Fälle erinnere ich mich auch, wo mir vom Ordonnanzoffizier Becher derartige Befehle diktiert worden sind.«

Und T. bezeugte:
»Gehört habe ich, daß man entsprechend einem Befehl von oben versucht hat, Juden in einen See zu treiben. Bei dieser Aktion sollen Fegelein selbst und der SS-Sturmbannführer Kurt Becher dabeigewesen sein. Die Juden sind aber nicht weiter in den See gegangen, sondern einfach stehen geblieben. Daraufhin soll Fegelein die Aktion abgeblasen haben. Die Juden sind laufengelassen worden. Mir ist weiter erzählt worden, ich weiß heute nicht mehr, von wem, daß die gesamten Judenerschießungen von dem SS-Sturmbannführer Be-

cher geplant und geleitet worden sind. Seine steile Karriere wurde unter anderem auf seine Bewährung in dieser Angelegenheit zurückgeführt. Soweit mir bekannt ist, war Becher der engste Vertraute von Fegelein. Nach Andeutungen, die mir gegenüber der Fahrer von Fegelein gemacht hat, müßte er über die Beteiligung von Becher an den Judenerschießungen der SS-Kavallerie unterrichtet sein.«[1]

Diese beiden Aussagen veranlaßten die Staatsanwaltschaft, die Akten des Schwurgerichtsverfahrens gegen Franz Magill heranzuziehen und die Ermittlungsakten der Staatsanwaltschaft München I gegen Gustav Lombard u. a. auszuwerten. Im Ermittlungsverfahren gegen Lombard war auch Becher beschuldigt worden; im Prozeß gegen Magill hörte das Gericht Becher als Zeugen. Dort hatte er seinen totalen Gedächtnisausfall, der ihm auch später gute Dienste leistete, wenn es brenzlig wurde, und einen angereisten Staatsanwalt aus Stuttgart zu der Beurteilung veranlaßte: »Becher macht nicht den Eindruck überragender Intelligenz, aber er hat sich fest darauf eingespielt, daß er sich nicht mehr erinnern kann, ganz gleich, was ihm vorgehalten wird. Becher kann nur durch massives Beweismaterial überführt werden.«[2]

Dies massive Beweismaterial sollte nun herbeigeschafft werden. Aber auch der Bremer Staatsanwaltschaft gelang die Überführung Bechers nicht. Zwar las auch sie das Merkblatt zur Anlegung von Ghettos und der Kennzeichnung der Juden durch einen gelben Stern sowie die Tätigkeits- und Gefechtsberichte mit Bechers Diktatzeichen, in denen von »Partisanen, Kommunisten und Plünderern« berichtet wird. Sie beabsichtigte auch, den Brigadeschreiber S. und den T. ausfindig zu machen und zu verhören, doch beide waren inzwischen nicht mehr am Leben. Um andere Zeugen oder Beweismittel hat sie sich nicht bemüht.

Das Ermittlungsverfahren wegen Mordes NSG (Nationalsozialistische Gewaltverbrechen) dauerte fünf Monate und endete am 28. Oktober 1982 durch Einstellung des Verfahrens aus Mangel an Beweisen. Der des Mordes verdächtige Kurt Becher wurde kein einziges Mal vernommen. Am Ende übernahm man den Wortlaut der Münchener Verfahrenseinstellung und resümierte:

»Der Beschuldigte läßt sich dahin gehend ein, daß er mit Judenvernichtungsmaßnahmen nichts zu tun gehabt und auch nichts davon gewußt habe. Seine Aufgabe habe im wesentlichen darin bestanden, die Verbindung zwischen der Brigade und dem Stab des Befehlshabers beim rückwärtigen Heeresgebiet aufrechtzuerhalten. Zwar räumt er ein, von Partisaneneinsätzen der Brigade im Pripjet-Gebiet Kenntnis gehabt zu haben. Da er sich jedoch im Stabsquartier in Lachowicze aufgehalten habe, wisse er nicht, ob diese Partisaneneinsätze lediglich eine Tarnbezeichnung für den Mord an den Juden waren. Von Judenaktionen der Brigade will er erstmals während seiner Vernehmung erfahren haben.

Diese Einlassung ist mit Sicherheit unrichtig. […] Mit den vorhandenen Beweismitteln kann jedoch dem Beschuldigten Becher nicht mit hinreichender Sicherheit nachgewiesen werden, sich durch seinen Tatbeitrag des Mordes schuldig gemacht zu haben. In Ausübung seiner Tätigkeit als Ordonnanzoffizier trug er zwar dazu bei, daß die nationalsozialistischen Machthaber ihr Ziel, die jüdische Bevölkerung in den besetzten Gebieten zu vernichten, durchführen konnten. Mit den vorhandenen Beweismitteln kann ihm jedoch nicht nachgewiesen werden, daß er bei seiner Tätigkeit die verbrecherischen Ziele Hitlers und Himmlers zur Grundlage seines eigenen Handelns machte und in einverständlichem Eifer in seinem Einflußbereich dafür sorgte, daß diese Befehle auch rückhaltlos vollzogen wurden. […]«[3]

Die Staatsanwaltschaft Bremen konnte zwar Bechers »einverständlichen Eifer« nicht belegen – wie auch –, aber sie fügte am Ende der Einstellungsverfügung doch noch einige Überlegungen hinzu, die sie nicht wörtlich aus München übernommen hat:

»Becher hat zumindest nach dem Abgang des bisherigen Ia-Offiziers Reinhardt am 16. 8. 1941 bis zum Antritt einer

211

Dienstreise am 6. 9. 1941 zum Kommandostab des Reichs-führers SS mit M. zusammen die Aufgaben des Ia-Offiziers übernommen. Daneben haben einige Zeugen bekundet, er sei der Vertraute Fegeleins gewesen. Aufgrund dieser Umstände dürfte nach der Lebenserfahrung feststehen, daß Becher in der einen oder anderen Form auch auf die Judenerschießungen Einfluß genommen hat, die ja in der Zeit vom 29. 7. bis 18. 9. 1941 stattfanden. Eine Maßnahme wie die Erschießung von ca. 14000 Juden dürfte auch in der damaligen Zeit eine außer-gewöhnliche Maßnahme gewesen sein, die ein Truppenkom-mandeur mit seinen Führungsoffizieren – insbesondere dem Ia-Offizier, der zudem noch sein Vertrauter ist – erörtert haben dürfte. Allein die Erfassung der Juden mußte organisiert wer-den. Wenn Becher deshalb als Zeuge in dem Verfahren gegen Magill am 23. 3. 1964 vor dem Schwurgericht Braunschweig ausgesagt hat, davon habe er erstmals in dem Verfahren gehört, so dürfte er damit vor Gericht falsch ausgesagt haben. Insofern ist jedoch Verjährung eingetreten.«[4]

Bevor das Ermittlungsverfahren aus Mangel an Beweisen ein-gestellt wurde, gelangte Becher in Bremen, aber auch national und international noch einmal zu Berühmtheit.

Die beiden traditionsreichen Reedereien, der Norddeutsche Lloyd Bremen und die Hamburger Reederei Hapag, fusio-nierten 1971 zur »Hapag-Lloyd«. Schon seit 1948 hatten beide Reedereien gemeinsam die Reisebüros von Hapag-Lloyd betrieben. In Bremen waren der Tourismus-Bereich und einzelne Komplexe der Fahrtrouten geblieben. Im Som-mer 1982 sollten nun die in Bremen noch übrigen etwa 150 Reederei-Arbeitsplätze nach Hamburg übergeben werden. Seit der Fusion saßen im Aufsichtsrat von Hapag-Lloyd Bre-mer Kaufleute und Arbeitnehmervertreter, um die bremischen Interessen zu vertreten. Aus Protest gegen den Plan, die Bre-mer Arbeitsplätze nach Hamburg zu verlegen, trat der Bremer Vertreter im Aufsichtsrat zurück. Es war der Kaffeekaufmann Walter J. Jacobs. An seine Stelle sollte nun ein anderer Bre-mer Kaufmann treten. Mehrere Bremer Kaufleute hatten aus Solidarität mit Walter J. Jacobs abgewinkt. Da fiel dem frühe ren Vorstandsvorsitzenden der Deutschen Bank und Aufsichtsratsvorsitzenden von Hapag-Lloyd, Andreas Kleffel, ausgerechnet Kurt A. Becher ein. Auf seinen Vorschlag wurde Becher nominiert und am 13. 7. 1982 durch das Amtsgericht Hamburg bestellt.

Als Befrachter und großer Auftraggeber saß Becher bereits fünf Jahre im Beirat von Hapag-Lloyd. Das 1982 laufende Ermittlungsverfahren gegen ihn wegen des Verdachts des Subventionsschwindels war den Aufsichtsräten bekannt, wurde aber wohl eher als Kavaliersdelikt eingeschätzt.

Eine kleine Zeitungsnotiz über Bechers Berufung in den Aufsichtsrat von Hapag-Lloyd brachte den Stein ins Rollen. Die Lokalredakteure der *Bremer Nachrichten* und des *Weser-Kurier*, der beiden Bremer Lokalzeitungen, Wigbert Gerling und Axel Schuller, ließen als erste die Bombe platzen, als sie am 21. Juli 1982 den Hapag-Lloyd-Betriebsrat Helmut Koch aus Bremen anriefen und ihn fragten, was er von dieser Meldung halte, daß Becher nun die bremischen Interessen vertreten sollte. Helmut Koch kannte *Reichsführers gehorsamster Becher* und war empört. Die Berufung von Becher sei instinktlos, so erklärte Koch den beiden. Ein Aufsichtsratsmitglied, das mit Judendeportationen und Judenerschießungen in Verbindung gebracht werde, schade dem internationalen Ansehen von Hapag-Lloyd. Kochs Kollege Helmut Pommerenck aus dem Seebetriebsrat von Hapag-Lloyd in Hamburg sah das genauso, empfand Bechers Berufung als »persönliche Provokation« und mobilisierte die Hamburger Öffentlichkeit. Von nun an verging kein Tag, ohne daß die Zeitungen bundesweit über den Skandal berichteten. Es war inzwischen auch bekannt geworden, daß die Bremer Staatsanwaltschaft gegen Becher wegen des Verdachts der Beteiligung an Massenmorden ermittelte. Ausländische Blätter in den Niederlanden, den USA, Israel, Großbritannien und Norwegen schrieben über Becher, seinen Gönner Kleffel und das deutsche Großunternehmen Hapag-Lloyd. Rundfunk- und Fernsehanstalten in der Bundesrepublik und im Ausland versuchten, ein Interview mit Becher zu den Vorwürfen gegen ihn zu erhalten. Becher weigerte sich. Er ließ über sein Büro erklären, die Vorwürfe entsprächen nicht der Wahrheit und das Buch *Reichsführers gehorsamster Becher* sei es nicht wert, darüber zu sprechen. Allerdings verzichtete er darauf, Strafanzeige zu erstatten oder sich zivilrechtlich gegen die angeblich falschen Behauptungen zur Wehr zu setzen. Bei einer Klage hätte er die angeblichen Unrichtigkeiten widerlegen müssen. Er wird erkannt haben, wie aussichtlos das war.

Die Aufsichtsräte der Arbeitnehmer von ÖTV und HBV erklärten, sie würden sich mit Becher als Aufsichtsrat nicht an einen Tisch setzen, und drohten, die Aufsichtsratssitzungen zu boykottieren. Der stellvertretende Bundesvorsitzende der ÖTV in Stuttgart und Aufsichtsratsmitglied bei Hapag-Lloyd, Karl-Heinz Hoffmann, ließ am 28. Juli 1982 erklären:

»Die politische Vergangenheit von Kurt A. Becher verhindert eine Zusammenarbeit mit den Arbeitnehmern bei Hapag-Lloyd.«

Der Gewerkschafter (Karl-Heinz Hoffmann) kritisierte die Berufung des ehemaligen hochrangigen SS-Mannes in den Aufsichtsrat von Hapag-Lloyd und erklärte, daß die im DGB organisierten Arbeitnehmer des Aufsichtsrates erwarten, daß Becher zurücktritt und deshalb an der nächsten Aufsichtsratssitzung nicht teilnimmt; insbesondere, nachdem die Staatsanwaltschaft gegen ihn ermittelt.

Sollte er nicht einsehen, daß dies im Interesse des internationalen Ansehens von Hapag- Lloyd erforderlich ist, würden die DGB-Vertreter im Aufsichtsrat an der Sitzung nicht teilnehmen.

Andreas Kleffel hatte Tage vorher versucht, in einem langen Telefongespräch den Betriebsrat Helmut Koch zu bearbeiten, von seinem Protest abzulassen.

Am 31. Juli 1982 ließ Becher über seine Anwälte erklären, er werde sein Aufsichtsratsmandat nicht antreten »zur Vermeidung unnötiger Unruhe und im ausschließlichen und übergeordneten Unternehmensinteresse der Hapag-Lloyd AG«. Der Vorstand von Hapag-Lloyd nahm die Entscheidung »mit Verständnis und Bedauern« zur Kenntnis. Diesem Verständnis mag nachgeholfen haben, daß »amerikanische Großkunden der Reederei nach Bekanntwerden der Berufung des ehemali-

214

gen SS-Standartenführers in den Aufsichtsrat mit Auftrags-
stornierung gedroht« haben sollen.[5]

Auch die geplante Reise Bechers mit einer Delegation des
bremischen Hafensenators in die ČSSR, die vom 22. bis
26. August geplant war, kam nicht zustande. Hafensenator
Oswald Brinkmann wollte mit der Tschechoslowakei über ein
neues Binnenschiffahrts-Abkommen verhandeln, das einen
Teil der tschechoslowakischen Fracht statt allein über Hamburg über bremische Häfen lenken sollte. Kurt A. Becher
sollte ursprünglich als Berater mitfahren, wegen des Skandals
fuhren statt dessen führende Leute aus seinem Konzern mit.

Nachdem Becher aus den Schlagzeilen verschwunden war,
versuchten seine Anwälte nun hinter den Kulissen, Druck auf
die Staatsanwaltschaft auszuüben. Sie schrieben an den bremischen Justizsenator und lobten die »gründlichen Ermittlungen« der Münchener Staatsanwaltschaft, die mit der Einstellung des Verfahrens gegen ihren Mandanten geendet hatten
und äußerten den Verdacht, das Buch »sei offensichtlich in
der Absicht geschrieben worden, die Person unseres Mandanten zu verunglimpfen und der Firma Kurt A. Becher in Bremen sowie im In- und Ausland Schaden zuzufügen«.[6] Ab-
schließend forderten sie den sehr geehrten Herrn Senator auf,
»darauf hinzuwirken, daß das Verfahren abgeschlossen wird.
Nur so kann weiterer Schaden vermieden werden«.[7]

Kapitel XIV

Ein Soldat, ein Offizier

In der israelischen Fernsehsendung »Fact« auf Channel 2 lief am 22. Dezember 1994 ein Fernseh-Interview, das Becher der israelischen Journalistin Ilana Dayan von Tel Ad gegeben hat. Es ist das einzige Interview, das jemals mit ihm geführt wurde.

Bei diesem Anlaß präsentierte er sich als eleganter alter Herr, dessen Auftreten bestätigt, was der Kriminalbeamte D. notierte, nachdem er versucht hatte, Becher im Magill-Verfahren zu vernehmen: »Erwähnt werden muß die Tatsache, daß Becher eine auffallend gewandte Persönlichkeit ist, der sich betont konziliant gab und in seiner Art ansprechbar war.« In anderer Formulierung hatte ihm das sein Kommandeur Fegelein schon bescheinigt: Kurt Becher sei ein »besonders gut erzogener, höflicher und gewandter SS-Führer«.

Bis in die letzte Zeit seines Lebens war ihm das anzumerken.

Die fünfundzwanzig Minuten lange Fernsehsendung erklärt in Bild und Text in hebräischer Sprache zunächst, wer Becher ist und wer Kasztner war. Zwischen den einzelnen Gesprächsteilen mit Becher führt die Moderatorin Ilana Dayan auf den jeweiligen Fragenkomplex hin, den sie mit ihm besprechen wird. Sie befragt ihn auf englisch, er antwortet auf deutsch. Braucht er Zeit, sich zu überlegen, wie er auf eine Frage reagieren will, muß ihm die Dolmetscherin die Frage auf deutsch übersetzen. Nachdem sie Rudolf Kasztner vorgestellt hat, fragt

ILANA DAYAN: Waren Sie Freunde?
KURT BECHER: Wir waren Freunde. Wir sind per du gewe-

sen, wir haben uns geduzt. Ich habe nicht gesagt: Herr Kasztner, ich habe gesagt: Rudolf. Verstehen Sie, was das heißt?

DAYAN: Hat er Sie auch bei Ihrem Vornamen genannt?

BECHER: Ja, natürlich.

DAYAN: Wann hat er Sie davon überzeugt, daß er jemand wäre, mit dem Sie Geschäfte machen konnten?

BECHER: Nicht während des ersten Meetings, erst im Laufe der Zeit.

DAYAN: Wissen Sie, daß es Leute in Israel gibt, die sagen, er liebte es, Gott zu spielen, er liebte es, derjenige zu sein, der bestimmte, wer leben sollte und wer sterben, wer bleiben mußte und wer gehen durfte. Stimmt das?

BECHER: Ich kann natürlich darüber nichts Genaues sagen, aber ich hab den Eindruck gehabt, daß Dr. Kasztner sehr, sehr ernsthaft alles überlegt hat, was er getan hat.

DAYAN: Es wurde ihm vorgehalten, daß er seinen eigenen Hals retten wollte, daß er seine Familie retten wollte.

BECHER: Absolut nicht.

DAYAN: Es wurde ihm auch vorgehalten, daß er diesen Zug* von Ihnen bekam um den Preis, daß er [den ungarischen Juden] nicht die Wahrheit darüber sagte, wohin die anderen Züge gingen.

BECHER: Ich bin der Meinung, daß Dr. Kasztner mit großem Ernst und sehr seriös die Dinge behandelt hat. Und keinesfalls nur aus seinem eigenen Interesse.

Einspielung eines Berichts über den Streit in der SS, wieviel Geld pro Kopf eines Juden gezahlt werden sollte.

DAYAN: Ich habe gelesen, daß Kasztner in seinem Prozeß in Jerusalem gesagt hat, Eichmann wäre damit einverstanden gewesen, 200 Dollar oder 500 Dollar pro Kopf eines Juden für die Ausreise in diesem Zug zu fordern, daß Sie aber 2 000 Dollar haben wollten und Himmler schließlich den Preis auf 1 000 Dollar pro Kopf festgesetzt hat.

* jene 1684 Menschen aus Budapest, die gegen zwei Millionen Dollar ausreisen durften

BECHER: Ich kann mich nicht daran erinnern, daß über diese, dieses Problem sehr viel hin und her diskutiert worden ist. Wer zum Schluß gesagt hat: Das ist der Preis! kann ich heute nicht mehr sagen.

DAYAN: Wer hat die Leute für diesen Zug ausgewählt?

BECHER: Die jüdische Seite. Ausgesprochen nur die jüdische Seite.

DAYAN: Stimmt es, daß Eichmann den Kasztner-Zug im letzten Moment nach Auschwitz umleiten wollte?

BECHER: Ja.

DAYAN: Können Sie Ihr Verhältnis zu Eichmann beschreiben, zur Person Eichmann?

BECHER: Herr Eichmann hat mich als seinen Gegner angesehen. Als seinen Gegner angesehen. Ich habe das getan, was er nicht wollte. Und ich hab seine Wünsche gestört, indem ich mich mit Himmler, bei Himmler für meine Interessen für die jüdische Seite eingesetzt habe.

Einspielung eines Berichts über Bechers Gespräche mit Saly Mayer und den versuchten Deal »Juden gegen Lastwagen«.

DAYAN: Und Sie sagen, Sie gingen zu Himmler mit dem Vorschlag, wenn es möglich wäre, Geld, Lastwagen oder Waren für die Juden zu bekommen, daß dies die Sache befördern könnte?

BECHER: Ich habe geglaubt und bin auch heute noch davon überzeugt, daß dies der einzige Weg war, daß ich überhaupt mit Himmler über das Problem sprechen konnte.

DAYAN: Haben Sie je geglaubt, daß dieser große Deal »Juden gegen Ware«, eine Million Juden für zehntausend Lastwagen, gelingen konnte?

BECHER: Nein.

DAYAN: Sie haben nicht einen Moment geglaubt, daß Hitler eine Million Juden rauslassen würde?

BECHER: Daß was?

DAYAN: Daß Sie nicht geglaubt haben, daß Hitler eine Million Juden rauslassen würde?

BECHER: No.

DAYAN: Herr Becher, was veranlaßte Himmler zum Stopp der Deportation der Budapester Juden im August 1944?

BECHER *läßt sich die Frage übersetzen*: Nachdem ich mit Herrn McClelland gesprochen hatte, habe ich Himmler berichtet. Und ich glaube, daß ich aufgrund dieses Gesprächs erreicht habe, daß er diesen Stopp ausgesprochen hat.

DAYAN: Ich habe den Brief gesehen, den Sie an Himmler geschrieben haben am 24. August 1944. Der erste Zug mit den Kasztner-Leuten ist schon in der Schweiz. Sie schreiben *(D. zitiert auf deutsch):* »300 Stück rollten über die Grenze« *(wiederholt auf englisch):* Dreihundert Stück rollten über die Grenze. Wenn Sie sagen »Stück«, meinen Sie damit Juden?

BECHER: Die Frage müssen Sie mir noch einmal sagen.

DAYAN *läßt die Frage übersetzen*: Mit den »300 Stück« meinten Sie da Juden?

BECHER: Ja. Menschen. Also, Juden.

DAYAN: Und das war die übliche Art zu sprechen?

BECHER: Das kann ich Ihnen heute nicht mehr sagen. Das Wort, ob das Wort »Stück«, ob das in dem Moment das richtige Wort war, weiß ich nicht. Ich meinte jedenfalls Menschen.

DAYAN: Und Sie meinen, daß ohne Ihren Kontakt mit Himmler die 200 000 Budapester Juden zur Deportation nach Auschwitz vorgesehen waren?

BECHER: Bestimmt.

DAYAN: Also wußten Sie über die Gaskammern Bescheid?

BECHER: Ich war vorher schon unterrichtet worden durch Dr. Kasztner über das, was passierte.

DAYAN: Wann, glauben Sie, war der früheste Zeitpunkt, an dem Sie über die Massenvernichtung in den Todeslagern erfuhren?

BECHER *überlegt lange*: Nachdem ich ein persönliches Vertrauensverhältnis mit Herrn Dr. Kasztner hatte, hat er mir das berichtet, und ich habe es ihm geglaubt.

DAYAN: So war er der erste, der Ihnen erzählte, was in den Lagern passierte?

BECHER: Ja.

DAYAN: Was war Ihre erste Reaktion?

BECHER: Ich habe es nicht geglaubt.

DAYAN: Haben Sie mit irgend jemandem darüber gesprochen?

BECHER: Ich bin sicher, daß ich darüber gesprochen habe mit einigen wenigen Herren, von denen ich glaubte, daß sie es wissen müßten. Zum Beispiel mit General Winkelmann.

Einspielung eines Berichts über Winkelmann als Höherer SS- und Polizeiführer in Budapest und über Bechers letzte Funktion, die er im April 1945 innehatte: Reichssonderkommissar für sämtliche deutsche Konzentrationslager. Am 10. April 1945 besuchte er Bergen-Belsen. Im Dokumentationszentrum der Gedenkstätte Bergen-Belsen spricht Ilana Dayan mit dem Archivar, der ihr von einer Karte den Abschnitt aus Reitlinger Endlösung, *S. 529, vorliest, in dem steht, Becher sei mit Kasztner in Bergen-Belsen erschienen und Kasztner sei »versteckt in einer SS-Uniform« gewesen.*

BECHER: Ich habe Dr. Kasztner eingeladen, mit mir zu reisen. Nach Bergen-Belsen. Ich habe ihn dazu aufgefordert.

DAYAN: Warum?

BECHER: Weil ich dachte, daß es nützlich sein könnte, mit ihm die Dinge dort zu sehen und zu beeinflussen. Nicht, daß er sie beeinflussen konnte, aber daß ich mir eine Vorstellung machen konnte, wie man es beeinflussen konnte.

DAYAN: Haben Sie ihn nicht als Alibi gebraucht?

BECHER *läßt sich die Frage übersetzen*: Nein. Ich brauchte kein Alibi. Wofür ein Alibi? Jedenfalls ist eines völlig klar. Ich war mit Herrn Dr. Kasztner in den Tagen, in den Wochen sehr eng verbunden. Sehr eng verbunden. Und als ich den Entschluß gefaßt habe, ja, so ... daß ich den Entschluß gefaßt habe, nach Bergen-Belsen zu gehen, habe ich Dr. Kasztner gesagt, bitte, komm mit mir. Er hatte keine Funktion.

DAYAN: Ist es wahr, Herr Becher, nach Ihrer genauesten Erinnerung, daß Herr Kasztner in einer SS-Uniform steckte, als er mit Ihnen nach Bergen-Belsen kam?

BECHER *lacht*: Nein. Dr. Kasztner war immer in Zivil. *Lacht wieder*. Solange ich ihn kenne. Das ist Unsinn. Ist Unsinn.

DAYAN: Was sahen Sie dort?

BECHER: Was ich dort gesehen habe? Daß die Menschen im Freien saßen, auf der Erde. Meines Erachtens kaum lebendig. Leichen und lebendige Menschen nebeneinander. Ein grauenhaftes Bild, grauenhaftes Bild.

DAYAN: Und dann? Was haben Sie getan?

BECHER: Dann, das war an einem Nachmittag, dann bin ich da weggefahren nach Hamburg und habe mit Himmler telefoniert und ihm gesagt, das wäre eine unmögliche Situation, ein grauenhafter Zustand.

DAYAN: Hat Eichmann oder irgend jemand in der Führung der SS empfohlen, die Juden in Bergen-Belsen, die noch übrig waren, zu töten?

BECHER *überlegt lange*: Nach meinem jetzigen Erinnerungsvermögen habe ich den Eindruck gehabt, daß die Menschen dort nicht herauskommen sollten, sondern dort ... verenden sollten.

DAYAN: Woher kam diese Auffassung?

BECHER: Von meinem Eindruck, den ich in Bergen-Belsen bekommen habe. Die Leute haben, die Leute haben sehr wenig zu essen bekommen. Es sind jeden Tag viele, viele Menschen gestorben. Und wenn man das Lager weiter zugemacht hätte, also weiter geschlossen gehalten hätte und man hätte kein Essen hineingeführt, wären die Menschen alle gestorben, gestorben, natürlichen Todes gestorben. Verhungert.

DAYAN: Und was haben Sie getan, um die Situation der Leute zu verbessern?

BECHER *überlegt lange*: Bei meinem Gespräch mit dem Lagerkommandanten hat er mir gesagt, es lägen dort Care-Pakete in großen Mengen, die bestimmt waren für die Menschen, die dort eingesperrt waren. Sie haben sie aber nicht ausgegeben. Sie haben den Menschen etwas Kartoffeln gegeben oder etwas ...

DAYAN: Waren Sie autorisiert, Herrn Kramer zu befehlen, dieses Essen an die Leute zu geben?

BECHER: Ich hatte praktisch jede Vollmacht, nicht nur für Bergen-Belsen, sondern praktisch auch für alle anderen

Konzentrationslager, dort etwas Positives zu tun. Nur war es viel zu spät natürlich.

DAYAN: Sie fühlten, daß es zu spät war?

BECHER *läßt sich die Frage übersetzen*: Ja.

Zwischenbericht beschreibt das Vertrauensverhältnis zwischen Himmler und Becher.

DAYAN: Wie gerieten Sie in die Nähe von Himmler, wie erwarben Sie sein Vertrauen?

BECHER: Das ist für mich heute noch ein Rätsel. Himmler war in den Augen aller Leute eine große Respektsperson. Und ich weiß nicht, wie es gekommen ist. Ich war völlig unvor... Ich hatte keinen Vorbehalt. Ich habe mit Himmler so gesprochen, wie ich mit Ihnen und mit jedem anderen spreche. Das hat ihn wahrscheinlich bewogen, mir zu vertrauen. Weil alle anderen Generäle bei ihm nur strammgestanden haben. *Macht eine Strammsteh-Geste im Sessel.*

Zwischenbericht über die Manfred-Weiß-Transaktion. Becher soll der SS drei Milliarden Dollar beschafft haben im Austausch mit der Erlaubnis für die Weiß-Familie, nach Portugal auszureisen. Für den Kasztner-Zug erhielt Becher zwei Millionen Dollar. Am 5. Mai 1945 erschien Becher im Konzentrationslager Mauthausen bei Wien und nahm Dr. Moshe Schweiger mit. Dieser stellte Becher später eine Versicherung aus, daß er Juden gerettet habe. Ihm übergab er angeblich auch die zwei Millionen Mark.

BECHER: Herr Dr. Schweiger ist mit mir nach Salzburg gefahren. Hat alles das Geld und alles an Wertsachen, die wir in Budapest ... von den Juden übernommen haben, zurückgegeben. Heller und Pfennig. Und dazu muß ich Ihnen sagen, als wir diese Sachen damals in Budapest übernommen haben als Alibi dafür gegenüber Himmler, daß wir dafür etwas bekommen, habe ich Herrn Dr. Kasztner gesagt: Seien Sie davon überzeugt, wenn ich kann, werde ich Ihnen alles zurückgeben.

DAYAN: Sie sagen, Sie gaben ihm alles Geld? Sie bekamen zwei Millionen Dollar für den Zug, aber die Zeugenaussage von Schweiger war, daß er nur fünfzig- oder sechzigtausend Dollar bekam. Wo ist der Rest des Geldes?

BECHER: Alles das, was wir vereinnahmt haben zum Beispiel von den Leuten, die mit dem Zug gefahren sind, das haben wir alles, meine Zahlmeisterei, zusammengehalten, und alles das, was wir bekommen haben, habe ich Herrn Dr. Schweiger für die Juden zurückgegeben.

DAYAN: Erinnern Sie sich daran, Dr. Schweiger gebeten zu haben, ein Affidavit zu unterschreiben, das besagte, daß Sie Juden gerettet haben?

BECHER: Das halte ich nicht für ausgeschlossen.

DAYAN: Obwohl er Sie gar nicht kannte?

BECHER *überlegt lange*: Die Frage ist anders. Die müssen Sie anders stellen. Hat Herr Dr. Schweiger mir eine Erklärung gegeben, daß ich das und das getan habe? Das halte ich für denkbar, und das, glaube ich, ist so, aber ich habe Herrn Dr. Schweiger nicht, ich habe ihn nicht aufgefordert, mir irgendeine Erklärung zu geben.

DAYAN: Waren Sie damals, Herr Becher, über Kasztners Prozeß in Jerusalem informiert?

BECHER: Ich war, ich bin, durch die Presse bin ich unterrichtet worden. Durch die Zeitung.

DAYAN: Was denken Sie darüber?

BECHER: Das war ein Verbrechen. Ein Verbrechen gegen Dr. Kasztner. Dr. Kasztner hätte man ein Denkmal setzen müssen in Israel. Er war der einzige Mann, der wirklich erfolgreich für das jüdische Volk in der damaligen Situation etwas getan hat. Das war ein Verbrechen, was sie gemacht haben.

DAYAN: Wissen Sie, daß der Richter damals geurteilt hat, Kasztner habe seine Seele dem Teufel verkauft, als er Sie mit seinem Affidavit zu Ihren Gunsten vor dem Nürnberger Prozeß bewahrt hat? Warum hat er für Sie ausgesagt in Nürnberg? Was glauben Sie, warum er dieses Affidavit für Sie abgegeben hat?

BECHER: Erstens kenne ich die Aussagen nicht, die Dr. Kasztner vor dem Nürnberger Gericht getan hat. Ich habe das Affidavit. Das heißt, ich bin nicht davon überzeugt, daß

Kasztner dieses Affidavit in Nürnberg vorgetragen hat. Das Affidavit, was ich von Dr. Kasztner habe, habe ich ganz persönlich von Dr. Kasztner bekommen.

DAYAN: Warum, glauben Sie, wollte Dr. Kasztner 1947, bereits ein freier Mann, dieses Affidavit zu Ihren Gunsten abgeben? Was, denken Sie, war seine Motivation?

BECHER: Alles, was Dr. Kasztner ausgesagt hat, davon war ich überzeugt, war seine hundertprozentige Überzeugung über seine Auffassung, seine Meinung über mich.

DAYAN: Ich möchte mit Ihnen über eine Spekulation reden, die ich irgendwo gelesen habe …

BECHER *lacht*: Sie wollen spekulieren? Ja.

DAYAN: Daß Dr. Kasztner einmal bei seinem Kontakt zu SS-Leuten sah, daß auf ihrem Gürtelschloß stand »Meine Ehre heißt Treue«. Meinen Sie, es war ein Akt von Treue, der Kasztner nach Nürnberg trieb?

BECHER: Das hatten wir doch auf unserem Koppelschloß: »Meine Ehre heißt Treue.«

DAYAN: Haben Sie ihm jemals finanziell geholfen nach dem Krieg?

BECHER: Nein.

DAYAN: Hat er je irgendeinen Teil des Geldes bekommen, das er für Sie für den Zug erhalten hat?

BECHER: Keinen Pfennig.

Zwischenbericht beschreibt Bechers SS-Karriere in groben Zügen.

DAYAN: Herr Becher, gibt es irgend etwas, das Sie bereuen?

BECHER: Ich habe nicht verstanden. *(Die Frage wird übersetzt).* Wenn ich irgend etwas bereue, dann bereue ich, daß Rudolf Kasztner und ich nicht mehr erreicht haben, als was wir erreicht haben. Zur Rettung der Menschen.

DAYAN: Würden Sie sagen, daß Sie das als deutscher Patriot gemacht haben?

BECHER: Als Mensch. Sie lächeln. Das ist so. Sie brauchen nicht lächeln.

DAYAN: Sie waren Teil der größten Mordmaschinerie der Geschichte. Sie sprachen über Juden als »Stück«. Sie haben

Juden für Geld verkauft. Deshalb habe ich Sie gefragt, ob Sie irgend etwas bereuen.

BECHER: Ich hatte es nicht, ich war nicht in der Situation, daß ich mich irgendwie absichern mußte, denn ich hatte mit der Judensache überhaupt nichts zu tun. Ich war ein Soldat, ein Offizier. Was ich getan habe, habe ich aus eigener Überzeugung getan, aus menschlicher Überzeugung getan.

DAYAN: So viele Menschen versuchen sich so viele Dinge zu erklären, die in diesem Land geschehen sind zwischen 1939 und 1945. Sie sind eine fast 86 Jahre alte Person. Sie haben so viel gesehen. Sie wissen so viel. Warum, denken Sie, ist es geschehen? Warum, denken Sie, hat Deutschland den Juden das angetan im Krieg?

BECHER: Das kann man mit zwei Worten natürlich nicht beantworten.

Es folgt ein langes Schweigen.

Danke.

Ohne die Hilfe und Unterstützung vieler Menschen wäre dieses Buch nicht zustande gekommen.

Sie haben mir mit Informationen geholfen, einige mit Kritik, mit Ermutigung und geduldigem Zuhören. Ihnen allen danke ich, einige aber möchte ich mit Namen nennen:

Elek Karsai, Péter Bokor, Kurt Emmenegger, Gideon Hausner, Inge Deutschkron, Anna Dünnebier, Peter Dahl, Alfred Streim, Jan Frischmuth, Ivàn Josefovics, Joel und Noemi Berger, Simon Wiesenthal, Friedrich Karl Kaul. Meinen Kollegen im Funkhaus von Radio Bremen gebührt Respekt und Hochachtung, daß sie geduldig zugehört haben, wenn ich ihnen über lange anderthalb Jahre nichts anderes zu erzählen wußte als immer wieder die »Becher-Geschichte«.

Danke schön.

Bremen, im Januar 1982   *Karla Müller-Tupath*

Und wieder: Danke.

Die Überarbeitung und Erweiterung dieses Buches hat erneut der Unterstützung vieler Menschen bedurft, die mir auf die eine oder andere Weise geholfen haben, mit Informationen, mit Gesprächen, mit Ermutigung, ganz besonders danke ich Ilana Dayan, Willi Dreßen, Hannes Heer und Gabriele Teichmann, Brigitte und Fritz Bauchwitz, Jan Frischmuth, Helgard und Claus Grobecker, Swetlana und Roman Konnik, Jessica und Howard Rosenthal und Robert Schindel.

Danke.

Bremen, im Juni 1999   *Karla Müller-Tupath*

Anmerkungen

Kapitel I
Die Zeichen der Zeit

1 Schriftliche Einlassung Bechers als Aussage zum Eichmann-Prozeß; Az. 19 AR 1851/61, Zentrale Stelle der Länderjustizverwaltungen Ludwigsburg
2 ebd.
3 Dokumente über Bechers SS-Karriere (Akte Becher); Berlin Document Center
4 Bericht Lombard an den Brigadestab vom 12. 8. 1941; Zentrale Stelle der Länderjustizverwaltungen Ludwigsburg
5 Tätigkeitsbericht von Fegelein an den Höheren SS- und Polizeiführer Ost; Bundesarchiv – Militärarchiv – Freiburg; RS 4/58, RS 4/60, RS 4/112, RS 4/173 und RS 4/261
6 Akte Becher; Berlin Document Center
7 Az. 117 Js 1/64 und 117 Js 1ff/65 Staatsanwaltschaft München I

Kapitel II
Eine saubere und anständige SS-mäßige Art

1 2 Ks 1/63 Landgericht Braunschweig
2 Akten des SS-Kavallerie-Regiments und der SS-Totenkopf-Reiterstandarten; Bundesarchiv – Militärarchiv – Freiburg; RS 4/58, RS 4/60, RS 4/112, RS 4/173 und RS 4/261
3 ebd.
4 ebd.
5 ebd.
6 ebd.
7 ebd.
8 ebd.
9 ebd.
10 ebd.
11 ebd.

12 ebd.

13 Aussagen ehemaliger SS-Kavallerie-Angehöriger; Zentrale Stelle der Länderjustizverwaltungen Ludwigsburg

14 Bundesarchiv – Militärarchiv – Freiburg

15 Eugen Kogon, *Der SS-Staat. Das System der deutschen Konzentrationslager,* München 1977, S. 372

16 Militärarchiv Freiburg

17 ebd.

Kapitel III

Judenweiber und Kinder
sind in die Sümpfe zu treiben

1 Militärarchiv Freiburg

2 Aussagen ehemaliger SS-Kavallerie-Angehöriger; Zentrale Stelle der Länderjustizverwaltungen Ludwigsburg

3 ebd.

4 ebd.

5 ebd.

6 Ermittlungsverfahren gegen Lombard u. a.; Az. 117 Js 1/64 und 117 Js 1ff/65 Staatsanwaltschaft München I

7 Schwurgerichtsanklage gegen Franz Magill u. a. vom 15. 6. 1963; Az. 2 Ks 1/63 Staatsanwaltschaft beim Landgericht Braunschweig

8 *Unsere Ehre heißt Treue,* Kriegstagebuch des Kommandostabes Reichsführer SS, Tätigkeitsberichte der 1. und 2. SS-Inf.-Brigade, der 1. SS-Kav.-Brigade und von Sonderkommandos der SS, Wien 1975

9 ebd.

10 *Vernichtungskrieg. Verbrechen der Wehrmacht 1941–1944,* Katalog zur Ausstellung, hrsg. v. Hannes Heer, Hamburg 1996

11 Aussagen ehemaliger SS-Kavallerie-Angehöriger; Zentrale Stelle der Länderjustizverwaltungen Ludwigsburg

12 Vernehmung Kurt Becher vom 7. 10. 1962; Aussagen ehemaliger Kavallerie-Angehöriger; Zentrale Stelle der Länderjustizverwaltungen Ludwigsburg

13 ebd.

14 Bericht von Franz Magill an den Brigadestab vom 12. 8. 1941; Zentrale Stelle der Länderjustizverwaltungen Ludwigsburg

15 Aussage Rudolf M. im Ermittlungsverfahren 117 Js/64 und 117 Js 1ff/65 Staatsanwaltschaft München I

16 Aussagen ehemaliger SS-Kavallerie-Angehöriger; Zentrale Stelle der Länderjustizverwaltungen Ludwigsburg

17 Ermittlungsverfahren gegen Lombard u. a.; Az. 117 Js 1/64 und
117 Js 1ff/65
18 Bericht Lombard vom 11. 8. 1941; Zentrale Stelle der Länderjustizverwaltungen Ludwigsburg
19 Bericht Magill vom 12. 8. 1941; Zentrale Stelle der Länderjustizverwaltungen Ludwigsburg

Kapitel IV

Eine fast selbstverständliche
Gewohnheitssache

1 Aussagen ehemaliger SS-Kavallerie-Angehöriger; Zentrale Stelle
der Länderjustizverwaltungen Ludwigsburg
2 Ermittlungsverfahren gegen Lombard u. a.; Az.117 Js1/64 und 117
Js 1ff/65 Staatsanwaltschaft München I
3 Aussagen ehemaliger SS-Kavallerie-Angehöriger; Zentrale Stelle
der Länderjustizverwaltungen Ludwigsburg
4 ebd.
5 ebd.
6 ebd.
7 ebd.
8 ebd.
9 ebd.
10 ebd.
11 ebd.
12 ebd.
13 ebd.
14 ebd.
15 ebd.
16 Schwurgerichtsanklage der Staatsanwaltschaft Braunschweig im
Verfahren gegen Franz Magill u. a., Az. 2 Ks 1/63

Kapitel V

Juden wurden erschossen,
weil sie eben Juden waren

1 Schwurgerichtsanklage der Staatsanwaltschaft Braunschweig im
Verfahren gegen Franz Magill u. a., Az. 2 Ks 1/63
2 ebd.

3 ebd.
4 ebd.
5 ebd.
6 Der Bruder des Kommandeurs Hermann Fegelein und Chef der
1. Schwadron des 1. Regiments
7 Aussagen ehemaliger SS-Kavallerie-Angehöriger; Zentrale Stelle
der Länderjustizverwaltungen Ludwigsburg
8 Aussage Wilhelm B., ehemaliger Angehöriger der SS-Kavallerie;
Zentrale Stelle der Länderjustizverwaltungen Ludwigsburg
9 ebd.
10 ebd.
11 Ermittlungsverfahren gegen Gustav Lombard u. a.; Az. 117 Js 1/64
und 117 Js1ff/65 Staatsanwaltschaft München I
12 Aussagen ehemaliger SS-Kavallerie-Angehöriger; Zentrale Stelle
der Länderjustizverwaltungen Ludwigsburg
13 ebd.
14 ebd.
15 *Unsere Ehre heißt Treue*, Kriegstagebuch des Kommandostabes
Reichsführer SS, Tätigkeitsberichte der 1. und 2. SS-Inf.-Brigade,
der 1. SS-Kav.-Brigade und von Sonderkommandos der SS, Wien
1975

Kapitel VI

Bewährung in dieser Angelegenheit

1 Ermittlungsverfahren gegen Lombard u. a.; Az. 117 Js 1/64 und
117 Js 1ff/65 Staatsanwaltschaft München I
2 ebd.
3 ebd.
4 ebd.
5 ebd.
6 Vernehmung Bechers bei den Aussagen ehemaliger SS-Kavallerie-
Angehöriger; Zentrale Stelle der Länderjustizverwaltungen Ludwigsburg
7 Ermittlungsverfahren gegen Lombard u. a.; Az. 117 Js 1/64 und
117 Js 1ff/65 Staatsanwaltschaft München I
8 Aussagen ehemaliger SS-Kavallerie-Angehöriger; Zentrale Stelle
der Länderjustizverwaltungen Ludwigsburg
9 ebd.
10 Akte Becher, Berlin Document Center
11 *Unsere Ehre heißt Treue*, Kriegstagebuch des Kommandostabes Reichsführer SS, Tätigkeitsberichte der 1. und 2. SS-Inf.-Bri-

232

gade, der 1. SS-Kav.-Brigade und von Sonderkommandos der SS, Wien 1975

12 Aussagen ehemaliger SS-Kavallerie-Angehöriger; Zentrale Stelle der Länderjustizverwaltungen Ludwigsburg

13 ebd.

14 ebd.

15 ebd.

16 ebd.

17 ebd.

18 ebd.

19 ebd.

20 ebd.

21 *Unsere Ehre heißt Treue,* a. a. O.

22 Ermittlungsverfahren gegen Kurt Andreas Ernst Becher wegen Beihilfe zum Mord; Az. 20 Js 18/82 Staatsanwaltschaft Bremen

23 Verfahren gegen Franz Magill; Az. 2 Ks 1/63 Landgericht Braunschweig

24 Ermittlungsverfahren gegen Kurt Andreas Ernst Becher wegen Beihilfe zum Mord; Az. 20 Js 18/82 Staatsanwaltschaft Bremen

25 Ermittlungsverfahren gegen Gustav Lombard u. a.; Az. 117 Js 1/64 und 117 Js 1ff/65

26 ebd.

Kapitel VII

Besondere Tapferkeit
vor dem hilflosen Feinde

1 Akte Becher; Berlin Document Center

2 Bericht Jürgen Stoop, »Es gibt keinen jüdischen Wohnbezirk in Warschau mehr«, siehe Raul Hilberg, *Die Vernichtung der europäischen Juden,* Frankfurt/Main, erweiterte Aufl. 1993

3 Akte Becher; Berlin Document Center

4 Akte Becher; Berlin Document Center und Handelsregister beim Amtsgericht Bremen, HRA 10395, S. 1

5 Michael Stürmer, Gabriele Teichmann, Wilhelm Treue, *Wägen und Wagen. Sal. Oppenheim jr. & Cie. 1789–1989. Geschichte einer Bank und einer Familie,* München/Zürich 1989, S. 397 ff.

6 ebd.

7 Gespräch Kurt A. Becher mit der Historikerin Gabriele Teichmann in seinem Privatkontor in Bremen am 12. Mai 1995

233

8 ebd.
9 Bechers Aussage zum Eichmann-Prozeß; Zentrale Stelle der Länderjustizverwaltungen Ludwigsburg
10 Aussagen ehemaliger SS-Kavallerie-Angehöriger; Zentrale Stelle der Länderjustizverwaltungen Ludwigsburg
11 ebd.
12 Akte Becher; Berlin Document Center
13 ebd.
14 ebd.

Kapitel VIII
Hochzuverehrender Reichsführer!
Lieber Becher!

1 Gerald Reitlinger, *Die Endlösung*, Berlin 1979
2 Raul Hilberg, *Die Vernichtung der europäischen Juden*, Frankfurt/Main, erweiterte Aufl. 1993, Bd. 2, S. 877 ff.
3 ebd.
4 ebd.
5 Randolph Braham, *The Politics of Genocide. The Holocaust in Hungary*, New York 1981, Bd. 1, S. 515
6 Dokumente der israelischen Polizei zum Eichmann-Prozeß, Nr. 1421
7 Bechers Aussage zum Eichmann-Prozeß; Zentrale Stelle der Länderjustizverwaltungen Ludwigsburg
8 Amerikanische Botschaft Lissabon; Dok. Nr. 276 vom 3. 7. 1945
9 István Pintér, László Szabó, *Unbestrafte Kriegsverbrecher*, Budapest 1961, S. 165 ff.
10 ebd., S. 170
11 ebd.
12 ebd., S. 171 ff.
13 Kurt Emmenegger, »Reichsführers gehorsamster Becher«, in: *Sie und Er*, Zürich 1962/63
14 Braham, a. a. O., Bd. 1, S. 518
15 ebd., S. 523
16 Bechers Aussage zum Eichmann-Prozeß; Zentrale Stelle der Länderjustizverwaltungen Ludwigsburg
17 Braham, a. a. O., Bd. 1, S. 522 ff.
18 Akte Becher; Berlin Document Center
19 István Pintér, László Szabó, a. a. O., S. 173
20 Hannah Arendt, *Eichmann in Jerusalem. Ein Bericht von der Banalität des Bösen*, München/Zürich, 8. Aufl. 1998

21 Bechers Aussage zum Eichmann-Prozeß; Zentrale Stelle der Länderjustizverwaltungen Ludwigsburg

22 Gyula von Szilvay, *Magyarország Törvénytelen Kiüritése. A Zsidótörvények*, unveröffentlichtes Manuskript

23 ebd.

24 ebd.

25 ebd.

26 *Ich, Adolf Eichmann*, Leoni am Starnberger See 1980, S. 403

27 ebd., S. 402 f.

28 Endre, Staatssekretär im ungarischen Innenministerium, wurde 1946 als Kriegsverbrecher hingerichtet

29 *Ich, Adolf Eichmann*, a. a. O.

30 Hannah Arendt, a. a. O., S. 305

Kapitel IX
Zehntausend Lastwagen

1 Bechers Aussage zum Eichmann-Prozeß; Zentrale Stelle der Länderjustizverwaltungen Ludwigsburg

2 ebd.

3 Randolph Braham, *The Politics of Genocide. The Holocaust in Hungary*, New York 1981, Bd. 2, S. 933

4 ebd., S. 934

5 ebd.

6 ebd., S. 935 ff.

7 Wisliceny wurde 1948 in der Tschechoslowakei hingerichtet.

8 Hannah Arendt, *Eichmann in Jerusalem. Ein Bericht von der Banalität des Bösen*, München/Zürich, 8. Aufl. 1998, S. 241

9 ebd., S. 305

10 Braham, a. a. O., Bd. 2, S. 939

11 ebd., S. 940

12 *Ich, Adolf Eichmann*, Leoni am Starnberger See 1980, S. 357

13 Bechers Aussage zum Eichmann-Prozeß; Zentrale Stelle der Länderjustizverwaltungen Ludwigsburg

14 Gideon Hausner, *Die Vernichtung der Juden*, München 1979, S. 205

15 Moshe Shertoks »Vorläufiger Bericht«, 27. Juni 1944; Weizmann-Archiv, zitiert nach Raul Hilberg, *Die Vernichtung der europäischen Juden*, Frankfurt/Main, erweiterte Aufl. 1993, Bd. 3, S. 1215

16 Hilberg, a. a. O., S. 1216

17 Braham, a. a. O., S. 945 ff.

18 Churchill an Eden, 11. Juli 1944, zitiert nach Hilberg, Bd. 3, S. 1217
19 Kurt Emmenegger, »Reichsführers gehorsamster Becher«, in: *Sie und Er*, Zürich 1962/63
20 Bechers Aussage zum Eichmann-Prozeß; Zentrale Stelle der Länderjustizverwaltungen in Ludwigsburg
21 *Ich, Adolf Eichmann*, a. a. O., S. 354
22 Dokumente der israelischen Polizei zum Eichmann-Prozeß; Dok. Nr. 1421
23 Bechers Aussage zum Eichmann-Prozeß; Zentrale Stelle der Länderjustizverwaltungen Ludwigsburg
24 ebd.
25 Akte Becher; Berlin Document Center
26 ebd.
27 Kurt Emmenegger, a. a. O.
28 Braham, a. a. O., Bd. 2, S. 945

Kapitel X

Das Geschäft des Rettens

1 Hannah Arendt, *Eichmann in Jerusalem. Ein Bericht von der Banalität des Bösen*, München/Zürich, 8. Aufl. 1998, S. 309
2 Randolph Braham, *The Politics of Genocide. The Holocaust in Hungary*, New York 1981, Bd. 2, S.771 f.
3 Raul Hilberg, *Die Vernichtung der europäischen Juden*, Frankfurt/Main, erweiterte Aufl. 1993, Bd. 2, S. 923
4 Gideon Hausner, *Die Vernichtung der Juden*, München 1979, S. 212f.
5 ebd., S. 213
6 Bechers Aussage zum Eichmann-Prozeß; Zentrale Stelle der Länderjustizverwaltungen Ludwigsburg
7 ebd.
8 Kaltenbrunner wurde vom Internationalen Militärgerichtshof in Nürnberg 1946 zum Tode verurteilt und gehängt.
9 Vernehmung Kaltenbrunners im Nürnberger Prozeß gegen die Hauptkriegsverbrecher am 12. 4. 1946, in: *Der Prozeß gegen die Hauptkriegsverbrecher vor dem Internationalen Militärgerichtshof*, Bd. 9, S. 369–372
10 Bericht von André Biss an Saly Mayer vom 6. 7. 1945; Dokument der israelischen Polizei, Dok. Nr. 1053
11 Hannah Arendt, a. a. O., S. 246; Kurt Emmenegger, »Reichsführers gehorsamster Becher«, in: *Sie und Er*, Zürich 1962/63

12 Bechers Aussage zum Eichmann-Prozeß; Zentrale Stelle der Länderjustizverwaltungen Ludwigsburg

13 Gerald Reitlinger, *Die Endlösung*, Berlin 1979, S. 529

14 Kurt Emmenegger, a. a. O.

15 ebd.

16 Gespräch der Autorin mit Richard Essex im Oktober 1981 in München

17 István Pintér, László Szabó, *Unbestrafte Kriegsverbrecher*, Budapest 1961, S. 165

18 ebd.

19 Kurt Emmenegger, a. a. O.

20 Vernehmungsprotokoll Becher, Interrogation 929, 7. 7. 1947; Dokument der israelischen Polizei, Dok. Nr. 774

21 ebd.

22 ebd.

23 ebd.

24 Vernehmungsprotokoll Becher, Interrogation 929 B; Dokument der israelischen Polizei, Dok. Nr. 774

25 ebd.

26 ebd.

27 Braham, a. a. O., Bd. 2, S. 970

Kapitel XI

Ein Kriegsverbrecher
in seiner wirklichen und schrecklichsten
Bedeutung

1 Hannah Arendt, *Eichmann in Jerusalem. Ein Bericht von der Banalität des Bösen*, München/Zürich, 8. Aufl. 1998, S. 242

2 ebd.

3 Kurt Emmenegger, »Reichsführers gehorsamster Becher«, in: *Sie und Er*, Zürich 1962/63

4 Tom Segev, *Die siebte Million. Der Holocaust und Israels Politik der Erinnerung*, Hamburg 1995, S. 342 f.

5 ebd., S. 344

6 ebd., S. 375 ff.

7 Randolph Braham, *The Politics of Genocide. The Holocaust in Hungary*, New York 1981, Bd. 2, S. 973 ff.

8 ebd., S. 406

9 Kurt Emmenegger, a. a. O.

10 ebd.

11 Tom Segev, a. a. O., S. 409 f.

12 Gideon Hausner, *Die Vernichtung der Juden*, München 1979, S. 204

13 ebd.

14 *Ich, Adolf Eichmann*, Leoni am Starnberger See 1980, S. 341 ff.

15 Brief vom 15. 4. 1981 von Gideon Hausner an die Autorin

16 Bechers Aussage zum Eichmann-Prozeß; Zentrale Stelle der Länderjustizverwaltungen Ludwigsburg

17 Kurt Emmenegger, a. a. O.

18 Vernehmungsprotokoll, Interrogation 929 vom 7. 7. 1947; Dokument der israelischen Polizei, Dok. Nr. 774

19 Kurt Emmenegger, a. a. O.

20 Bechers Aussage zum Eichmann-Prozeß; Zentrale Stelle der Länderjustizverwaltungen Ludwigsburg

21 Kurt Emmenegger, a. a. O.

22 ebd.

23 ebd.

24 Bericht von André Biss an Saly Mayer, 6. 7. 1945

Kapitel XII

Honig aus Ungarn,
Getreide aus aller Welt

1 Kurt Emmenegger, »Reichsführers gehorsamster Becher«, in: *Sie und Er*, Zürich 1962/63

2 Handelsregister des Amtsgerichts Bremen

3 Kurt Emmenegger, a. a. O.

4 Gespräch zwischen Kurt Becher und der Historikerin Gabriele Teichmann am 12. 5. 1995 in Bremen

Kapitel XIII

Wegen Mordes (NSG)

1 Kurt Emmenegger, »Reichsführers gehorsamster Becher«, in: *Sie und Er*, Zürich 1962/63

2 Ermittlungsverfahren gegen Kurt Becher, Staatsanwaltschaft Bremen; Az. 20 Js 18/82

3 Verfahren gegen Franz Magill, Landgericht Braunschweig; Az. 2 Ks 1/63

4 Ermittlungsverfahren der Staatsanwaltschaft Bremen gegen Kurt Becher wegen Mordes (NSG)

5 ebd.

6 *Die Zeit* vom 6. 8. 1982 unter der Überschrift: »Hapag-Lloyd: Rücksicht aufs Ausland«

7 Schreiben der Anwälte Dr. M., M. & St. vom 8. 9. 1982 an den bremischen Senator für Rechtspflege und Strafvollzug

8 ebd.

ISBN 3-351-02494-0

1. Auflage 1999
Aufbau-Verlag GmbH Berlin
© Aufbau-Verlag GmbH, Berlin 1999
Einbandgestaltung Torsten Lemme
Druck und Binden Clausen & Bosse Leck
Printed in Germany